普通高等教育土木工程专业“十四五”规划教材

# 建设法规与工程监理教程

主　编　任　翔

副主编　刘　平　常晓珂　李志刚

武汉理工大学出版社

·武　汉·

## 内容简介

本书详细介绍了基本建设工程项目过程中应遵守的法律、法规及工程监理的相关知识，包括建设法规概述、城乡规划法规、建设工程招投标法规、建设工程合同管理、建设工程监理概论、监理工程师与监理企业、建设工程监理的目标控制、建设工程监理组织与规划等方面。本书从有关著作、全国建造师执业资格考试，以及有实际经验的现场管理人员中收集相关案例，融合工程建设领域的法律知识点，通过工程实际案例分析，结合章末思考题，加强了学生对建设法规与监理内容的理解。

本书可作为土木工程和工程管理专业相关课程的教材，也可供建筑业、房地产业、市政基础建设以及城市管理等相关专业人员参考使用。

**图书在版编目(CIP)数据**

建设法规与工程监理教程 / 任翔主编. -- 武汉 ：武汉理工大学出版社，2025. 5. -- ISBN 978-7-5629-7359-1

Ⅰ. D922.297；TU712

中国国家版本馆 CIP 数据核字第 2025G04R01 号

**建设法规与工程监理教程**

(Jianshe Fagui yu Gongcheng Jianli Jiaocheng)

**项目负责人**：高　英　　**责任编辑**：高　英

**责任校对**：张莉娟　　**版面设计**：正风图文

**出版发行**：武汉理工大学出版社

**社　　址**：武汉市洪山区珞狮路 122 号

**邮　　编**：430070

**网　　址**：http://www.wutp.com.cn

**经　　销**：各地新华书店

**印　　刷**：崇阳文昌印务股份有限公司

**开　　本**：787×1092　1/16

**印　　张**：11

**字　　数**：265 千字

**版　　次**：2025 年 5 月第 1 版

**印　　次**：2025 年 5 月第 1 次印刷

**定　　价**：36.00 元

凡购本书，如有缺页、倒页、脱页等印装质量问题，请向出版社发行部调换。

本社购书热线电话 027-87391631　87664138　8752314

# 前　言

长期以来，建筑业作为国民经济的支柱产业之一，为我国的经济发展作出了突出贡献。“工程建设法规与监理”是土木工程专业的必修课。本书根据建设行业市场实际需要及其发展趋势构筑知识体系，并从实际案例出发，融合工程建设领域法律知识点，加强了学生对建设法规内容的理解。本书基本框架结构清晰、内容全面，便于学生理解和掌握。根据新修订的法律法规等对相关内容进行了修改，充实了新颁布的法律法规等相关内容，并删除了被废止法规的内容。

本书是根据普通高等学校土木工程专业的教育标准和培养方案及主干课程教学大纲编写的。全书分为建设法规和建设工程监理两个部分，共八章，内容包括建设法规概述、城乡规划法规、建设工程招投标法规、建设工程合同管理、建设工程监理概论、监理工程师与监理企业、建设工程监理的目标控制、建设工程监理组织与规划等。

为了方便教学，本书在各章最后设置了案例分析和思考题。案例分析中将学习重点引入实际工程案例进行分析，使学生更深层次地理解知识点；思考题则以习题的形式向学生提供思考和复习的切入点，从而构建了一个“引导—学习—总结—练习”的教学全过程。

本书由任翔担任主编，刘平、常晓珂、李志刚、李建阁、柳昭星、杨荣参编。在编写过程中，编者查阅了大量的有关学术著作和文献资料，参考和借鉴了许多专家和学者的研究成果，在此向他们表示诚挚的感谢。

由于编者水平和经验有限，书中不足之处在所难免，恳请同行和读者批评指正。

编　者

2024 年 11 月于西安

# 目 录

第一章 建设法规概述……(3)
第一节 建设法规的概念及基本特征……(3)
一、工程建设法规的基本概念和调整对象……(3)
二、工程建设法规的特性……(3)
三、工程建设法规体系……(5)
第二节 建设法律关系……(6)
一、建设法规的调整对象……(6)
二、建设法律关系的构成要素……(6)
三、建设法律事实……(7)
第三节 建设法规的构成、地位及作用……(8)
第二章 城乡规划法规……(12)
第一节 概述……(12)
一、城乡规划法规的概念及作用……(12)
二、城乡规划法规体系的构成……(13)
第二节 城乡规划法规的制定……(14)
一、制定城乡规划法的基本原则……(14)
二、城乡规划和其他社会发展规划的相互关系……(15)
三、城乡规划的内容、制定和审批……(16)
第三节 城乡规划法规的实施……(20)
一、城乡规划法规实施的基本原则……(20)
二、建设项目用地选址意见书……(21)
三、建设用地规划许可证制度……(21)
四、建设工程的规划条件……(22)
五、建设工程规划许可证制度……(23)
六、乡村建设规划许可证制度……(23)
七、建设工程的核实和竣工验收……(24)
第四节 城乡规划法规的修改……(24)
一、城乡规划修改的准备工作……(25)
二、城乡规划修改的条件……(25)
三、城乡规划修改的程序……(26)
四、城乡规划修改的利益受损问题……(26)
第五节 监督检查与法律责任……(27)
一、城乡规划的监督……(27)

二、违反《城乡规划法》的法律责任 ……………………………………………………… (28)
**第三章 建设工程招投标法规** ……………………………………………………… (31)
第一节 发包与承包概述 ……………………………………………………… (31)
一、建设工程发包与承包的概念 ……………………………………………………… (31)
二、建设工程发包 ……………………………………………………… (31)
三、建设工程承包 ……………………………………………………… (32)
四、建设工程发承包的一般规定 ……………………………………………………… (34)
五、承发包违法行为应承担的法律责任 ……………………………………………………… (35)
第二节 招标投标概述 ……………………………………………………… (36)
一、招标投标的产生与发展 ……………………………………………………… (36)
二、《招标投标法》的基本情况 ……………………………………………………… (37)
第三节 建设工程招标管理机构及其职责 ……………………………………………………… (38)
一、招标投标活动的管理部门 ……………………………………………………… (38)
二、建设行政主管部门的职责 ……………………………………………………… (39)
第四节 建设工程招标投标 ……………………………………………………… (39)
一、建设工程招标 ……………………………………………………… (39)
二、建设工程投标 ……………………………………………………… (45)
第五节 招标的基本程序 ……………………………………………………… (48)
一、招标准备阶段 ……………………………………………………… (49)
二、招标投标阶段 ……………………………………………………… (50)
三、决标成交阶段 ……………………………………………………… (52)
第六节 开标、评标与中标 ……………………………………………………… (52)
一、开标 ……………………………………………………… (52)
二、评标 ……………………………………………………… (53)
三、中标 ……………………………………………………… (54)
**第四章 建设工程合同管理** ……………………………………………………… (58)
第一节 概述 ……………………………………………………… (58)
一、合同 ……………………………………………………… (58)
二、建设工程合同 ……………………………………………………… (59)
第二节 建设工程合同的订立及效力 ……………………………………………………… (61)
一、建设工程合同订立的程序 ……………………………………………………… (61)
二、建设工程合同成立 ……………………………………………………… (62)
三、建设工程合同的内容 ……………………………………………………… (63)
四、建设工程合同的效力 ……………………………………………………… (64)
第三节 建设工程合同履行 ……………………………………………………… (66)
一、合同履行的概念 ……………………………………………………… (66)
二、建设工程合同的履行 ……………………………………………………… (66)

三、建设工程合同履行中的抗辩权 …………………………………………………… (68)
四、建设工程合同不当履行中的保全措施 …………………………………………… (68)
五、建设工程合同履行中的担保 …………………………………………………… (69)
第四节 建设工程合同变更、终止与争议…………………………………………… (69)
一、建设工程合同的变更 …………………………………………………………… (69)
二、建设工程合同的转让 …………………………………………………………… (70)
三、建设工程合同的终止 …………………………………………………………… (71)
四、争议的解决 ……………………………………………………………………… (71)
第五节 建设工程合同的违约责任和索赔 ………………………………………… (72)
一、建设工程合同的违约责任 ……………………………………………………… (72)
二、建设工程合同索赔 ……………………………………………………………… (72)
第六节 建设工程合同示范文本 …………………………………………………… (74)
一、概述 ……………………………………………………………………………… (74)
二、合同示范文本的作用 …………………………………………………………… (74)
三、现行的建设工程合同示范文本 ………………………………………………… (74)
四、《建设工程施工合同(示范文本)》(GF-2017-0201) ………………………… (74)
**第五章 建设工程监理概论** ……………………………………………………… (83)
第一节 建设工程监理概述 ………………………………………………………… (83)
一、建设工程监理的概念 …………………………………………………………… (83)
二、建设工程监理的性质 …………………………………………………………… (84)
三、建设工程监理的作用 …………………………………………………………… (85)
第二节 建设工程监理的产生和发展 ……………………………………………… (86)
一、国外建设工程监理的发展 ……………………………………………………… (86)
二、我国建设工程监理制度的诞生和发展 ………………………………………… (87)
第三节 建设工程监理的任务与实施 ……………………………………………… (93)
一、建设工程监理的任务及内容 …………………………………………………… (93)
二、建设工程监理实施的原则 ……………………………………………………… (95)
三、建设工程监理实施的方法 ……………………………………………………… (97)
四、建设工程监理实施的流程 ……………………………………………………… (98)
**第六章 监理工程师与监理企业**………………………………………………… (101)
第一节 监理工程师………………………………………………………………… (101)
一、监理工程师的概念……………………………………………………………… (101)
二、监理工程师的素质及培养……………………………………………………… (101)
三、监理工程师执业资格考试及注册……………………………………………… (102)
四、监理工程师的职业道德、权利及义务 ………………………………………… (106)
五、监理工程师的继续教育 ………………………………………………………… (107)
第二节 建设工程监理企业………………………………………………………… (107)

一、建设工程监理企业概述 …………………………………………………… (107)
二、建设工程监理企业的划分 ………………………………………………… (108)
三、建设工程监理企业资质等级与业务范围 ………………………………… (109)
四、建设工程监理企业的资质申请、资质审批与监督管理 ………………… (111)
第三节 建设工程监理企业与工程建设各方的关系…………………………… (113)
一、建设工程监理企业与建设单位的关系 …………………………………… (113)
二、建设工程监理企业与承包单位的关系 …………………………………… (114)
**第七章 建设工程监理的目标控制**……………………………………………… (116)
第一节 建设工程目标控制及目标系统………………………………………… (116)
一、建设工程目标控制 ………………………………………………………… (116)
二、建设工程目标系统 ………………………………………………………… (116)
第二节 建设工程投资控制……………………………………………………… (118)
一、建设工程投资控制概述 …………………………………………………… (118)
二、建设工程投资控制模式 …………………………………………………… (119)
三、建设工程项目施工阶段投资控制 ………………………………………… (120)
第三节 建设工程进度控制……………………………………………………… (123)
一、建设工程进度控制概述 …………………………………………………… (123)
二、建设工程进度控制模式 …………………………………………………… (125)
三、建设工程施工阶段进度控制 ……………………………………………… (126)
第四节 建设工程质量控制……………………………………………………… (128)
一、建设工程质量控制概述 …………………………………………………… (128)
二、建设工程质量控制模式 …………………………………………………… (131)
三、建设工程施工阶段的质量控制 …………………………………………… (133)
**第八章 建设工程监理组织与规划**……………………………………………… (149)
第一节 概述……………………………………………………………………… (149)
第二节 监理组织基本原理……………………………………………………… (149)
一、组织的基本概念 …………………………………………………………… (149)
二、组织结构 …………………………………………………………………… (150)
三、组织设计 …………………………………………………………………… (150)
第三节 项目监理机构…………………………………………………………… (152)
一、项目监理机构的组织形式 ………………………………………………… (152)
二、项目监理机构的建立步骤 ………………………………………………… (155)
第四节 监理组织的实施与协调………………………………………………… (157)
一、项目监理机构组织协调的工作内容 ……………………………………… (158)
二、监理组织协调的方法 ……………………………………………………… (162)
**参考文献**………………………………………………………………………… (165)

# 第一篇　建设法规

# 第一章 建设法规概述

## 第一节 建设法规的概念及基本特征

### 一、工程建设法规的基本概念和调整对象

工程建设法规是指由国家立法机关或者其授权的行政机关制定的，由国家强制力保证实施的，旨在调整国家行政管理机关、企事业单位、社会团体和公民在建设活动或建设行政管理活动中所发生的各种社会关系的法律规范的总称。

工程建设法规的调整对象是在建设活动中所发生的各种社会关系，包括建设活动中所发生的行政管理关系、经济协作关系及主体内部民事关系。

1. 建设活动中的行政管理关系

建设活动中的行政管理关系是指国家及住房城乡建设部与建设单位、设计单位、施工单位、建筑材料和设备的生产供应单位及建设监理等中介服务单位之间发生相应的管理与被管理的关系。在法制社会，这种关系要由相应的工程建设法规来规范、调整：一方面提供规划、指导、协调与服务；另一方面进行检查、监督、控制与调节。

2. 建设活动中的经济协作关系

工程建设是一项非常复杂的活动，由许多单位和人员参与，共同协作完成。在建设活动中，必然存在着大量寻求合作伙伴和相互协作的问题，在这些协作过程中所产生的权利与义务关系，也应由工程建设法规来加以规范、调整。这是一种平等自愿、互利互助的横向协作关系，一般以合同的形式确定。合同是当事人之间为实现一定的经济目的，明确相互权利、义务关系的协议。

3. 从事建设活动的主体内部民事关系

从事建设活动的主体内部民事关系是指在建设活动中所产生的国家、单位、公民之间的民事权利、义务关系，比如土地征用、房屋拆迁、人身伤害、财产及相关权利的转让。这种关系必须由工程建设法规及民法等相关法律来加以规范和调整。

### 二、工程建设法规的特性

1. 行政强制性

行政强制性是工程建设法规的主要特征。工程建设活动投入资金量大，需要消耗大量的人力、物力、财力及土地等资源，涉及面广、影响力大且持久。不仅如此，工程建设产品的质量还关系到人民的生命和财产安全，这也造就了它的特殊性。这一特殊性决定了工程建设法规必然要采用直接体现行政权力活动的调整方法，即以行政指令为主的调整方式。

工程建设法规调整方式的特点主要体现为行政强制性。其调整方式如下：

(1) 授权

国家通过工程建设法律规范授予国家工程建设管理机关某种管理权限或具体的权力，对建设行业进行监督管理。如《中华人民共和国建筑法》(以下简称《建筑法》)规定："建筑工程招标的开标、评标、定标由建设单位依法组织实施，并接受有关行政主管部门的监督。"

(2) 命令

国家通过工程建设法律规范赋予工程建设法律关系主体某种作为的义务。如《建筑法》规定："建筑工程勘察、设计、施工的质量必须符合国家有关建筑工程安全标准的要求，具体管理办法由国务院规定。"

(3) 禁止

国家通过工程建设法律规范赋予工程建设法律关系主体某种不作为的义务。如《建筑法》规定："发包单位及其工作人员在建筑工程发包中不得收受贿赂、回扣或者索取其他好处。""承包单位及其工作人员不得利用向发包单位及其工作人员行贿、提供回扣或者给予其他好处等不正当手段承揽工程。"

(4) 许可

国家通过工程建设法律规范允许特别的主体在法律允许范围内有某种作为的权利。如允许取得房屋建筑工程施工总承包一级资质的企业，承担40层以下、各类跨度的房屋建筑工程。

(5) 免除

国家通过工程建设法律规范对主体依法应履行的义务在特定情况下予以免除。如工程投资额在30万元以下或者建筑面积在300 $m^2$ 以下的建筑工程，可以不申请办理施工许可证。对于个人购买并居住超过一年的普通住房，销售时免征增值税。用炉渣、粉煤灰等废渣作为主要原料生产的建筑材料可享有减税、免税的优惠等。

(6) 确认

国家通过工程建设法律规范授权工程建设管理机关依法对有争议的法律事实和法律关系进行认定，并确定其是否存在、是否有效。例如，各级建设工程质量监督站检查受监工程的勘察、设计、施工单位和建筑构件厂的资质等级与从业范围，监督勘察、设计、施工单位和建筑构件厂严格执行技术标准，检查其工程(产品)质量等。

(7) 计划

国家通过工程建设法律规范对工程建设业进行计划调节。计划一般可分为指令性计划与指导性计划两种。指令性计划具有法律约束力和强制性，当事人必须严格执行，违反指令性计划的行为，将要承担法律责任。指令性计划本身就是行政管理。指导性计划一般不具有约束力，是可以变动的，但是在条件可能的情况下也是应该遵守的。

(8) 撤销

国家通过工程建设法律规范授予工程建设行政主管部门运用行政权力对某些权利能力或法律资格予以撤销或消灭。如国家对无证设计、无证施工的取缔就属于撤销。

2. 经济性

工程建设法律规范属于经济法部门的法律法规，其主要特征是工程建设活动中的工程项目投资、房地产开发经营等活动占用的资金量大，直接受到国家宏观调控的影响。国家运用法律、法规的手段调控工程建设活动。这些法律、法规即是工程建设法规的一部分。经济性是工程建设法规的又一重要特征。工程建设法规的经济性既包含财产性，又包含其与生产、分配、交换、消费的联系性。

3. 技术性

技术性是工程建设法律规范的一个十分重要的特征。工程建设活动是一项技术性强、对安全系数要求高的活动。为保证工程建设产品的质量及人民和生命财产的安全，大量的工程建设法规是以部门规章、技术规范等形式出现的。

## 三、工程建设法规体系

工程建设法规体系是指将已经制定和需要制定的建设法律、建设行政法规与建设部门规章、地方性工程建设法规及规章衔接起来，形成一个相互联系、相互补充、相互协调的完整统一的体系。工程建设法规体系的建立，既是我国现代化进程中建设事业发展的客观需要，也是建设领域建立健全法制环境，规范建设行为，实现有法可依、有章可循的必然要求。

工程建设法规体系是由很多不同层次的法规组成的，组成形式一般有宝塔形和梯形两种。宝塔形结构是先制定一部基本法律，将领域内业务可能涉及的所有问题都在该法中作出规定；然后再分别制定不同层次的专项法律、行政法规、部门规章，对一些具体问题进行细化和补充。梯形结构则不设立基本法律，而以若干并列的专项法律组成法规体系的顶层，然后对每部专项法律再配置相应的不同层次的行政法规和部门规章作补充，形成若干相互联系又相对独立的专项体系。

根据《中华人民共和国立法法》有关立法权限的规定和住房城乡建设部《建设法律体系规划方案》的规定和要求，我国工程建设法规体系确定为梯形结构，由以下几个层次组成。

1. 宪法

《中华人民共和国宪法》(以下简称《宪法》)是国家的根本大法，具有最高的法律地位和效力，任何其他法律、法规都必须符合《宪法》的规定，而不得与之相抵触。《宪法》是建筑业的立法依据，同时又明确规定国家基本建设的方针和原则，直接规范与调整建筑业的活动。

2. 建设法律

建设法律是指由全国人大或全国人大常委会制定颁布的属于国务院建设行政主管部门主管业务范围的各项法律，是工程建设法规体系的核心和基础。如《建筑法》和《中华人民共和国安全生产法》(以下简称《安全生产法》)、《中华人民共和国招标投标法》(以下简称《招标投标法》)、《中华人民共和国城乡规划法》(以下简称《城乡规划法》)等。

3. 地方性工程建设法规

地方性工程建设法规是指在不与《宪法》、法律、行政法规抵触的前提下，由省、自治区、直辖市人大及其常务委员会制定并发布的工程建设法规。其中也包括省会城市(自治区首府)和经国务院批准的较大的市人大及其常务委员会制定，报经省、自治区人大或其常务委员会批准的各种法规。

4. 地方性建设规章

地方性建设规章是指省、自治区、直辖市及省会城市(自治区首府)和经国务院批准的较大的市人民政府，根据法律和国务院行政法规制定并颁布的建设方面的规章。

另外，与建设活动关系密切的相关法律、行政法规和部门规章，也起着调整部分建设活动的作用。其所包含的某些内容或规定也是工程建设法规体系的组成部分。

## 第二节　建设法律关系

### 一、建设法规的调整对象

此处的社会关系，也就是建设法规的调整对象，按其性质可以分为以下3类：

1. 建设行政管理关系

建设行政管理关系是指国家行政机关及其授权机构在履行建设行政管理职责的过程中，与建设单位、施工单位、设计单位、工程监理单位等有关单位和个人形成的行政管理与被管理关系，如建设行政机关对建筑业企业实行的资质管理。

2. 建设民事关系

建设民事关系是指法人、社会组织和个人等平等民事主体在工程建设活动中形成的民事权利和义务关系，如签订工程施工合同中发包人与承包商的关系。

3. 建设主体内部管理关系

建设主体内部管理关系是指建设主体在进行内部管理时产生的关系，如《建设工程质量管理条例》第三十条规定："施工单位必须建立、健全施工质量的检验制度，严格工序管理，作好隐蔽工程的质量检查和记录。"

### 二、建设法律关系的构成要素

建设法律关系是指由建设法律规范确认和调整的，在工程建设和管理活动中产生的权利和义务。其包括三要素，即建设法律关系主体、建设法律关系客体和建设法律关系的内容。

1. 建设法律关系主体

建设法律关系主体是指参加工程建设和管理活动，受建设法规调整和规范，享有法律权利并承担法律义务的当事人，包括公民、法人和其他社会组织3类。

(1) 公民

在我国，公民个人可以成为建设法律关系的主体，如建筑企业职工(建筑工人、专业技术人员、注册执业人员)与企业签订劳动合同时，就成为劳动合同法律关系的主体。但是，在我国，公民个人要参与工程建设活动，通常需要取得相应的执业资格，这体现了国家对工程建设活动从业人员的资格许可管理。

(2) 法人

法人是指具有民事权利能力和民事行为能力，依法独立享有民事权利和承担民事责任的组织。《民法典》根据法人的营利性，将法人分为企业法人和非企业法人两类。其中，企业法人是最重要、最常见的建设法律关系主体，如房地产开发企业、建筑施工企业、勘察设计单位、工程监理企业等。在我国，企业法人要想从事工程建设活动，除了要办理工商营业执照外，还需要取得相应的建筑业资质证书，并且只能在资质证书许可的范围内从事工程建设及相关活动。非企业法人是指为公共和公益目的，依法设立的国家机关(如住房城乡建设部)、事业单位（如建设工程质量监督站）和社会团体（如中国房地产估价师与房地产经纪人学会）。

（3）其他社会组织

其他社会组织是指依法或者依据有关政策设立，有一定的组织机构和财产，但不具备法人资格的各类组织，也称为非法人组织。如不具备法人资格的劳务承包企业、合伙性质的工程监理单位、个体工商户等。

2. 建设法律关系客体

建设法律关系客体是指建设法律关系主体享有的权利和承担的义务指向的对象，也成为建设法律关系的标的，包括物、金钱、行为和智力成果4类。

（1）物

物是指可为人所控制，并具有经济价值的生产、生活资料，如建筑材料、施工机械、建筑工程（在建的或已经完工的）等都可能成为建设法律关系的客体。

（2）金钱

金钱一般指资金及各种有价证券。如房地产开发企业为筹集资金，与银行签订的建设贷款合同的标的就是一定数量的金钱。

（3）行为

法律意义上的行为是指人的有意识的活动。在建设法律关系中，行为通常表现为需要完成一定的工作，如勘察设计、施工安装、检查验收等。如勘察设计合同的标的，是按照合同的约定完成一定的勘察设计任务；工程施工合同的标的，是按照合同约定的期限完成一定质量的施工工作。

（4）智力成果

智力成果是指通过人的智力活动创造出的精神成果，包括知识产权、技术秘密等。如工程设计合同中，由设计单位向业主提交的工程设计图纸就属于智力成果，设计单位对其依法享有知识产权。

3. 建设法律关系的内容

建设法律关系的内容是指建设法律关系的主体享有的权利和承担的义务。在建设法律关系中，当事人之间的权利、义务往往是相互对等的。如施工合同中，建设单位有权利要求施工单位按照合同约定完成工程施工，并有义务按照合同约定向施工单位支付工程款；相应地，施工单位有义务按照合同约定完成工程施工，并有权利按照合同约定取得工程款。

## 三、建设法律事实

建设法律关系并不会凭空发生，也不会仅凭建设法规的直接规定而发生。只有存在一定的法律事实，当事人之间才能产生、变更或者消灭一定的建设法律关系。能够引起建设法律关系产生、变更或者消灭的客观现象和事实，就是建设法律事实，包括行为和事件。

1. 建设法律关系的产生、变更和消灭

法律关系的产生是指在法律关系主体之间设定了一定的权利和义务，如一旦签订了工程施工合同，建设单位和施工单位之间就产生了相应的权利和义务关系。

法律关系变更是指调整或者重新设定当事人之间的权利和义务关系，即建设法律关系三要素发生了变化：

(1) 主体变更

主体变更是指建设法律关系中只有当事人发生了变化，建设法律关系的客体和内容均没有变化，也称为合同转让。如施工单位与建设单位签订施工合同后，由于某种原因不再继续履行合同，而将施工合同转让给其他施工单位。

(2) 客体变更

客体变更是指建设法律关系指向的对象发生了变化，如在某施工合同履行过程中，建设单位要求增加一座三星级酒店。

(3) 内容变更

内容变更是指建设法律关系主体享有的权利和承担的义务发生了变化。如在签订工程施工合同后，建设单位要求将合同工期从原来的 480 天缩短至 400 天。需要注意的是，建设法律关系主体和客体变更，必然导致当事人之间权利和义务的变化，即内容的变更。

建设法律关系的消灭是指当事人之间设定的权利和义务关系不复存在，主要包括：①因履行而消灭，是指当事人在适当地履行权利和义务后，当事人之间的法律关系归于消灭；②因解除而消灭，是指当事人之间解除权利和义务关系，从而提前终止法律关系；③因违约而消灭，是指建设法律关系的一方当事人违约，或者发生不可抗力事件，致使当事人之间原来设定的权利和义务不能继续履行，从而使该法律关系归于消灭。

2. 建设法律事实的分类

作为导致建设法律关系产生、变更与消灭的原因，建设法律事实分为以下两类：

(1) 行为

行为是指法律关系主体有意识的活动，是能够引起法律关系产生、变更和消灭的行为，包括作为和不作为。作为又可分为合法行为和违法行为。凡是符合法律规定或者国家法律认可的行为都是合法行为，如通过订立合法有效的施工合同，将在建设单位和施工单位之间产生合同法律关系；凡是违反法律规定的行为都是违法行为，如在施工合同履行过程中，承包商的违约行为有可能导致工程合同关系变更或者消灭。

(2) 事件

事件是指能够导致建设法律关系产生、变更、消灭的，无法预见和控制的客观现象，分为自然事件和社会事件。自然事件如地震、台风等；社会事件如战争、罢工等。

## 第三节　建设法规的构成、地位及作用

法律体系也称为部门法体系，通常是指一个国家现行的法律规范，按照一定标准和原则构成的有机统一整体。在我国，建设法规属于经济法的重要组成部分；与此同时，建设法规也具有一定的独立性和完整性，从而构成了建设法规体系。建设法规体系是指由全部建设法律规范构成的一个相互联系、相互协调的完整统一体系。

按照法律规范的效力等级，我国建设法规的渊源分为宪法、法律、行政法规、地方性法规和行政规章 5 个层次，从而构成完整的建设法规效力体系。

1. 宪法

《宪法》是由最高权力机关——全国人民代表大会制定和修改的，是具有最高的法律地

位和效力等级的根本大法，在法律体系中居于核心地位。一切法律、行政法规和地方性法规均不得与《宪法》相抵触。《宪法》是建设法规的重要渊源，如《宪法》第十条规定："城市的土地属于国家所有。""农村和城市郊区的土地，除由法律规定属于国家所有的以外，属于集体所有；宅基地和自留地、自留山，也属于集体所有。""国家为了公共利益的需要，可以依照法律规定对土地实行征收或者征用并给予补偿。"

2. 法律

法律是由全国人民代表大会和全国人民代表大会常务委员会制定并颁布实施的规范性法律文件，是狭义的法律，其效力等级仅次于《宪法》。法律是建设法规的核心，既包括专门的工程建设法律，也包括与工程建设相关的法律。专门的建设法律，如《建筑法》《城乡规划法》《中华人民共和国土地管理法》(以下简称《土地管理法》)、《中华人民共和国城市房地产管理法》(以下简称《城市房地产管理法》)和《招标投标法》等；工程建设相关法律，如《民法典》《安全生产法》《中华人民共和国仲裁法》(以下简称《仲裁法》)和《中华人民共和国环境保护法》(以下简称《环境保护法》)等。

除此之外，还有一类特殊的法律，那就是国际条约。国际条约是指我国同外国缔结的双边、多边协议和其他具有条约、协定性质的规范性文件，如《建筑业安全卫生公约》等。

3. 行政法规

行政法规是由国务院根据宪法和法律的规定，以及全国人大的授权制定并颁布实施的规范性法律文件，在全国范围内有效。其效力等级低于宪法和法律，但高于地方性法规和规章。目前，重要的建设行政法规有《建设工程质量管理条例》《建设工程勘察设计管理条例》《建设工程安全生产管理条例》《安全生产许可证条例》《建设项目环境保护条例》等。

4. 地方性法规

地方性法规是指由省、自治区、直辖市、省会城市(自治区首府)和经国务院批准的较大的市的人民代表大会及其常务委员会制定的规范性法律文件。地方性法规仅在本辖区范围内有效，其效力等级低于宪法、法律和行政法规，如《北京市招标投标条例》等。

5. 行政规章

行政规章是由国家行政机关制定的规范性法律文件，包括部门规章和地方政府规章。

部门规章是由国务院有关部委制定的规范性法律文件，其效力低于宪法、法律和行政法规，仅在本部门范围内有效，如《工程建设项目施工招标投标办法》《建筑业企业资质管理规定》《评标委员会和评标办法暂行规定》等。

地方政府规章是指由省、自治区、直辖市、省会城市(自治区首府)和经国务院批准的较大的市的人民政府制定的规范性法律文件，如《北京市建筑工程施工许可办法》等。地方政府规章的效力等级低于宪法、法律、行政法规、同级或上级地方性法规，仅在本行政区域内有效。

作为专业性和技术性很强的活动，工程建设和管理过程中还涉及一类非常特殊的法律规范，即建设标准。工程建设标准是指对工程建设活动或者其结果规定共同的和重复使用的规则、导则或者特性的文件。在我国，工程建设标准一般由国家机关制定并颁布实施，是对工程建设和管理活动及其成果最低限度技术要求的规定，是建设法规体系的重要组成部分。

## 案例分析

**【案例】** 2012年5月，家住浙江省湖州市织里镇××路9幢商住楼内的沈某等9位购房户，先后向湖州市消费者协会织里分会投诉：他们于2011年5月向织里某房地产开发公司所购的9套3层楼商住房，存在挑梁、墙体裂缝，屋内漏水等严重质量问题，要求退房或赔偿损失。

织里镇消协分会受理投诉后，及时进行了调查了解。购房户要求每户赔偿6万元自行修房，而开发公司只同意补偿5 000元，修复由公司负责。公司认为：宁愿花10万元修房，不能多赔5 000元。沈某等人遂根据双方签订的《购房合同》第13条第3款“房屋发生严重质量问题，有权退房”的约定要求退房。开发公司认为该幢房屋经质监部门验收为合格工程，房屋渗水是通病，不存在严重质量问题，因此不同意退房。

2012年6月2日，经织里镇消协分会委托，湖州市质监部门两位工程师到现场勘察，发现T轴挑梁混凝土疏松、多根挑梁有明显裂缝。工作人员对该楼30根挑梁进行了混凝土回弹及碳化测试，但回弹和碳化测试因混凝土浇制成型已超过1000天，所测数据只能作为参考，而最精确的检测只能是钻孔取样。为了安全，若钻孔取样，则必须对底层挑梁全部砌砖柱进行加固，但购房户只同意对钻芯的挑梁进行临时性加固。

6月16日，开发公司、设计单位、质监部门与购房户协商后，确定钻芯部位，于17日至18日对5个挑梁实施了临时性加固。6月20日，市质监站对该楼底层阳台及2层阳台6个挑梁钻芯取样。检验结果显示6个挑梁抗压强度平均值为15.77 MPa，最低只有12.1 MPa，均不能达到原设计强度等级C20，该楼1层、2层部分挑梁存在结构安全危险。7月7日，市房屋安全鉴定站对该房进行了全面鉴定，鉴定结果如下：①2层阳台隔墙有由外向内、自上而下的斜裂缝；②阳台挑梁混凝土强度偏低，部分挑梁有斜向发展裂缝；③室内预应力圆孔板间有纵向裂缝；④屋面渗水；⑤3层窗台处有水平裂缝；⑥楼面混凝土现浇层强度低，起砂、起粉；⑦2层阳台栏板处有斜裂缝2处。经鉴定认为该建筑各承重结构尚未达到其承载能力的极限状态或处于危险状态，可以安全使用；但由于挑梁有严重缺陷，存在一定的隐患，须立即采取加固措施。

8月6日，织里镇消协分会召集开发公司、购房户协商补偿问题。双方经调解达成协议：由开发公司补偿给每户购房者29 500元，共计265 500元；挑梁由开发公司按设计单位出具的加固施工图并按质监部门认可的内容进行加固，费用由开发公司承担；如该房今后发现结构问题，严重影响安全使用，由开发公司负责；此次检测和鉴定的费用由开发公司承担。至此，这起房屋质量纠纷终于有了一个圆满的结果。

**问题：**

(1) 本案中的经济法律关系的三要素是什么？

(2) 市质监站和市房屋安全鉴定站的检测结果，从性质而言是何种法律事实？对沈某等购房户和开发公司产生怎样的影响？

(3) 消费者协会、市质监站和市房屋安全鉴定站这些主体在本案中属于何种性质的主体？

【解析】

(1) 法律关系的三要素是主体、客体和内容。本案中的主体是沈某等9位购房户和织里镇某房地产开发公司；客体是那9套存在质量问题的商品房。本案法律关系的内容是主体双方各自应当享受的权利和应当承担的义务。具体而言，是沈某等9位购房户按照合同的约定，承担按时、足额支付购房款的义务；在按合同约定支付房款后，这9位购房人就有权要求开发商(织里镇某房地产开发公司)按时交付质量合格的商品房。开发商(织里镇某房地产开发公司)的权利是收取购房人的购房款；在享受该项权利之后，就应当承担义务，即按时交付合格的商品房给购房人，并协助购房人办理产权过户手续。

(2) 市质监站和市房屋安全鉴定站的检测结果证明开发公司的房屋存在质量问题，是属于法律事实中的行为；开发公司在履行与购房户签订的《购房合同》中，存在违约行为。正是开发公司的违约行为，使得在开发公司与沈某等9位购房户之间产生了修理、修复和违约赔偿关系。

(3) 消费者协会在本案中属于第三人，是双方都认可的、调解双方纠纷的第三人。市质监站和市房屋安全鉴定站是属于为建筑业和房地产业服务的社会组织。在消费者协会的委托下，与消费者协会产生委托检测和鉴定的法律关系。

## 思考题

1. 什么是工程建设法规？工程建设法规的调整对象是什么？
2. 什么是工程建设法规体系？我国工程建设法规体系由哪几个层次组成？
3. 工程建设法律关系的特征有哪些？工程建设法律关系的构成要求主要包括哪些？
4. 我国工程建设划分为哪几个阶段？
5. 什么是法律责任？工程建设法律责任可分为哪几类？
6. 在建设活动中，法律的规范作用有哪些表现？
7. 在施工过程中，施工企业会遇到哪些法律事实？
8. 为什么在建设法律体系中建设行政主管部门的规章占有很大的比重？

# 第二章　城乡规划法规

## 第一节　概　　述

从公共政策和社会过程的角度看，当代城乡规划的法制建设面临很多问题和挑战。城乡规划要达成以公共利益为目标的使命，其首要和有效途径之一就是走法制建设的道路，并最终达到法制的“自由王国”法治状态。城乡规划背后的本质特性之一就是权力特性，其本质特性也决定了城乡规划法制建设的必然性。美国经济学家布坎南认为没有适当的法律和制度，市场就不会产生任何体现价值极大化意义上的有效率的自然秩序。实际上，城乡规划本身就是法律。巴塞特（Edward M . Bassett ，美国纽约律师，在规划与区划法律方面享有盛名，是美国最早区划法的起草者）认为，城市规划涉及街道、公园、公共保留地、公共建筑用地、码头岸线、交通设施的选址和区划规则，还包括许多其他内容。如果这些能在土地上用法律确定下来，那么就有了城市规划。

### 一、城乡规划法规的概念及作用

1. 城乡规划法规的概念

城乡规划是政府对一定时期内城市、镇、乡、村庄的建设布局和土地利用，以及经济和社会发展有关事项的总体安排和实施措施，是政府指导和调控城乡建设与发展的基本手段之一。城乡规划不是指一部规划，也不是涵盖所有国土面积的规划，而是由城镇体系规划、城市规划、镇规划、乡规划和村庄规划组成的有关城镇和乡村建设与发展的规划体系。城乡规划体系遵循的原则是一级政府、一级规划、一级事权，下位规划不得违反上位规划。

城镇体系规划是指一定地域范围内，以区域生产力合理布局和城镇职能分工为依据，确定不同人口规模等级和职能分工的城镇的分布和发展规划。城镇体系规划是政府综合协调辖区内城镇发展和空间资源配置的依据和手段。城乡规划法不要求省、市、县三级政府都编制独立的城镇体系规划，仅要求编制全国和省域两级城镇体系规划。

城市规划是指对一定时期内城市的经济和社会发展、土地利用、空间布局，以及对各项建设的综合部署、具体安排和实施措施。它是政府调控城市空间资源、指导城乡发展与建设、维护社会公平、保障公共安全和公众利益的重要公共政策之一。城市规划分为总体规划和详细规划。城市的详细规划又可分为控制性详细规划和修建性详细规划。

镇是介于城市和乡村之间的重要连接点，是我国城乡居民点体系的重要组成部分。镇的规划分为总体规划和详细规划。镇的详细规划又可分为控制性详细规划和修建性详细规划。

乡规划、村庄规划分别是指在一定时期内乡、村庄的经济和社会发展，土地利用，空间布局，以及各项建设的综合部署、具体安排和实施措施。其规模较小，不再细分。

2. 城乡规划法规适用的范围

城乡规划法中的规划区是指城市、镇、乡和村庄的建成区以及因城乡建设和发展需要，必须实行规划控制的区域，也可以说是规划主管部门实施规划管理的空间界限。规划区的具体范围由有关人民政府在组织编制的城市总体规划、镇总体规划、乡规划和村庄规划中，根据城乡经济社会发展水平和统筹城乡发展的需要划定。

规划法对城乡规划区域内的任何人都适用，这里的人包括自然人、法人和其他组织，即任何单位和个人都有遵守城乡规划的义务，并有权对违反城乡规划的行为进行检举和控告。具体而言，包括以下三种人：①负责编制、审批、管理城乡规划的有关部门和人员；②在规划法适用范围内进行建设活动的有关人员；③专业从事城乡规划编制的生产、科研、设计、教学单位的有关人员。

3. 城乡规划的作用

(1) 城乡规划是政府进行宏观调控的基本手段。由于空间和土地的使用是一切经济活动的基础，而对空间和土地使用的安排也必然会涉及城乡土地资源的配置和合理利用问题，涉及社会利益的分配问题。因此，城乡规划是政府实行宏观调控的基本手段，也是最有效的手段。

(2) 城乡规划是政府指导、调控城乡建设有序发展的依据。规划是建设参与者在今后的行动中相互制约、共同遵守的规范，是政府重要的发展政策，是政府执政能力的直接反映，是统筹城乡协调发展的有效手段。

(3) 城乡规划是协调社会各集团利益、维护公众利益的机制。它对社会发展尤其是在资源分配上有积极作用。规划是一种平衡力，在市场经济下，规划的出发点着重在公平上，应从整个城市的全局与长远考虑，协调各方个体利益之间的关系，以达到城市可持续科学发展的目标。

(4) 城乡规划是政府的第一资源和重要的公共政策。规划是一种依法强制实施的空间管制手段，是一种法治武器，只有依靠政府的强制力才能保证实施。

## 二、城乡规划法规体系的构成

城乡规划法规体系就是用以调整城乡规划编制和规划实施管理方面所产生的社会关系的法律及各种法规、规章的总和。

根据我国的立法制度，城乡规划法规体系的等级层次应包括法律、行政法规、地方性法规、自治条例和单行条例、规章(部门规章、地方政府规章)等。

1. 法律

《城乡规划法》是我国城乡规划法规体系中的基本法，对各级城乡规划法规与规章的制定具有不容违背的规范性和约束力。

2. 行政法规

国务院发布的《风景名胜区条例》和《历史文化名城名镇名村保护条例》等是我国城乡规划法规体系中的行政法规。行政法规与法律虽不是同一等级，但它同样是地方性法规、部门规章和地方政府规章制定的基本依据。

3. 地方性法规

省、自治区、直辖市的人民代表大会及其常务委员会以及较大的市的人民代表大会及其常务委员会，根据本行政区域的具体情况和实际需要，根据《城乡规划法》，相继制定了地方性的规划条例或者实施细则、实施办法。

4 .部门规章

国务院城乡规划主管部门所公布的《城市规划编制办法》《省域城镇体系规划编制审批办法》《城市、镇控制性详细规划编制审批办法》《城市国有土地使用权出让转让规划管理办法》《近期建设规划工作暂行办法》《城市规划强制性内容暂行规定》《城市绿线管理办法》《城市紫线管理办法》《城市蓝线管理办法》《城市黄线管理办法》等都属于部门规章范畴，是我国城乡规划法规体系中的重要组成部分。

5. 地方政府规章

省、自治区、直辖市和较大的市的人民政府，根据城乡规划方面的法律、法规和本省、自治区、直辖市的地方性法规，分别制定配套的地方政府规章。

## 第二节　城乡规划法规的制定

城乡规划的制定是指有关主体依照法定的职权及授权编制和确定城乡规划的活动。城乡规划可分为两个层面：一是指战略发展规划，制定城乡中长期战略目标，包括土地利用、交通管理、环境保护、基础设施等方面的发展准则和空间策略，为城乡各分区和各系统的实施性规划提供指导框架；二是实施性发展规划，它以战略性发展规划为依据，是开发控制的法定依据，也称为“法定规划”。城乡规划的制定可以分为两大阶段：一是编制阶段，二是确定阶段。编制阶段是由组织编制的主体按照法定程序组织编制单位编制城乡规划草案；确定阶段是由有关主体按照法定的职权和程序对编制完成的规划草案进行审查，作出是否批准该规划的决定。

### 一、制定城乡规划法的基本原则

1. 城乡统筹、合理布局、节约土地、集约发展原则

这是制定规划的首要原则。在制定过程中，应全面考虑城市、镇、乡和村庄的发展，也就是要求规划必须适应区域内的人口发展、国防建设、防灾减灾和公共卫生、公共安全等方面的需要，合理配置基础设施和公共服务设施，促进城乡居民均衡地享受公共服务，改善生态环境和生活环境，防止污染和其他公害，促进城乡一体化的进程，形成城乡、区域协调互动发展的良好机制。

规划是对区域内空间利用和布局作出的安排，也就是要优化空间资源的配置，维护空间资源利用的公平性，节约利用资源，保持地方特色、民族特色和传统风貌，保障城市运行安全和效率，促进各个方面协调有序地发展。

耕地缺少是我国的基本国情，而我国城镇建设，基本上还是靠土地资源的开发而进行的，用地概念和用地结构很不合理，铺张浪费土地资源现象十分严重。而新城乡规划法就是要在建设中严格控制土地的开发使用，依法严格保护耕地；合理规划，提高土地利用效益，因

地制宜、节约用地。这些指导思想，在规划编制和实施过程中都必须放在第一位。严格控制占用农用地，特别是基本农田，在因需要的确需要占用的，一定要依法办理农用地转用审批手续，待手续办理后，再核发建设用地许可证。

集约发展是珍惜和合理利用土地资源的最佳选择，推进城镇发展从粗放型向集约型转变，建设资源节约友好型城镇，促进城乡经济社会全面发展。

2. 先规划后建设原则

依法制定各级规划，并经过相应管理部门审批，保证规划的严肃性和科学性，加强对已经依法批准的规划的监督管理，是保证城镇建设正常进行的前提。对存在的先建设后报批的行为，要严加监督，及时依法处理。

3. 保护自然资源和历史文化遗产，体现地方特色，保持民族传统和地方风貌原则

自然资源和历史文化遗产是不可再生的资源，是自然界进化选择、人类社会长期积淀和扬弃的产物，有着独一无二、不可代替、不可再生的性质，一旦破坏，很难恢复或者永远消失。因此，在保护自然资源和历史文化遗产方面，城乡规划法作出了严格规定，宁可放慢建设步伐，也要保护好这些资源。可以说，生态环境规划已经成为我国城乡规划的基本组成部分，保护环境已经成为我国的基本国策；同时，城市特色和民族传统、地方风貌也是长期积累的成果，也需要重点保护。

4. 公众参与原则

城乡建设不再是政府单方面的主观认识，建设和谐社会、减少社会矛盾、协调各方利益的方法，就是在制定和实施规划的前期、中期和后期都认真引入公众参与的原则，及时发现问题、协商问题、解决问题。随着城市建设的开展，投资主体的多样化，以及人民生活水平的提高，在城乡建设中，需要考虑的各个方面利益也越来越多，利益冲突的地方也明显增加。解决这样的问题，最好的办法就是公众参与，保证各方有畅通的渠道表达自己的意愿，平等交流沟通，达成一致，促进社会和谐发展。

## 二、城乡规划和其他社会发展规划的相互关系

城乡规划是关系到社会建设的重要规划，涉及很多其他发展规划，其中最为密切的是国民经济和社会发展规划、土地利用规划等。这些规划之间必须相互协调，不能存在冲突和矛盾，否则在规划实施时，就会存在政策性错误，并会因此限制甚至产生错误的指导作用。

国民经济和社会发展规划是各级政府对本辖区内未来国民经济和社会发展所作的规划，对经济、社会、文化建设发挥着重要作用。土地利用总体规划是指在一定区域内，根据国民经济和社会发展对土地的需求，以及当地的自然、经济、社会条件，对该地区范围内全部土地的利用作出的长期的、战略性的总体部署和安排。

编制城乡规划时应当依据国民经济和社会发展规划，并与土地利用规划相衔接。也就是说，国民经济和社会发展规划是上一级规划，城乡规划必须服从国民经济和社会发展规划，不能和上级规划相冲突；土地利用规划和城乡规划是平级的规划，虽然两者重点不同，但同是作用在土地上的规划，内容上肯定有交叉和重叠，其目的是一致的，只是各有不同的侧重点。土地利用规划以土地利用为核心，处理建设用地与农用地的关系，以保护基本农田和耕地为主要目的，从宏观上对土地资源及其利用进行功能划分和控制，为土地用途管制提供

依据。而城乡规划则是从城乡各项建设的空间布局进行考虑，侧重于规划区内的建设土地和空间资源的合理利用，其核心是保证规划区内用地的科学合理，以引导控制建设项目的空间布局和建设活动的有序进行。

城乡规划确定的经济社会发展目标及空间布局等内容，为土地利用规划提供宏观数据。土地利用规划确定的使用规模和控制红线，是城乡规划制定的前提，因此这两个规划必须相互衔接。现在有些城市在尝试城乡规划和土地利用规划的“二规合一”，取得了一定成效，但还需要时间检验。

我们必须注意到，编制城乡规划时，在建设用地规模上不得超过土地利用规划中的用地规模，在这点上，土地利用规划有权威性。

实践中，城乡规划不是一个独立和封闭的体系。城乡规划编制要以其他专业规划为基础，如人口规模、建设用地规模、产业发展方向、交通布局等数据都来源于各个专业管理部门；同时，城乡规划明确了将来城乡的空间发展，提出了建设活动的总体要求，这些反过来都会影响其他专业规划的制定；有些规划如防洪、消防等专业规划还应依法纳入城乡总体规划体系中。

## 三、城乡规划的内容、制定和审批

规划制定由规划编制和规划审批两个阶段组成。城乡规划采用分级编制办法，可分为全国城镇体系的规划制定，省域城镇体系的规划制定，城市总体规划、镇总体规划、乡规划和村庄规划。各级规划的审批都有具体的规定。

在规划的制定和管理中，有“审批”和“备案”这两种不同的行政行为。审批是事前的监督，不经过审批规划不能生效；备案是一种事后的监督，在备案前规划已经生效，但是备案机关可以对备案文件进行实时监督，发现违规情况应当给予纠正。

编制城乡规划时应当具备国家规定的勘察、测绘、气象、地震、水文、环境等基础资料，同时，还应该有城市历史资料、人口资料、自然资源资料、土地利用资料、工业建设资料、交通运输资料、现状资料等其他在该规划区域内的社会人文资料。这些基础资料是城乡规划编制的基础，是科学合理编制规划的基本保障，因此必须在规划编制前就考虑如何收集和整理资料。

概括地说，规划编制过程可以分为制订编制计划，选择编制单位，审查规划草案，征询公众意见，城市规划委员会审议、报批。

### 1. 全国城镇体系规划的内容、制定和审批

在整个规划体系中，全国城镇体系规划具有最高的地位。全国城镇体系规划是统筹安排全国城镇发展和城镇发展布局的宏观性、战略性的法定规划，是引导城镇化健康发展的重要依据，对省域城镇体系规划、城市总体规划的编制起着指导作用。其主要体现在通过综合评价全国城镇发展条件，明确全国城镇化发展方针、城镇化道路、城镇化发展目标；制定各区域城镇发展战略，引导和控制各区域城镇的合理发展，做好各省、自治区间和重点地区间的协调；统筹城乡建设和发展；明确全国城镇化的可持续发展，包括生态环境的保护和优化、水资源的合理利用和保护、土地资源的协调利用和保护等。

全国城镇体系规划由国务院城乡规划主管部门会同国务院有关部门组织编制，并由国

务院城乡规划主管部门报国务院审批，即以住房城乡建设部为主，会同国务院有关部门共同编制。全国城镇体系规划涉及经济、社会、人文、资源环境、基础设施等相关内容，需要各部门的共同参与。由国务院城乡规划主管部门会同国务院有关部门组织编制全国城镇体系规划，有利于在规划编制过程中统筹城镇发展与资源环境保护、基础设施建设的关系；充分听取相关部门的意见，使全国城镇体系规划与其他国家级相关规划相衔接，在部门间建立政策配合、行动协调的机制，强化国家对城镇化和城镇发展的宏观调控。

2. 省域城镇体系规划的内容、制定和审批

省域城镇体系规划是合理配置和保护利用空间资源、统筹全省（自治区）城镇空间布局、综合安排基础设施和公共设施建设、促进省域内各级各类城镇协调发展的综合性规划，是落实全省（自治区）的经济社会发展目标和发展战略、引导城镇化健康发展的重要依据和手段。其内容应当包括城镇空间布局和规模控制，重大基础设施的布局，为保护生态环境、资源等需要严格控制的区域。具体而言，省内必须控制开发的区域，包括自然保护区、退耕还林（草）地区、大型湖泊、水源保护区、分滞洪区以及其他生态敏感区；省域内的区域性重大基础设施的布局，包括高速公路、干线公路、铁路、港口、机场、区域性电厂和高压输电网、天然气主干管与门站、区域性防洪与滞洪骨干工程、水利枢纽工程、区域引水工程等；涉及相邻城市的重大基础设施的布局，包括城市取水口、城市污水排放口、城市垃圾处理场等。

省域城镇体系规划由各个省、自治区人民政府组织编制，报国务院审批。这是因为该规划不仅是建设规划，还与国民经济和社会发展规划、土地利用总体规划、全省产业布局等有关，这些需要省、自治区人民政府统筹考虑，从全省发展的角度出发来编制。此外，在报国务院审批前，省域城镇体系规划必须先经本级人民代表大会常务委员会审议，并且应当将省域城镇体系规划草案予以公告，并采取论证会、听证会或者其他方式征求专家和公众的意见。本级人民代表大会常务委员会的审议意见和根据审议意见修改省域城镇体系规划的情况，以及公众意见的采纳情况和理由一并报送国务院。国务院应当组织专家和有关部门进行审查。

在编制省域城镇体系规划时，必须强调其科学性、前瞻性和可操作性。在编制步骤上，首先，要研究本地区的资源和生态环境的承载能力，系统分析人口和经济活动的特点，明确省域城镇和城镇化发展战略；其次，必须坚持城乡统筹，分析农村人口变化趋势，促进城乡公共服务的均等提高，把促进农村经济产业化与区域产业空间整合这两方面结合起来；再次，要综合考虑城镇合理布局和提高基础设施建设效益，优化基础设施网络，保护和控制基础设施建设用地，保证重大基础设施的合理布局，为今后的发展留下足够的空间；最后，综合考虑空间资源保护、生态保护和可持续性发展的要求，确定严格保护和控制开发的区域，保证环境友好型的发展模式。

3. 城市和镇的总体规划的内容、制定和审批

城市总体规划、镇总体规划是城镇发展方向的纲领性文件，是指一定时期内，城市和镇的发展目标、发展规模、土地利用、空间布局，以及各项建设的综合部署和实施措施，是引导和调控城市建设、保护和管理城市空间资源的重要依据和手段，是判断城市建设是否正确的重要法律准绳，具有全局性、综合性和战略性的特点。城市总体规划一般分为市域城镇体系规划和中心城区规划两个层次。城市总体规划内容包括城市、镇的发展格局，功能分区，用

地布局，综合交通体系，禁止、限制和适宜建设的地域范围，各类专项规划等。同时，规划的内容分为强制性内容和非强制性内容，如规划区范围、规划区内建设用地规模、基础设施和公共服务设施用地、水源地和水系、基本农田和绿化用地、环境保护、自然与历史文化遗产保护及防灾减灾等内容为强制性内容，是总体规划必须包含的内容。同时，强制性内容的修改遵循专门的规定，一般来说是不允许修改的。应特别注意的是，强制性内容和非强制性内容的区别仅在于强制性内容是必须有的、内容修改要求严格；而非强制性内容是可选的内容，它们的效力都是由国家强制力保证的。

城市人民政府和城镇政府是组织编制总体规划的主体，它们向上级政府提出编制申请（市级向所属的省政府提出申请，镇级向所属的市政府或者省政府提出申请），并在申请报告中就原规划执行情况、新规划编制（或修编）理由及范围作明确说明。在正式编制前，要先编制总体规划纲要并提请审查；在总体规划报审批前，需经本级人民代表大会常务委员会审议，并经过规划公示、专家评审、公众参与或者听证会等程序。

城市和镇的总体规划采取分级审批制度：直辖市、省会城市、国务院确定的城市的总体规划，由国务院审批；省、自治区人民政府所在地的城市以及国务院确定的城市总体规划，由省、自治区人民政府审查同意后，报国务院审批；其他城市的总体规划由各省、自治区人民政府审批；城镇总体规划由其所属的市级政府审批，但在报送审批前，都必须经过各级人民代表大会或者其常务委员会审议通过；同级人大“审议”是程序性的，是本级政府向上级政府报请审批总体规划前的必经程序，同级人大“审议”城乡规划是对同级政府制定、实施城乡规划的监督。

镇的总体规划编制和审批，还可以细分为不同情况：县人民政府所在地的镇总体规划由县人民政府组织编制，而不是由县人民政府所在地的镇人民政府组织编制。这是考虑到县人民政府所在地镇是整个县的经济、文化等中心，需要统筹考虑全县的经济、社会发展及全县的城乡空间布局和城镇规模。县人民政府组织编制的镇总体规划应报上一级人民政府批准，这里的上一级人民政府主要是指设区的市人民政府。除县人民政府所在地镇以外的其他镇的总体规划则由镇人民政府根据镇的发展需要，依据有关规定组织编制。编制完成后，先经镇人民代表大会审议后，报送上一级人民政府审批。这里的上一级人民政府主要是指县人民政府，包括不设区的市人民政府。

4. 乡村规划的内容、制定和审批

乡村规划应该由实际出发，考虑乡村的不同需要，尊重村民意愿，体现地方和农村特色。以前的乡村规划主要由《村庄和集镇规划建设管理条例》管理执行，与城市规划形成二元管理结构，导致乡村规划管理薄弱，乡村发展不能满足农民生活和生产的需要；在城乡一体化的前提下，《城乡规划法》特别提出乡村规划必须统筹安排，均衡发展，尊重村民意愿，以村民作为乡村建设的主体。该规划内容主要包括：安排村庄内农业生产用地布局及为其配套的各项服务设施；确定村庄居住设施、公共设施、道路、市政工程设施等用地布局；确定畜禽养殖场所等生产建设的用地布局；确定垃圾分类及转运方式，明确垃圾收集点、公厕等环境卫生设施的分布、规模；确定防灾减灾设施的分布和规模；对耕地、水源等自然资源和历史文化遗产的保护措施，对村庄分期建设时序作出安排等。

乡村规划要考虑乡村的不同需要，要有针对性的规定，不能搞强迫，应由村民来决定发展的速度和方向；建设社会主义新农村，消除城乡差别，提高农村生活水平，是我国面临的新任务，但在规划上，要防范把乡村建设和城市建设雷同化，防止超过实际需要的城镇化倾向，做到真正为农民服务，改善农村生产和生活条件，实现共同富裕。

乡村规划由乡、镇人民政府组织编制，报上一级人民政府审批。由于乡村规划直接涉及广大村民的切身利益，而村集体是实行村民自治的，因此，乡村规划在报送审批前，应当经村民会议或者村民代表会议讨论同意。

5. 控制性详细规划的内容、制定和审批

控制性详细规划是以总体规划为依据，进一步深化总体规划意图，为有效地控制用地和实施规划管理而编制的详细规划。其内容是对近期建设或者开发区进行地块细化，确定各类用地性质、人口密度和建筑容量，确定规划区内的市政公用设施和交通设施的建设条件，以及内部道路和外部道路的联系。控制性详细规划的作用主要是明确建设地区的土地使用性质和使用强制性控制指标、道路和工程管线控制性位置及空间环境控制的规划要求，对近期建设或者开发地区进行地块细化。它是城市规划实施管理最直接的法律依据，是国有土地使用权出让、开发和建设管理的法定前置条件，为土地综合开发和规划管理提供必要的依据，同时也可用以指导修建性详细规划编制。

城市人民政府城乡规划主管部门根据城市总体规划的要求，组织编制城市的控制性详细规划，经本级人民政府批准后，报本级人民代表大会常务委员会和上一级人民政府备案。镇人民政府根据镇总体规划的要求，组织编制镇的控制性详细规划，报上一级人民政府审批。县人民政府所在地镇的控制性详细规划，由县人民政府城乡规划主管部门根据镇总体规划的要求组织编制，经县人民政府批准后，报本级人民代表大会常务委员会和上一级人民政府备案。

6. 修建性详细规划的内容、制定和审批

修建性详细规划是在控制性详细规划确定的规划设计条件下编制的，直接对建设项目和周围环境进行具体的安排和设计，一般是针对具体地块的安排和设计。修建性详细规划主要用于确定各类建筑、各项基础工程设施、公共服务设施的具体配置，并根据建筑和绿化空间布局进行环境景观设计，为各项建设工程设计和施工图设计提供依据。

修建性详细规划一般是开发一个比较大的地块整体项目时，为了整体了解整个项目的具体分布而编制的规划。比如具有一定规模的大型居住社区、一定规模的大型商业建筑群，才需要编制这种规划。从而在分期的长时间实施中，从开始就可以确定很多公共服务设施、基础设施的具体数量和分布，如学校、公交、停车、绿化等基础设施和公共服务设施的具体情况。

城市、县人民政府城乡规划主管部门和镇人民政府可以组织编制重要地块的修建性详细规划。修建性详细规划应当符合控制性详细规划的要求。由于修建性详细规划涉及的内容比较细，因此，并不是规划中的地块都需要制定这类规划，而且对它的审批也没有具体的规定，一般只要它符合该地块控制性详细规划的要求，并得到用地单位的认可就可以了。

修建性详细规划可以由规划设计单位设计，也可以由建筑设计单位设计，它是介于规划设计和建筑设计之间的一种两者兼顾的设计。一旦修建性详细规划得到认可，也就是说，建筑方案就确定了。所以，现在一般由建筑设计单位制定修建性详细规划。修建性详细规划的成果由规划说明书和图纸组成。

## 第三节　城乡规划法规的实施

城乡规划的实施，指的是城乡规划管理部门根据城乡规划法律规范和已经批准的城乡规划，对城乡规划区内的各项建设活动进行规划审查，并核发规划许可证的行政行为。城乡规划实施的基本制度是规划许可证制度。

### 一、城乡规划法规实施的基本原则

城乡规划的实施是一个长期的建设过程，必须建立牢固的基本原则，才能保证建设工程的顺利进行。具体地说，城乡规划法实施的基本原则有以下七点。

1. 坚持分类指导的原则

在规划编制上，城乡规划法始终坚持分类指导，体现在城市、镇和农村的编制要求和管理差别上。在实施上同样如此，对城市、镇和乡村的建设和发展规定不同的原则，体现不同的特点。

2. 坚持按实际需要出发的原则

当前我国城市化和城市建设处于快速发展阶段，但是从粮食、能源、资源、生态、环境安全的角度出发，建设标准并非越高越好，发展速度也并非越快越好。城乡建设和发展要根据本地区经济社会发展水平进行，既要考虑经济社会发展对城市扩大和土地利用的需要，又要从实际情况出发，量力而行，不可超过实际社会水平而盲目追求高速度和大发展。

3. 坚持公共利益、基础设施优先的原则

城乡发展应当优先安排基础设施及公共服务设施的建设，妥善处理新区开发和旧区改建的关系，统筹兼顾进城劳务人员生活和周边农村经济社会发展；结合当地实际经济社会发展和产业结构调整需求，优先安排供水、供电、供气、道路、通信、广播电视等基础设施，以及学校、卫生院、文化站、幼儿园、福利院等公共服务设施的建设。要优先安排与人民群众密切相关的服务设施建设，改善城乡居民的居住环境。

4. 坚持尊重群众意愿的原则

坚持把维护公共利益、促进社会公平、关注和改善民生作为实施规划的重要目标，虚心接受群众监督，充分听取群众意见，尊重群众意愿，构建和谐社会。

5. 坚持节约用地的原则

我国的人均可利用的土地资源贫乏，因此在城市建设和乡村发展过程中，要时刻坚持节约用地，坚守基本农田和农业用地的范围不被非法侵占。

6. 坚持生态优先的原则

在进行城乡建设时，必须保证生态环境不被侵害，既要保证经济社会长期稳定健康发展，又要高度重视生态资源环境保护，做到发展与保护并举，经济利益、社会效益和生态效益同步提高。

7. 坚持城乡统筹的原则

在进行城市发展和建设时，应当统筹兼顾周边农村经济社会发展、村民生产与生活需要。农村经济社会和城市经济社会是相互联系、相互依赖的，城市有责任带动农村，工业有责任支援农业；通过统一规划，促进城市的发展与周边农村的发展建设相协调，把促进城市的可持续发展与发挥城市对农村发展的带动和反哺作用联系起来，实现发展目标与发展过程的统一。

## 二、建设项目用地选址意见书

建设项目用地选址意见书是用于管理建设项目预先申请用地的许可。需要申请建设项目用地选址意见书的建设项目必须满足以下三个条件。

(1) 该项目是在城市、镇规划区内的项目。在规划区外的项目，规划主管部门不可以核发选址意见书。

(2) 该项目是需要有关部门批准或者核准的建设项目。建设项目立项审批有三种，即批准、核准和备案。只有前两种项目需要选址意见书。

(3) 该项目使用土地是以划拨方式获得的国有土地使用权。

按现行法律规定，取得国有土地使用权的方式有划拨和出让两种。以出让方式获得土地的项目，出让前规划条件已经具备时，不再需要该意见书。因此，只有以划拨方式获得国有土地使用权的建设项目才可能需要选址意见书。

建设项目用地选址意见书作为法定项目审批和划拨土地的前置条件，建设单位在报送有关部门批准或者核准前，应当向城乡规划主管部门申请核发选址意见书。省、市、县人民政府城乡规划主管部门收到申请后，应当根据有关法律法规和依法制定的城乡规划，在法定的时间内对其申请作出答复。对于符合城乡规划的项目，应当颁发建设项目选址意见书；对于不符合城乡规划的项目，不予核发建设项目选址意见书并说明理由，给予书面答复。通过建设项目选址意见书的核发，既可以从规划上对建设项目加以引导和控制，合理利用现有土地资源，避免各自为政、无序建设；又可以为项目审批或者核准提供依据，对于促进从源头上把好项目开工建设关，维护投资建设秩序，促进国民经济又好又快发展具有重要意义。随着国有土地使用权有偿出让制度的全面推行，除划拨使用土地项目（主要是公益事业项目）外，都将实行土地使用权有偿转让。按照《城乡规划法》的规定，出让地块必须同时具有城乡规划主管部门提出的规划条件。而规划条件明确了该地块面积、使用性质、建设强度、基础设施、公共设施的配置原则等相关要求，并且这些要求是规划管理部门依据控制性详细规划的数据得出的，是符合规划要求的，因此，这些项目不再需要选址意见书。

## 三、建设用地规划许可证制度

### 1. 以划拨方式获得土地使用权的建设用地规划许可证

以划拨方式获得国有土地使用权的建设项目，在获得建设用地选址意见书，且该项目经有关部门批准、核准后，向城乡规划管理部门送审建设工程设计方案，申请建设用地规划许可证。

政府规划管理部门应当审核建设单位申请建设用地规划许可证的各项文件、资料、图纸等是否完备，并依据控制性详细规划，审核建设用地的位置、面积及建设工程总平面，确定建设用地范围，对具备相关文件且符合城乡规划的建设项目，核发建设用地规划许可证；对不符合法定要求的建设项目，不予核发建设用地许可证并说明理由，给予书面答复。

建设单位只有在取得建设用地规划许可证，明确建设用地范围及界线之后，才可以向县级以上政府土地主管部门申请用地，经县级以上人民政府审批后，由土地主管部门划拨土地。

取得建设用地规划许可证，是使用划拨国有土地的建设项目必须经历的过程。从取得建设项目用地选址意见书到用地规划许可证的过程中，该项目经过多个政府管理部门的审批、核查，以确保这类项目的社会公益性。

2. 以出让方式获得土地使用权的建设用地规划许可证

以出让方式获得国有土地使用权的，在国有土地使用权出让前，城市规划管理部门依据控制性详细规划提出规划条件，作为国有土地使用权出让合同的组成部分。建设单位在获得出让的土地后，持建设项目批准、核准、备案文件和国有土地出让合同，向规划管理部门领取建设用地规划许可证。规划管理部门不得在发放建设用地规划许可证的过程中，擅自改变作为土地出让合同组成部分的规划条件。规划管理部门对项目的规划条件进行审核，对符合城乡规划的建设项目，核发建设用地规划许可证；对不符合城乡规划的建设项目，不予核发建设用地许可证并说明理由，给予书面答复。

规划条件未纳入国有土地使用权出让合同的，该国有土地使用权出让合同无效；有关机关对未取得建设用地规划许可证的建设单位批准用地的，由县级以上人民政府撤销有关批准文件；占用土地的，应当及时退回；给当事人造成损失的，应当依法给予赔偿。

### 四、建设工程的规划条件

依据总体规划编制的控制性详细规划，对每个规划区域内的地块都给出了用地性质、建设强度、基础设施和与公共服务设施配套的具体控制数据。依据控制性详细规划，对每个要用于建设的地块，都可以得出一个确定建设内容的规划条件，这个规划条件是不允许建设单位在建设过程中任意变更的，建设单位必须在满足规划条件的前提下进行建设项目的设计和施工，这就是建设工程的规划条件。

对通过划拨方式取得国有土地使用权的建设项目，由规划管理部门在办理建设用地许可证时，结合用地的控制性详细规划给出规划条件；对以出让方式取得土地使用权的，在出让合同中就已经有规划条件了。

规划条件和国有土地使用权出让或者划拨是联系在一起的，是国有土地使用权出让合同的组成部分，它明确了这个地块可以建设的内容和强度，是一个和开发量、开发性质紧密相关的数据，同时也是这个地块价值的真实体现，也关系到周边地块与这个地块的相互关系，是控制城市建设的关键点。

规划条件满足控制性详细规划的建设项目，就是满足规划的项目，是可以进行的；而不满足规划条件的项目，肯定是在某些方面违反规划的，是不能批准进行的。

规划条件和土地使用权出让合同一起，是组成合同的一部分。建设单位在取得土地使用权出让合同后，提出要修改规划条件的，必须连同出让合同一起考虑修改，对提出的新规划条件不满足控制性详细规划的，一律不得批准。

要加强对建设工程的事后规划监督，将规划条件落实到具体工程中去，对未经核实或者经核实不符合规划条件的建筑工程，建设单位不得组织竣工验收，也就无法投入使用。

## 五、建设工程规划许可证制度

在城市、镇规划区域内进行建筑物、构筑物、道路、管线等工程建设，建设单位或个人应当先向规划管理部门申请办理建设工程规划许可证。在建设工程规划管理中，对于建筑物、构筑物、道路、管线和其他工程的建设活动，依据经法定程序批准的城乡规划，依法严格实施建设工程规划许可，是保障城乡规划有效实施，避免对城乡建设健康、有序发展构成不利影响的前提。

申请办理建设工程规划许可证时，应当提交使用土地的有关文件、建设工程设计方案等材料，有些项目还需要编制修建性详细规划。规划管理部门审核这些资料时，对符合控制性详细规划和规划条件的，核发建设工程规划许可证，并依法将审定的修建性详细规划、建设工程设计方案的总平面图予以公布，以保证公众的知情权，使审批过程更加透明化和公开化。相关的被许可人、利害相关人和公众可以通过查阅公开的图纸资料，加强对行政机关的监督，保证行政机关作出的行政许可合法并符合公共利益的需要。

通过建设工程规划许可证制度的实施，一是可以确认城市中有关建设活动符合法定规划要求，确保建筑主体的合法权益；二是可以作为建设活动在实施过程中接受监督检查时的法定依据；三是可以作为完善城乡建设档案的重要内容，其意义十分重大。城乡规划管理部门不得在城乡规划确定的建设用地范围以外作出规划许可，以确保规划范围不扩大。对于已经取得建设工程规划条件的建设项目，建设单位需要变更的，必须向规划管理部门提出申请。变更内容不符合控制性详细规划的，规划部门不得批准；变更内容符合规划的，规划管理部门应当及时将依法变更后的规划条件通报同级土地管理部门后给予公示，并办理相关手续，完成后才可核发新的建设用地规划许可证。

建设工程规划许可证是所有建设工程都必须领取的，也只有在领取后建设工程才能开始施工。

建设工程规划许可证结合工程规划总平面图，主要包括的内容有建筑物使用性质的控制、建筑容积率和建筑密度的控制、建筑高度的控制、间距的控制、建筑退让的控制、用地绿化率的控制、用地出入口、停车和交通组织的控制、基地标高控制等。

建设工程被审核批准后，城市规划行政主管部门要加强监督检查工作，主要包括验线和现场检查：①验线是对建筑物在用地上的定位，建筑单位应当按照建设工程规划许可证的要求放线，并经城市规划行政主管部门检查无误后方可施工；②现场检查是指城市规划管理工作人员进入施工现场，了解建设工程的位置、施工等情况是否符合规划设计条件。在检查中，任何单位和个人都不得阻挠城市规划管理人员进入现场或者拒绝提供与规划管理有关的情况。城市规划行政管理人员有为被检查者保守技术秘密或者业务秘密的义务。

## 六、乡村建设规划许可证制度

在乡、村庄集体土地上的有关建设工程，应当办理乡村建设规划许可证。设置这项规划许可制度，一是有利于保证有关的建设工程能够符合法定的乡规划和村庄规划的要求；二是有利于为土地管理部门在乡、村庄规划区内行使权属管理职能提供必要的法律依据；三是有利于维护建设单位按照规划使用土地的合法权益。

建设单位或者个人在乡、村庄规划区内进行乡镇企业、乡村公共设施和公益事业等建设活动，应当向所在地乡、镇人民政府提出申请，由乡、镇人民政府审核后，报城市、县人民政府城乡规划主管部门核定发放乡村建设规划许可证。审核的主要内容是确认建设项目的性质、规模、位置和范围是否符合相关的乡规划和村庄规划；核定的主要内容是确认有关建设活动是否符合交通、环保、防灾、减灾、文物保护等方面的要求。建设单位或者个人在取得乡村建设规划许可证后，方可向城市、县人民政府土地管理部门申请办理用地审批手续。

从严格落实保护耕地的要求出发，在乡、村庄规划区内进行乡镇企业、乡村公共设施和公益事业建设以及农村村民住宅建设，不得占用农用地。若确需占用农用地，有关单位或者个人则应当依据《中华人民共和国土地管理法》的有关规定，在办理农用地转用审批手续后，再申请办理乡村建设规划许可证。

在乡、村庄规划区内使用原有宅基地进行农村村民住宅建设的不涉及用地性质的调整，加之各地经济发展、社会、文化、自然等情况差异较大，农村住宅建设状况不尽相同，为方便村民，管理程序可以相对简单。为此，这类建设的具体规划管理办法由省、自治区、直辖市制定。

### 七、建设工程的核实和竣工验收

规划核实内容是核实建设工程是否符合规划条件，主要是对建设工程是否按照建设工程规划许可证及其附件、附图确定的内容进行建设予以现场审核。建设工程从开工至竣工是一个连续的生产过程，在这个过程中，对建设单位是否严格按照规划法及规划许可要求进行建设，规划管理部门都有权进行监督检查，并且应当是贯穿整个建设过程。它又可以分为规划核实和竣工验收两个阶段。

在规划核实过程中，对符合规划许可内容要求的，及时提出有关核实意见；对不符合规划许可内容的，及时提出修改意见并且提醒建设单位不得继续施工。在建设过程中出现不符合规划许可要求并且拒不修改的项目，完工后不得参加竣工验收。

待建设工程完工后，必须向城乡规划管理部门提请竣工验收，并在竣工验收后六个月内向规划管理部门报送有关竣工验收资料。建设工程竣工验收是规划核实后的重要环节。

竣工验收是政府各管理部门对建设工程进行的综合审核，一般包括规划部门、公安消防部门、环保部门、质量监督部门，以及勘察单位、设计单位、图纸审查单位、监理单位等多个涉及该项目的单位，一起共同检查建设工程的各个方面和环节，得到认可后，共同签发竣工验收报告。

## 第四节　城乡规划法规的修改

城乡规划中，省域城镇体系规划、城市总体规划、镇总体规划的规划期限一般为20年，是对城镇的一种长远规划，具有长期性的特点。规划一经批准，就应当严格执行，不得擅自改变。但是，城乡规划并非一个机械地按固定模式发展的过程，规划面对的是长期建设活动的安排，规划内容是建立在现有资料和现状的基础上的，对未来20年的发展进行空间布局。而预测肯定会存在不确定的因素，随着各种因素的加入或者个别事件的发生，规划方向、目的、步骤等都会发生改变，因此，规划的修改是必然的。

城乡规划具有法律效力，一经批准就必须保持稳定，不经过法定程序不得进行修改。只有在符合法定程序的前提下，城乡规划才可以进入修改程序，并且具有很强的严肃性。

对于省域城镇体系规划、城市总体规划、镇总体规划，应当每年组织有关部门和专家定期对规划实施情况进行评估，并由本级人民代表大会和常务委员会定期提交相关意见，将专家意见和群众意见结合起来。对省域城镇体系规划、城市总体规划、镇总体规划实施情况进行评估的主体，为省域城镇体系规划、城市总体规划、镇总体规划的组织编制机关。定期对有关城乡规划实施情况进行评估，既要从技术上保证规划适应形势发展，也要让规划充分反映不同利益要求，这样得出的评估报告在得到一致认可后，可以进行规划修改，也叫修编。

以前，修改规划的程序不规范，修改规划成本过低，致使一些地方政府随意改变规划和违规建设的情况比较严重，特别是个别领导个人意志的转变，成为规划修改的主要原因。为此，《城乡规划法》对规划修改作出修改条件和程序上的具体规定，其目的就是保证规划的严肃性。

### 一、城乡规划修改的准备工作

城乡规划是政府指导和调控建设的基本手段和重要依据。在规划实施期间，必须定期对规划目标实现情况进行跟踪评估，及时监督执行情况，保证规划实施方向。对规划进行全面、科学的评估，有利于及时研究新问题，及时总结存在的优点和不足，提高实施的科学性。因此，对已经执行的规划进行执行情况的评估，是对现有规划进行修改的前提。

省、自治区、直辖市组织编制、实施的省域城镇体系规划、城市总体规划、镇总体规划，由原人民政府负责进行规划实施评估并提出修改申请；城市人民政府组织编制的城市总体规划，由原人民政府负责组织评估和修改；镇、县制镇组织编制、实施的城镇总体规划，由原人民政府组织评估和修改。

对已经执行的规划进行评估，其工作的组织由原规划的编制组织单位承担。组织编制机关对相关规划进行评估后，应当分别向本级人民代表大会或者其常务委员会提交评估报告并征求意见，通过后方可向上级机关（原审核单位）提出修改申请。

### 二、城乡规划修改的条件

有下列情形之一的，组织编制机关方可按照规定的权限和程序修改省域城镇体系规划、城市总体规划、镇总体规划：①上级人民政府制定的城乡规划发生变更，提出修改规划要求的；②行政区划调整后，必须修改的；③因国务院批准，重大建设工程需要修改规划的；④经评估确实需要修改的；⑤城乡规划的审批单位认为应当修改规划的其他情形。

其中①～③都是刚性条件，现实中这些事件的出现，使得城乡规划已经不能适应需要，甚至阻碍了社会发展，必须进行修改；④～⑤是政府本身拥有的自由裁量权，政府可以行使这个权力对城乡规划进行修改，但是必须走法定程序。

虽然城乡规划随着时间的推移，应该有所变化，但是规划本身的法律特性应该保持稳定，保证规划的严肃性和持续性，要防止个别建设项目影响整个区域的规划目的和方向，杜绝“规划跟着项目走”的错误认识和行为。

## 三、城乡规划修改的程序

具备了法定条件，并不意味着可以马上修改规划。《城乡规划法》规定，启动规划修改仍需要经过一定的程序。

修改省域城镇体系、城市总体规划、镇总体规划前，组织编制单位应当对原规划的实施情况进行总结，并向原审批机关报告；修改涉及城市总体规划、镇总体规划强制性内容的，应当先向原审批单位提出专题报告，经同意后，方可编制修改方案。如果修改内容是一般性规定，组织编制单位可以自行决定是否启动修改程序。

控制性详细规划的全部内容，相当于总体规划中的强制性内容，因此它的修改与总体规划强制性内容修改程序相同。同时，控制性详细规划的修改直接涉及已经审批过的项目，对那些项目的有关权利人会产生直接的影响。因此，控制性详细规划在修改前必须进行必要性论证，征求规划区域内利害关系人的意见，提交专题报告并经原审批机关同意后，方可修改方案；同时，也要听取社会意见。

根据《城乡规划法》，必须先编制修改方案，再通过修改方案审批后才可以修改控制性详细规划。

控制性详细规划修改的内容如果与原来城市规划中的强制性内容相抵触，就必须先对总体规划中的强制性内容进行修改、审批，待程序完成后，才可以修改控制性详细规划。乡规划、村庄规划的修改由乡、镇人民政府组织编制其修改方案，并经村民会议或者村民代表会议讨论同意后，报上一级人民政府审批后才可修改。

近期建设规划是对已经依法批准的城市、镇总体规划分阶段实施安排和行动计划。它的修改，必须在城市、镇总体规划限定的范围内，对实施时序、分阶段目标和重点等进行调整，不得变相修改城市总体规划内容或者超越总体规划规定的内容，并且在修改后，应当报总体规划审批机关备案。

总之，城乡规划的修改必须在坚持对效率、公正、准确、可接受这几个方面的仔细研究后谨慎进行。

## 四、城乡规划修改的利益受损问题

《中华人民共和国行政许可法》明确规定，公民、法人或者其他组织依法取得的行政许可受法律保护，行政机关不得擅自改变已经生效的行政许可。行政许可所依据的法律、法规、规章修改，或者废止，或者准予行政许可所依据的客观情况发生重大变化的，为了满足公共利益的需要，行政机关可以依法变更或者撤回已经生效的行政许可。由此给公民、法人或者其他组织造成财产损失的，行政机关应当依法给予补偿。

在城乡规划的实施过程中，城乡规划主管部门依据经法定程序批准的城乡规划，核发建设项目用地选址意见书、建设用地规划许可证、建设工程规划许可证或者乡村建设规划许可证。在核发这些许可证书后，规划主管部门不得擅自改变已经生效的行政许可。但由于客观情况发生了重大变化，为了满足公共利益的需要，城乡规划也可以依法作出相应的修改。由于城乡规划的修改，可能导致城乡规划主管部门变更或者撤销原核发的行政许可证书，这时就要对被许可人合法权益造成的损失给予补偿。如果对原来已经认可的建设行为进行变动，造成当事人损失的情况有以下三种。

(1) 规划修改后，根据原规划发放的建设项目用地选址意见书、建设用地规划许可证、建设工程规划许可证或者乡村建设规划许可证可能会失效，从而给当事人造成损失。这种损失是行政许可被撤销而直接造成的，损失和许可被撤销之间存在直接的因果关系，因此国家应该给予补偿。这种损失发生在具体建设开始以前，一般容易处理，损失金额也不会太大。多数情况是造成该地块建设体量发生变化，通过退还部分土地出让金就可以解决。

(2) 规划修改后，根据原规划制定并得到审批的建筑方案、施工图不满足新规划的要求而必须修改的，规划管理部门应当采取听证会等形式，听取利害关系人的意见，协调相关利益。因修改而造成的损失，应当依法给予补偿。

(3) 规划修改后，根据原规划已经实施的建设工程不满足新规划的要求，这种情况一般在修改规划前就应当得到确认并通知相关利益人停止新的建设。对已经实施的部分，由于涉及金额一般比较高，需要和利益相关人进行协商，给予补偿。这种情况的出现，一般是重大公共利益项目对原来项目造成的损失。例如，城市地铁建设使得原来已经建成的建筑必须拆除或部分拆除，或修改其用途等。

当出现有关方面利益受损时，《城乡规划法》规定需依法给予“补偿”，而不是“赔偿”。补偿是相对于合法行政行为而言的，行政机关依法修改规划，是一种合法的行政行为，因此给被许可人造成的损失应当给予补偿。赔偿是指行政机关违法的行政行为，给公民、法人或者其他组织的合法权益造成损失的，才给予赔偿。在出现损失而需要给予赔偿的前提条件有两个：一是对当事人的财产造成了损失。这种损失是客观存在的，是能够具体确定的，而不是想象的。这种损失只包括财产损失，不包括精神损失。二是财产损失与修改城乡规划和建设工程设计方案的总平面图有直接的、必然的联系，即存在因果关系。

## 第五节　监督检查与法律责任

### 一、城乡规划的监督

#### 1. 城乡规划的监督体制

我国城乡规划监督体制由国家监督和社会监督两部分组成。国家监督根据监督主体和监督方式的不同，可分为权力机关监督、司法机关监督和行政机关监督；社会监督包含人民代表大会的监督和社会公众的监督。

#### 2. 城乡规划的监督形式

城乡规划的监督有行政监督、立法监督和群众监督。

(1) 行政监督就是各级政府的层级监督，下级部门要向上级部门汇报规划的实施情况和管理工作，上级部门要对下级部门违法案件的查处情况进行监督。其监督主体是县级以上人民政府及城乡规划管理部门。其内容包括政府层级监督检查、规划许可证的监督检查、建设工程竣工规划条件核实和竣工档案资料的检查。

(2) 立法监督是指国家的立法机关对行政实行的监督，各级人民代表大会及其常务委员会对国家行政机关及其工作人员的监督，即监督各级政府及其工作人员的一切活动是否坚持依法办事。其内容主要是各种规范性法律文件的效力情况和地方各级政府对城乡规划的实施情况。

(3) 群众监督是指积极引导公众参与规划实施的检查。群众监督的前提是规划管理部门公开规划的相关情况。城乡规划的实施关系到公众的切身利益，引导公众参与监督规划实施具有十分重要的意义。

3. 城乡规划管理部门的监管权利和义务

城乡规划管理部门有直接的技术力量和专业知识，因此是对规划实施情况进行监督的最常见的，也是最重要的主体。它可以要求有关单位和人员提供与监督事项有关的文件、资料(包括国有土地使用权出让合同、建设用地规划许可证、建设工程规划许可证、建设工程设计方案、修建性详细规划，以及其他与城乡规划有关的文件和资料)，并进行复印；要求有关单位就监督事项涉及的问题作出解释和说明，并进行现场勘察；责令有关单位和个人停止违反有关城乡法律、法规的行为。但需要注意的是，城乡规划管理部门在实施上述行为时，必须出示执法证件，表明身份，然后才能行使权力，体现依法执法、公开执法的要求。

规划管理部门依法对建设行为进行监督和检查，是他们的义务，他们必须保证经常性地检查建设项目，及时制止违法行为。

按照《城乡规划法》的规定，县级以上人民政府的城乡规划主管部门监督检查的基本情况和处理结果都应当依法公开，供公众查阅和监督。这样一方面让有利害关系的人了解规划实施情况，对规划实施进行监督；另一方面将自身的监督活动及有关处理工作本身置于公众的监督之下，保证公开、公平和公正。公开的方式有很多种，可以是政府公报、政府网站、新闻发布会、报刊广播等，规划管理部门还可以根据需要建立公共阅览室、资料索取点、信息公告栏、电子信息屏等场所和设施，保证公开的效果。

## 二、违反《城乡规划法》的法律责任

对城乡规划管理部门违反法律和法规的行为，大致有以下这些(并不完全包括)：①对于依法应当编制城乡规划而未组织编制，或者未按法定程序编制、审批、修改规划的；②委托不具备编制资质的单位进行规划编制和修改的；③超越职权或者给不符合法定条件的申请人核发“一书两证”的，或者对符合法定条件的申请人未在法定期限内核发“一书两证”的；④对依法审定的修建性详细规划、建设工程设计方案总平面图没有及时公布的；⑤在同意修改修建性详细规划、建设工程方案的总平面图前没有采取听证会等形式听取利害人意见的；⑥对在规划区内的建设行为没有取得规划许可证或者违反许可证的行为，不予以查处或者接到举报后不依法处理的；⑦未依法在国有土地使用权出让合同中确定规划条件或者改变国有土地使用权出让合同中依法确定的规划条件的；⑧对未依法取得建筑用地规划许可证的建设单位划拨国有土地使用权的。

对这些违法行为，由上级政府部门责令改正，通报批评，对负责人和直接责任人给予处分；承担责任的方式包括单位责任和个人责任，单位责任是通报批评，个人责任是接受处分。

建设单位必须遵守有关规划的许可，按照这些许可文件的规定进行建设。其违法行为主要体现在没有取得许可的情况下就开始施工，或者没有按照许可要求进行建设。对于这样的违法行为，视其影响轻重，可以分为两种：一种是可以消除影响，整改后达到规划要求的轻微违法行为，责令其限期采取措施消除违法影响，并处以建设工程造价百分之五以上百分之十以下的罚款；另一种是无法采取措施消除影响的，必须限期责令其拆除建筑，没收实物、违法收入，并处以建设工程造价百分之十以下的罚款，不得“以罚款代替没收或拆除”，维护城乡规划的权威。

对违反城乡规划的建筑，如果不能采取补救措施的，应当进行拆除，从而消除违章建筑对城乡建设秩序的破坏，维护规划权威。对于这种违法行为，当事人不停止建设或者逾期不拆除的，由当地县级以上人民政府责成有关部门采取查封施工现场、强制拆除等措施。在我国，这种强拆行动必须提请司法机关予以执行，行政机关配合。

对违反《城乡规划法》的行为，构成犯罪的，依法追究刑事责任。

## 案例分析

**【案例1】** 某房地产开发公司与某市郊区的某乡政府签订了协议，该乡政府同意将100亩规划乡镇企业用地划给该公司使用。国土资源和房屋行政主管部门依据协议为该公司办理了集体土地使用权证。随后，在该公司缴纳土地出让金后，城乡规划行政主管部门又为该公司办理了国有土地使用权证。该市在调整城市总体规划时，将这100亩土地的使用性质变更为居住用地。该公司向城乡规划行政主管部门申请建设住宅楼，但是没有得到批准。

**问题：**

城乡规划行政主管部门没有批准的原因。

**【解析】**

《城乡规划法》第三十九条规定：“规划条件未纳入国有土地使用权出让合同的，该国有土地使用权出让合同无效；对未取得建设用地规划许可证的建设单位批准用地的，由县级以上人民政府撤销有关批准文件；占用土地的，应当及时退回；给当事人造成损失的，应当依法给予赔偿。”该房地产开发公司占用100亩土地的行为实际上是违法占地，因此，城乡规划行政主管部门没有批准该公司的建设申请。

**【案例2】** 某市一工厂位于市区，因生产不景气，报经总公司批准，同意改建一座高层宾馆，占地面积32 000 $m^2$。总公司在批准时指出，市城乡规划行政主管部门已按照规划调整的相关程序开展工作，上报原规划审批单位同意该厂用地使用性质可以调整。随后，该厂便与合作方签订协议，由合作方出资，建成以后各得一半建筑面积。合作双方的建设方案报经总公司批准后，即着手进行建设。正当开始施工时，城乡规划行政主管部门查处了该建设工程，责令立即停工，听候处理。

**问题：**

该工程为什么会受到城乡规划行政主管部门的查处？城乡规划行政主管部门应如何处置？

**【解析】**

该工程未取得建设工程规划许可证即开工进行建设，构成了违法建设，因此，受到了城乡规划行政主管部门的查处。《城乡规划法》第六十四条规定：“未取得建设工程规划许可证或者未按照建设工程规划许可证的规定进行建设的，由县级以上地方人民政府城乡规划行政主管部门责令停止建设；尚可采取改正措施消除对规划实施的影响的，限期改正，处建设工程造价百分之五以上百分之十以下的罚款；无法采取改正措施消除影响的，限期拆除，不能拆除的，没收实物或者违法收入，可以并处建设工程造价百分之十以下的罚款。”城乡规划行政主管部门应对该厂进行罚款处理，并要求该厂按照法定程序办理有关规划审批手续，同时，可以依法建议该厂的上级单位给予有关责任人行政处分。

## 思考题

1. 制定新《城乡规划法》的意义是什么？
2. 所有的城市、镇、乡村是否都需要编制规划？
3. 城乡规划与其他规划的关系是怎样的？
4. 城市总体规划由谁负责制定？其主要内容是什么？
5. 各级人民代表大会在城乡规划的各个阶段的作用是怎样的？
6. 制定各级城乡规划的原则是什么？请说明选择这些原则的原因。
7. 实施城乡规划的总体要求是什么？
8. 城乡规划如何适应社会形势的发展要求？
9. 规划修改的条件和程序是什么？

# 第三章　建设工程招投标法规

## 第一节　发包与承包概述

### 一、建设工程发包与承包的概念

建设工程发包是建设工程的发包方将建设工程任务通过招标发包或直接发包的方式，交付给具有法定从业资格的单位完成，并按照合同约定支付报酬的行为。建设工程承包则是具有法定从业资格的单位依法承揽建设工程任务，按照合同约定取得相应报酬，并完成建设工程任务的行为。建设工程发包方一般为建设单位或工程总承包单位；工程承包方一般为工程勘察单位、设计单位、施工单位、工程设备供应或制造单位等。发包方与承包方的权利和义务都由双方签订的合同来加以规定。

### 二、建设工程发包

1. 建设工程发包的方式

《建筑法》第十九条规定："建筑工程依法实行招标发包，对不适于招标发包的可以直接发包。"也就是说，建设工程的发包方式可分为招标发包和直接发包两种。

(1) 招标发包

招标发包是指发包方根据《招标投标法》的规定事先制定招标文件，明确其承包工程的性质、内容、工期、质量等情况和要求，由愿意承包的单位递送标书，再由发包方从中择优选择工程承包方的交易方式。

招标发包又分为公开招标发包与邀请招标发包两种方式。公开招标发包是指建设单位按照法定程序，在规定的公开的媒体上发布招标公告，公开提供招标文件，使所有潜在的投标人都可以平等参加投标竞争，从中择优选定中标人；邀请招标发包是指招标人根据自己所掌握的情况，预先确定一定数量的符合招标项目基本要求的潜在投标人，并发出邀请。

(2) 直接发包

直接发包是指发包方与承包方直接进行协商，以约定工程建设的价格、工期和其他条件进行交易的方式。建设工程一般应实行招标发包，不适合招标发包的保密工程、特殊专业工程等则直接发包。如采用特定技术、专有技术，或者建筑艺术造型有特殊要求的建设工程勘察、设计、施工，经省、自治区、直辖市建设行政主管部门或有关部门批准可以直接发包。

经对比可知，建设工程招投标更有利于公平竞争，符合市场经济规律的要求。所以，我国相关法律都提倡采用招投标方式，对直接发包则加以限制。

2. 建设工程发包的行为规范

(1) 发包单位应当将建设工程发包给合格的承包单位。《建筑法》规定：建设工程实行招标发包的，发包单位应将建设工程发包给依法中标的承包单位。建设工程实行直接发包的，发包单位应将建设工程发包给具有相应资质的承包单位。依法中标的单位包括两层含义：一是中标单位是经过《招标投标法》法定程序选中的；二是中标单位具有建设该工程的相应资质条件。

(2) 发包单位应当按照合同的约定及时拨付工程款。

(3) 发包单位及其工作人员不得在发包过程中收受贿赂、回扣或索取其他好处。

(4) 发包单位应依照法律、法规规定的程序和方式进行公开招标，并接受有关行政主管部门的监督。

(5) 发包单位不得将建设工程肢解发包。

(6) 发包单位不得向承包单位指定购入用于建设工程的建筑材料、建筑构配件和设备，或指定生产厂、供应商。建筑材料、建筑构配件和设备的采购可以由发包单位采购，也可以由承包单位采购，应在合同中明确(一般由承包单位采购)。发包单位需要自己采购的，要在合同中明确其责任和要求。对影响工程质量和使用功能的劣质材料、建筑构配件和设备，承包单位有权拒绝使用。如果建设合同中明确约定由承包单位包工包料，那么承包单位按照合同的要求有权自行安排和购买建筑材料、建筑构配件和设备，自由选择生产厂家或者供应商家，发包单位无权要求承包单位去指定单位购买。

## 三、建设工程承包

### 1. 建设工程承包的方式

在工程承包中，一个建设项目往往不止一个承包单位。承包单位与建设单位之间，以及不同承包单位之间的关系不同、地位不同，也就形成了不同的承包方式。常见的承包方式主要有以下三种：

(1) 总承包

一个建设项目的建设全过程或其中某个阶段(如施工阶段)的全部工作由一个承包单位负责组织实施。这个承包单位可以将若干专业性工作交给不同的专业承包单位去完成，并统一协调和监督他们的工作。一般情况下，建设单位仅与这个承包单位直接联系，而不与各专业承包单位发生直接关系，这样的承包方式称为总承包。承包这种任务的单位称为总承包单位，简称总包。

总承包又可分为以下三种方式：

①全过程总承包方式，是指一个工程总承包单位直接承包建设单位所发包工程项目的前期可行性研究、勘察、设计、监理、施工、设备采购、设备运行、验收、交付使用等任务的全部，由其负责工程建设全过程的所有工作，最后向建设单位移交一个达到投产使用条件的建筑产品。发包人和总承包单位只签订一份承包合同，俗称“统包”或“一揽子承包”，或“交钥匙工程”。

②设计施工总承包方式，即从建筑工程的设计、勘察、施工到竣工验收为止的总承包。

③分项总承包方式，即业主单位将建筑工程的勘察、设计、施工、设备采购的一项或多项发包给一个承包单位，总承包单位必须在其资质许可的范围内承揽业务，只将施工发包给一个单位的称为施工总承包，目前这种方式比较常见。在建筑工程施工总承包中，除主体工程

必须由总承包单位自行完成外，其余专业性较强的分部工程，可在业主的允许下，由总承包单位依法向具有分承包能力的、依法取得资质的专业施工企业分发包。

（2）分承包

分承包即由工程总承包单位将其依法取得总承包权的工程项目的某个部分或者几个部分，在征得业主同意后分包给其他具备分承包能力的承包人，并与其签订分包合同的方式。

根据《房屋建筑和市政基础设施工程施工分包管理办法》规定，分承包要符合如下规定：

① 总承包单位可以将承包工程中的部分工程发包给具有相应资质的分包单位，但主体结构工程不能分包出去，必须由总承包单位自行完成。

② 分包工程承包人必须具有相应资质，并在其资质等级许可的业务范围内承揽工程，严禁个人承揽分包工程业务。

③ 专业分包除在施工总承包合同中有约定外，还必须经建设单位认可。专业分包工程承包人必须自行完成所承包的工程。

④ 劳务作业分包由劳务作业发包人与劳务作业承包人通过劳务合同约定。劳务作业承包人必须自行完成所承包的工程。

⑤ 分包工程发包人和分包工程承包人应当依法签订分包合同，并按照合同履行约定的义务。

⑥ 分包工程发包人对施工现场的安全负责，并对分包工程承包人的安全生产进行管理。

⑦ 总承包单位按照总承包合同的约定对建设单位负责；分包单位按照分包合同的约定对总承包单位负责。总承包单位就分包工程对建设单位承担连带责任。

（3）联合承包

联合承包是指由两个以上具有独立法人资格和相应资质的承包单位联合起来共同组成一个联合体，并以联合体的名义共同承包工程建设任务的一种承包方式。联合体是针对某一特定工程建设任务而组成的一种临时性组织，待工程建设任务完成后，联合体自行解体。

《建筑法》第二十七条规定："大型建筑工程或者结构复杂的建筑工程，可以由两个以上的承包单位联合共同承包。共同承包的各方对承包合同的履行承担连带责任。"

在国际工程发承包活动中，由几个承包方组成联合体进行工程承包是一种通行的做法。采用这种方式进行承包，有以下优点：

① 利用各自优势进行联合投标可以减弱相互间的竞争，增加中标的机会；

② 减少承包风险，争取更大的利润；

③ 有助于企业之间相互学习先进技术与管理经验，促进企业发展。

2. 建设工程承包的行为规范

（1）建设单位不得直接指定分包工程承包人。任何单位和个人不得对依法实施的分包活动进行干预。

（2）承包单位及其工作人员不得利用向发包单位及其工作人员行贿、提供回扣或者给予其他好处等不正当手段承揽工程。

（3）禁止转让、出借企业资质证书或者其他方式允许他人以本企业名义承揽工程。

（4）禁止将承包的工程进行违法分包。包括两种情况，一种是施工总承包合同中未约定，又未经建设单位认可，分包工程发包人将承包工程中的部分专业工程分包给他人的；另一种是分包工程发包人将专业工程或劳务作业分包给不具备相应资质条件的分包工程承包人的。

(5) 禁止建筑工程转包。转包有两种形式，一种是承包单位将其承包的全部建筑工程转包给他人；另一种是承包单位将其承包的全部工程肢解以后以分包的名义发包给他人，即变相的转包。

## 四、建设工程发承包的一般规定

依据《建筑法》及其他有关法规，建设工程发包与承包时必须遵守以下规定：

1. 采用书面合同的规定

《建筑法》及其他有关法规规定：建设工程发承包合同必须采用书面形式。建设工程承发包合同比较特殊，主要因为建设工程具有投资大、风险大、合同履行期长、合同条件复杂、合同文件繁多等特点，在合同履行过程中经常会发生变更、调整事项。如采用其他形式就不易记录，发生纠纷时不易取证。因此，建筑工程发承包合同必须采用书面形式。

2. 禁止无资质承揽工程的规定

《建筑法》规定：承包建筑工程的单位应当持有依法取得的资质证书，并在其资质等级许可的范围内承揽工程。

《建筑法》明确规定，禁止总承包单位将工程分包给不具备相应资质条件的单位。

3. 禁止行贿受贿的规定

《建筑法》规定："发包单位及其工作人员在建筑工程发包中不得收受贿赂、回扣或者索取其他好处。""承包单位及其工作人员不得利用向发包单位及其工作人员行贿、提供回扣或者给予其他好处等不正当手段承揽工程。"

4. 禁止肢解发包的规定

肢解发包是指建设单位将本应由一个承包单位整体承建完成的建设工程肢解成若干部分，分别发包给不同承包单位的行为。

5. 不得指定材料设备供应商的规定

按照合同约定，建筑材料、建筑构配件和设备由工程总承包单位采购的，发包单位不得指定承包单位购入用于工程的建筑材料、建筑构配件和设备，或者指定生产厂、供应商。

6. 禁止越级承包的规定

禁止建筑施工企业超出本企业资质等级许可的业务范围或者以任何形式由其他建筑施工企业的名义承揽工程。禁止建筑施工企业以任何形式允许其他单位或者个人使用本企业的资质证书、营业执照，以本企业的名义承揽工程。

7. 禁止限制、排斥投标人的规定

《招标投标法》规定，依法必须进行招标的项目，其招标投标活动不受地区或者部门的限制。任何单位和个人不得违法限制或者排斥本地区、本系统以外的法人或者其他组织参加投标，不得以任何方式非法干涉招标投标活动。

《招标投标法实施条例》还规定，招标人不得以不合理的条件限制、排斥潜在投标人或者投标人。

8. 关于联合承包的规定

《建筑法》规定，可以由两个以上的承包单位联合共同承包的，应当按照资质等级低的单位的业务许可范围承揽工程。

联合工程承包是国际工程承包的一种通行的做法，一般适用于大型或技术复杂的建设工程项目。但是施工单位应当在资质等级范围内承包工程的要求同样适用于联合共同承包。也就是说，联合承包各方都必须具有与其承包工程相符合的资质条件，不能超越资质等级去联合承包。如果几个联合承包方的资质等级不一样，则必须以低资质等级的承包方为联合承包的业务许可范围。这样的规定可以有效地避免在实践中以联合承包为借口进行“资质挂靠”的不规范行为。

## 五、承发包违法行为应承担的法律责任

除建设工程招标投标活动中违法行为应承担的法律责任外，建设工程承包活动中其他违法行为应承担的主要法律责任如下：

1. 发包单位违法行为应承担的法律责任

《建筑法》规定，发包单位将工程发包给不具有相应资质的承包单位，或者违反本法规定将建筑工程肢解发包，责令改正，处以罚款。

《建设工程质量管理条例》规定，建设单位将建设工程发包给不具有相应资质等级的勘察、设计、施工单位或者委托给不具有相应资质等级的工程监理单位的，责令改正，处 50 万元以上 100 万元以下罚款。

建设单位将建设工程肢解发包的，责令改正，处工程合同价款 0.5%以上 1%以下的罚款；对全部或者部分使用国有资金的项目，并可以暂停项目执行或者暂停资金拨付。

2. 承包单位违法行为应承担的法律责任

《建筑法》规定，超越本单位资质等级承揽工程的，责令停止违法行为，并处以罚款，可以责令停业整顿，降低资质等级；情节严重的，吊销资质证书；有违法所得的，予以没收。未取得资质证书承揽工程的，予以取缔，并处以罚款；有违法所得的，予以没收。

建筑施工企业转让、出借资质证书或者以其他方式允许他人以本企业的名义承揽工程的，责令改正，没收非法所得，并处以罚款，可以责令停业整顿，降低资质等级；情节严重的，吊销资质证书。对因该项承揽工程不符合规定的质量标准而造成的损失，建筑施工企业与使用本企业名义的单位或者个人承担连带赔偿责任。

承包单位将承包的工程转包的，或者违反《建筑法》规定进行分包的，责令改正，没收非法所得，并处以罚款，可以责令停业整顿，降低资质等级；情节严重的，吊销资质证书。承包单位有以上规定的违法行为的，对因转包工程或者违法分包的工程不符合规定的质量标准而造成的损失，与接受转包或者分包的单位承担连带赔偿责任。

3. 其他相关法律责任

《建筑法》规定，在工程发包与承包中索贿、受贿、行贿，构成犯罪，依法追究刑事责任；不构成犯罪，分别处以罚款。没收违法所得，对直接负责的主管人员和其他直接责任人员给予处罚。对在工程承包中行贿的承包单位，除依照以上规定处罚外，可以责令停业整顿，降低资质等级或者吊销资质证书。

## 第二节 招标投标概述

### 一、招标投标的产生与发展

招标投标是在市场经济条件下进行大宗货物采购、建设工程承包，以及咨询服务时，广泛采用的一种竞争性公开交易方式。它的特点是招标人首先提出招标标的在质量、期限、价格等方面的具体要求，投标人通过提交投标文件参与竞争，招标人择优选择中标人并与之签订合同。招标、投标是招标采购活动的两个方面，招标是招标人的工作，投标是投标人的工作，招标人和投标人共同完成招标采购交易过程。

工程建设招标投标是招标人通过发布招标公告或其他形式向承包商发出投标邀请，提出拟建工程的性质、数量、质量、技术要求、时间要求或者提供服务的时间以及对承包商的资格要求；然后由承包商根据招标文件的要求提交投标文件，招标人通过评审投标文件择优选择承包商，双方签订合同，完成中标工程建设任务。

招标投标起源于西方工业化国家政府和公共部门的政府采购，通过招标采购最大限度地增加政府采购的透明度，节约公共投资，促进公平竞争，提高公共资金使用效率。1782年，英国政府设立文具公用局，规定各个机关公文的印刷、用具的购买等均归其管理。1861年，美国国会通过一项联邦法案，规定超过一定限额的联邦政府采购必须采用公开招标方式。之后，西方国家和世界银行等国际组织在货物采购、工程承包、咨询服务提供等交易活动中积极推行招标投标，使招标投标逐渐成为各国和国际组织广泛认可和采用的国际惯例。

据史料记载，我国最早将招商比价（招标投标）方式运用于工程承包的是1902年张之洞创办的湖北制革厂。5家营造商参加开价比价，结果张同升以1270.1两白银的开价中标，并签订了以质量保证、施工工期、付款方法为主要内容的工程承包合同。1918年，汉阳铁厂的两项扩建工程曾在汉口《新闻报》刊登公告，公开招标。

1980年，《国务院关于开展和保护社会主义竞争的暂行规定》中提出，对一些适宜承包的生产建设项目和经营项目，可以试行招标投标。

1983年，在世界银行提供贷款的云南鲁布革水电站引水系统工程中，首次采用了国际竞争性招标方式，实现了工程质量优、用工用料省、工程造价低的预期效果，创造了“鲁布革经验”。自此，招标投标得到了社会认可，并被广泛运用于工程建设领域。

1998年3月1日施行的《建筑法》第十九条规定，建筑工程依法实行招标发包，对不适于招标发包的可以直接发包，由此确立了工程建设招标投标制度。1999年8月30日，全国人大常委会通过了《招标投标法》，自2000年1月1日起正式实施，标志着我国的招标投标实践和管理正式步入法制化轨道。目前，我国已经建立了较为完善的工程招标投标法规体系，按照其法律效力等级主要分为以下几个层次：

(1) 法律　是规范工程招标投标的基本法和招标投标法规体系的基石，其他有关招标投标的法规、规章均不得与其发生冲突，如《招标投标法》《建筑法》《政府采购法》等。

(2) 行政法规　目前还没有颁布直接调整招标投标活动的行政法规。

(3) 部门规章　是我国现行工程建设招标投标法律规范的主要来源，如《工程建设项目施工招标投标办法》《工程建设项目货物招标投标办法》《评标委员会和评标方法暂行规定》等。

(4) 地方性法规和政府规章　是有地方立法权的地方人民代表大会和地方人民政府颁布的调整招标投标活动的规范性法律文件，仅在该行政区域内适用。

## 二、《招标投标法》的基本情况

现行《招标投标法》分为六章，共六十八条。第一章为总则，规定了《招标投标法》的立法宗旨、适用范围、强制招标范围、招标投标的基本原则以及对招标投标活动的监督；第二、三、四章规定了招标、投标、开标、评标和中标阶段的行为规则；第五章规定了违反《招标投标法》的法律责任；第六章为附则，规定了《招标投标法》的例外适用情形和生效日期。

《招标投标法》确立了有关工程建设招标投标的五项基本制度，即① 确立了建设工程强制招标制度；② 明确招标投标活动应当遵循公开、公平、公正和诚实信用原则；③ 建立了对招标投标活动的行政监督体制；④ 明确了两种招标采购方式——公开招标和邀请招标；⑤ 确立了两种招标组织方式——招标人自行招标和委托招标代理机构办理招标。

### 1. 立法目的

《招标投标法》第一条规定："为了规范招标投标活动，保护国家利益、社会公共利益和招标投标活动当事人的合法权益，提高经济效益，保证项目质量，制定本法。"

(1) 规范招标投标活动

目前，在招标投标领域存在一些突出问题。如招标投标制度不统一、程序不规范；不少项目业主不愿意招标或者想方设法规避招标，甚至搞虚假招标；招标投标中存在较为严重的不正当交易和腐败现象，吃回扣、钱权交易等违法犯罪行为时有发生；政企不分，对招标投标活动的行政干预过多；行政监督不顺，职责不清；有些地方保护主义和部门保护主义仍较严重等。

(2) 提高经济效益，保证项目质量

招标投标是市场竞争的一种重要方式，其最大的优点就是能够充分体现"公开、公平、公正"的市场竞争原则，通过招标采购，让众多的投标人进行公平竞争，以最低或较低的价格获得最优的货物、工程或服务，从而达到提高经济效益、提高采购资金使用效率的目的。

(3) 保护国家利益、社会公共利益和招标投标活动当事人的合法权益

《招标投标法》规定了招标投标程序，并且对违反法定程序、规避招标、串通投标、转让中标项目等各种违法行为作出了严厉的处罚规定，还规定了行政监督部门依法实施监督，允许当事人提出异议或投诉，为全面保障国家利益、社会公共利益和当事人的合法权益提供了重要的法律保障。

### 2. 适用范围

《招标投标法》第二条规定："在中华人民共和国境内进行招标投标活动，适用本法。"即《招标投标法》适用于在我国境内进行的各类招标投标活动，这是《招标投标法》的空间效力。依据"一国两制"的制度安排，《招标投标法》不适用于香港、澳门和台湾地区。

《招标投标法》的适用主体范围很广泛，只要在我国境内进行的招标投标活动，无论是哪类主体，都要执行《招标投标法》。

《招标投标法》第六十七条规定了例外适用情况："使用国际组织或者外国政府贷款、援助资金的项目进行招标，贷款方、资金提供方对招标投标的具体条件和程序有不同规定的，可以适用其规定，但违背中华人民共和国的社会公共利益的除外。"

3. 基本原则

依据国际惯例，《招标投标法》第五条规定："招标投标活动应当遵循公开、公平、公正和诚实信用的原则。"这也是招标投标相关法律规范的基本原则。

(1) 公开原则

即"信息透明"，要求招标投标活动必须具有高度的透明度，招标程序、投标人的资格条件、评标标准、评标方法、中标结果等信息都要公开，使每个投标人都能够及时获得有关信息，从而平等地参与投标竞争，依法维护自身的合法权益。公开招标也为当事人和社会监督提供了重要条件。因此，公开是公平、公正的基础和前提。

(2) 公平原则

即"机会均等"，要求招标人一视同仁地给予所有投标人平等机会，使其享有同等的权利并履行相应的义务，不歧视或者排斥任何一个投标人。因此，招标人不得在招标文件中要求或者标明特定的生产供应者以及含有倾向或者排斥潜在投标人的内容，不得以不合理的条件限制或者排斥潜在投标人，不得对潜在投标人实行歧视待遇。

(3) 公正原则

即"程序规范，标准统一"，要求所有招标投标活动必须按照规定的时间和程序进行，以尽可能保障招投标各方的合法权益，做到程序公正；招标评标标准应当具有唯一性，对所有投标人实行同一标准，确保标准公正。所以，《招标投标法》及相关法规对招标、投标、开标、评标、中标、签订合同等都规定了具体程序和法定时限，明确了废标和否决投标的情形，评标委员会必须按照招标文件事先确定并公布的评标标准和方法进行评审、打分、推荐中标候选人。

(4) 诚实信用原则

招标投标活动必须遵循诚实信用原则，也就是要求招标投标当事人应当以善意的主观心理和诚实、守信的态度来行使权利，履行义务，不能故意隐瞒真相或者弄虚作假，不能言而无信甚至背信弃义，在追求自己利益的同时尽量不损害他人利益和社会利益，维持双方的利益平衡，以及自身利益与社会利益的平衡，遵循平等互利原则，从而保证交易安全，促使交易的实现。

## 第三节　建设工程招标管理机构及其职责

### 一、招标投标活动的管理部门

有关行政主管部门根据《招标投标法》和国家有关法律法规、政策，联合或分别制定具体实施办法，分别对不同专业类型的招标投标工作进行管理，具体职责如下：

(1) 各类房屋建筑及其附属设施的建造和与其配套的线路；管道、设备的安装项目和市政工程项目的招标投标活动的监督执法，由建设行政主管部门负责。

(2) 工业(含内贸)、水利、交通、铁道、民航、信息产业等行业和产业项目的招标活动的监督执法,分别由经贸、水利、交通、铁道、民航、信息产业等行政主管部门负责。

(3) 进口机电设备采购项目的招标投标活动的监督执法,由外经贸行政主管部门负责。

### 二、建设行政主管部门的职责

(1) 住房城乡建设部负责全国建设工程招标投标的管理工作,其主要职责如下:

① 贯彻执行国家建设工程投标的法律、法规和方针、政策,制定招标投标的规定和办法;

② 指导、检查各地区、各部门的招标投标工作;

③ 总结交流招标投标工作的经验,提供相应服务;

④ 维护国家利益,监督重大工程的招标投标活动;

⑤ 审批全国范围内建设工程招标投标的代理机构。

(2) 各省、自治区、直辖市的建设行政主管部门负责管理本行政区域内的建设工程招标投标工作,其主要职责如下:

① 贯彻国家有关建设工程招标投标的法律、法规和方针、政策,制定建设工程招标投标实施办法;

② 监督、检查本行政区域内有关招标投标的活动,总结交流工作经验;

③ 审批咨询、监理等单位代理建设工程招标投标的业务资格;

④ 调节招标投标纠纷;

⑤ 否决违反招标投标规定的定标结果。

省、自治区、直辖市的建设行政主管部门可以根据需要,报请同级人民政府批准,确定相应的招标投标办事机构的设置和经费来源,在同级人民政府住房城乡建设主管部门的授权范围内,具体负责本行政区域内有关招标投标的管理工作,主要包括:审查招标单位的资质、招标申请书、招标文件与标底;监督开标、评标、定标、签约活动;调解招标投标活动中的纠纷;否决违反规定的定标结果。

国务院工业、交通运输等部门要会同地方建设行政主管部门,做好本部门直接投资和相关投资公司投资的重大建设项目的招标投标管理工作。

## 第四节　建设工程招标投标

### 一、建设工程招标

强制招标的工程项目是指属于法律规定的强制招标工程范围且达到一定规模标准以上的工程项目,必须采用招标方式进行采购。

1. 强制招标的工程项目范围

《招标投标法》第三条规定:在我国境内进行下列工程建设项目包括项目的勘察、设计、施工、监理以及与工程建设有关的重要设备、材料等的采购,必须进行招标:

(1) 大型基础设施、公用事业等关系到社会公共利益、公众安全的项目;

(2) 全部或者部分使用国有资金投资或者国家融资的项目;

(3) 使用国际组织或者外国政府贷款、援助资金的项目。

《招标投标法》第四条还规定,任何单位和个人不得将依法必须招标的项目化整为零或者以其他任何方式规避招标。

2. 强制招标工程项目的规模标准

《工程建设项目招标范围和规模标准规定》明确了强制招标的工程项目的规模标准。根据2018年颁布的《必须招标的工程项目规定》(发展改革委令第16号)属于强制招标范围的工程建设项目,包括建设项目的勘察、设计、施工、监理以及与工程建设有关的重要设备、材料等的采购,达到下列标准之一的,必须进行招标:

(1) 施工单项合同估算价在400万元人民币以上的。

(2) 重要设备、材料等货物的采购,单项合同估算价在200万元人民币以上的。

(3) 勘察、设计、监理等服务的采购,单项合同估算价在100万元人民币以上的。

3. 可以不进行招标的工程项目

不属于强制招标的工程项目既可以自愿进行招标,也可以不进行招标。但是,在某些特殊情况下,即使符合强制招标条件(范围标准和规模标准)的工程项目也可以不进行招标。根据《招标投标法》第六十六条和《工程建设项目施工招标投标办法》第十二条的规定,实行审批制的工程项目,有下列情形之一的,由审批部门批准,可以不进行施工招标:

(1) 涉及国家安全、国家秘密或者抢险救灾而不适宜招标的。

(2) 属于利用扶贫资金实行以工代赈需要使用农民工的。

(3) 施工主要技术采用特定的专利或者专有技术的。

(4) 施工企业自建自用的工程,且该施工企业资质等级符合工程要求的。

(5) 在建工程追加的附属小型工程或者主体加层工程,原中标人仍具备承包能力,并且其他人承担将影响施工或者功能配套要求的。

(6) 已通过招标方式选定的特许经营项目投资人依法能够自行建设的。

(7) 法律和行政法规规定的其他情形。

对于不需要审批但依法必须招标的工程项目,有上述规定情形之一的,经批准,可以不进行施工招标。

《建设工程勘察设计管理条例》第十六条规定了可以直接发包,不需要进行招标的勘察、设计项目:

(1) 采用特定的专利或者专有技术的;

(2) 建筑艺术造型有特殊要求的;

(3) 国务院规定的其他建设工程的勘察、设计。

4. 工程招标的条件

工程项目应当满足规定条件才能进行招标。根据《招标投标法》第九条的规定,拟进行招标的工程项目,应履行项目审批手续并获得批准,而且具有相应的资金或者落实了资金来源。《工程建设项目施工招标投标办法》进一步规定了施工招标的条件:

(1) 招标人已经依法成立;

(2) 初步设计及概算应当履行审批手续的,已经批准;

(3) 有相应的资金或资金来源已经落实；

(4) 有招标所需的设计图纸及技术资料。

5. 工程招标方式和招标组织

招标人在决定采用招标方式选择承包商后，应当确定具体的招标方式和招标组织形式。

(1) 招标方式

根据《招标投标法》第十条规定，在我国，工程招标方式有两种，即公开招标和邀请招标。公开招标是指招标人以招标公告的方式邀请不特定的法人或者其他组织投标。邀请招标是指招标人以投标邀请书的方式邀请特定的法人或者其他组织(不少于 3 家)投标。

与邀请招标相比，公开招标的竞争性更强，招标人的选择范围更宽，程序更严谨，有利于公平竞争。但是，公开招标所需的时间更长、成本更高，而且并不一定能够选择到理想的承包商。因此，在实践中，规避公开招标是一个突出问题。

《招标投标法》和《工程建设项目施工招标投标办法》规定，对于依法必须进行招标的项目，以及国家重点工程、省重点工程、全部使用国有资金或者国有资金投资控股或者占主导地位的工程项目，应当采用公开招标。但是，具有下列情形之一的，经批准可以采用邀请招标：

① 项目技术复杂或有特殊要求，或者受自然地域环境限制只有少量几家潜在投标人可供选择的；

② 涉及国家安全、国家秘密或者抢险救灾，适宜招标但不宜公开招标的。

③ 采用公开招标方式的费用占项目合同金额比例过大；

④ 法律法规规定不宜公开招标的。

(2) 招标组织方式

招标人可以根据自身能力和实际情况，选择自行招标或者委托招标代理机构进行招标。《招标投标法》第十二条规定：“招标人具有编制招标文件和组织评标能力的，可以自行办理招标事宜。任何单位和个人不得强制其委托招标代理机构办理招标事宜。”

由此可见，当招标人具有招标文件编制能力和评标能力时可以决定自行招标。《工程建设项目自行招标试行办法》进一步规定了招标人自行招标需要具备的条件：

① 具有项目法人资格(或者法人资格)。

② 具有与招标项目规模和复杂程度相适应的工程技术、概预算、财务和工程管理等方面的专业技术力量。

③ 有从事同类工程建设项目招标的经验。

④ 拥有 3 名以上取得招标职业资格的专职招标业务人员。

⑤ 熟悉和掌握招标投标法及有关法规规章。

无论招标人是否具备自行招标能力，招标人均可委托具有相应资质的招标代理机构办理招标事宜。《招标投标法》第十三条同时规定了招标代理机构应当具备的基本条件：

① 有从事招标代理业务的营业场所和相应资金。

② 有能够编制招标文件和组织评标的相应专业力量。

6. 招标公告和投标邀请书

(1) 招标公告

招标公告的作用在于让潜在投标人获得招标信息，进行项目筛选，决定是否参与投标。

《招标投标法》第十六条规定："招标人采用公开招标方式的，应当发布招标公告。依法必须进行招标的项目的招标公告，应当通过国家指定的报刊、信息网络或者其他媒介发布。"

《招标投标法》第十六条同时规定："招标公告应当载明招标人的名称和地址、招标项目的性质、数量、实施地点和时间以及获取招标文件的办法等事项。"《工程建设项目施工招标投标办法》第十四条规定，施工项目的招标公告或者投标邀请书应当至少载明下列内容：

① 招标人的名称和地址。

② 招标项目的内容、规模、资金来源。

③ 招标项目的实施地点和工期。

④ 获取招标文件或者资格预审文件的地点和时间。

⑤ 对投标人的资质等级的要求。

⑥ 对招标文件或者资格预审文件收取的费用。

招标公告的内容应当真实、准确和完整，在法律性质上属于要约邀请。招标公告一经发出，招标人不得随意更改。

(2) 投标邀请书

按照《招标投标法》第十七条规定："招标人采用邀请招标方式的，应当向三个以上具备承担招标项目的能力、资信良好的特定的法人或者其他组织发出投标邀请书。"投标邀请书的内容和招标公告的内容基本一致，只需增加要求潜在投标人"确认"是否收到了投标邀请书的内容。如《标准施工招标文件》中关于"投标邀请书"的条款，就专门要求潜在投标人在规定时间以前，用传真或快递方式向招标人"确认"是否收到了投标邀请书。

7. 资格审查

资格审查是招标人的一项重要权利，旨在审查潜在投标人是否具备承担招标项目的资格和能力。通过资格审查，可以筛查出不具备履约能力的潜在投标人，减少潜在投标人数量，降低招标工作时间和费用，进而提高招标工作效率。

(1) 资格审查的种类

资格审查分为资格预审和资格后审。资格预审是指在投标前对潜在投标人进行的资格审查。招标人应当发布资格预审公告，并在资格预审文件中载明资格预审的条件、标准和方法；招标人不得改变载明的资格条件或者以没有载明的资格条件对潜在投标人进行资格审查。资格预审不合格的潜在投标人不得参加投标。

资格后审是指在开标后对投标人进行资格审查。招标人应当在招标文件中载明资格审查的条件、标准和方法，并不得改变载明的资格条件或者以没有载明的资格条件对潜在的投标人进行资格后审。资格后审不合格的投标人的投标作为废标处理。

(2) 资格预审公告

资格预审公告是指招标人通过指定媒体发布公告，载明拟招标项目采用资格预审的方式，公开选择条件合格的潜在投标人，使感兴趣的潜在投标人了解招标、采购项目的情况及资格条件，前来购买资格预审文件，参加资格预审和投标竞争。

根据《工程建设项目施工招标投标办法》和《标准施工招标资格预审文件》的规定，工程建设项目资格预审公告内容包括：

① 招标项目的条件，包括项目审批、核准或备案机关名称、资金来源、项目出资比例、招标人的名称等。

② 项目概况与招标范围，包括本次招标项目的建设地点、规模、计划工期、招标范围、标段划分等。

③ 对申请人的资格要求，包括资质等级与业绩，是否接受联合体申请及申请标段数量。

④ 资格预审方法，表明采用合格制还是有限数量制。

⑤ 资格预审文件的获取时间、地点和预审文件收取的费用。

⑥ 资格预审申请文件的提交地点和截止时间。

⑦ 同时发布公告的媒介名称。

⑧ 联系方式，包括招标人、招标代理机构项目联系人的名称、地址、电话、传真、网址、开户银行及账号等。

(3) 资格审查的主要内容

《招标投标法》第十八条规定，招标人可以要求投标人提供有关资质证明和业绩证明，并对潜在投标人进行资格审查。《工程建设项目施工招标投标办法》第二十条规定，资格审查主要审查潜在投标人或者投标人是否具备如下条件：

① 具有独立订立合同的权利。

② 具有履行合同的能力，包括专业、技术资格和能力，资金、设备和其他物资设施状况，管理能力、经验、信誉和相应的从业人员。

③ 没有处于被责令停业，投标资格被取消，财产被接管、冻结或破产状态。

④ 在最近三年内没有骗取中标和严重违约及重大工程质量问题。

⑤ 法律、行政法规规定的其他资格条件。

资格审查时，招标人不得以不合理的条件限制、排斥潜在投标人或者投标人，不得对潜在投标人或者投标人有歧视性待遇，任何单位和个人不得以行政手段或者其他不合理方法限制投标人的数量。

8. 招标文件的构成和编制

在资格预审后，招标人应当根据项目特点和需要编制招标文件。招标文件是招标投标活动中最重要的法律文件，它是投标人编制投标文件和投标决策、评标委员会评审投标文件、招标人确定中标人的依据，更是招标人和中标人签订合同的基础。

(1)《招标投标法》第十九条规定了招标文件的基本内容：“招标人应当根据招标项目的特点和需要编制招标文件。招标文件应当包括招标项目的技术要求、对投标人资格审查的标准、投标报价要求和评标标准等所有实质性要求和条件以及拟签订合同的主要条款。”国家对招标项目的技术、标准有规定的，招标人应当按照其规定在招标文件中提出相应要求。“招标项目需要划分标段、确定工期的，招标人应当合理划分标段、确定工期，并在招标文件中载明。”

《工程建设项目施工招标投标办法》第二十四条规定了施工招标文件的基本内容：① 招标公告或投标邀请书；② 投标人须知（含投标报价和对投标人的各项投标规定与要求）；③ 合同主要条款；④ 投标文件格式；⑤ 采用工程量清单招标的，应当提供工程量清单；⑥ 技术条款；⑦ 设计图纸；⑧ 评标标准和方法；⑨ 投标辅助材料。

（2）招标文件的强制性规定

作为招标投标活动中最重要的法律文件，《招标投标法》等有关法规对招标文件作出了一些非常严格的强制性规定。

① 招标文件的内容应体现公平原则

《招标投标法》第二十条规定："招标文件不得要求或者标明特定的生产供应者以及含有倾向或者排斥潜在投标人的其他内容。"

《工程建设项目施工招标投标办法》第二十六条更加具体规定，招标文件中规定的各项技术标准均不得要求或标明某一特定的专利、商标、名称、设计、原产地或生产供应者，不得含有倾向或者排斥潜在投标人的其他内容。如果必须引用某一生产供应者的技术标准才能准确或清楚地说明拟招标项目的技术标准时，则应当在参照后面加上"或相当于"的字样。

② 应包含招标项目所有实质性要求

根据《招标投标法》第十九条规定，招标文件中必须包括招标项目的技术要求、对投标人资格审查的标准、投标报价要求、评标标准、标段、工期和拟签订合同的主要条款等实质性要求和条件。评标过程中，不得改变招标文件中规定的评标标准、方法和中标条件。

《工程建设项目施工招标投标办法》和《工程建设项目货物招标投标办法》同时规定，招标人应当在招标文件中规定实质性要求和条件，说明不满足其中任何一项实质性要求和条件的投标将被拒绝，并用醒目的方式标明。

③ 给予投标人合理的时间来编制投标文件

《招标投标法》第二十四条规定，招标人应当确定投标人编制投标文件所需要的合理时间。依法必须招标的项目，自招标文件开始发出之日起至投标人提交投标文件截止之日止，最短不得少于二十日。

《工程建设项目勘察设计招标投标办法》第十二条和《工程建设项目施工招标投标办法》第十五条进一步规定了资格预审文件和招标文件发售的最短时间，规定招标文件应明确自招标文件开始发出之日起至停止发出之日止，最短不得少于五个工作日。

④ 确定适当的投标有效期

投标有效期是招标文件规定的投标文件有效期，从投标文件提交截止之日起计算。在投标有效期内，投标人提交的投标文件对投标人具有法律约束力，投标人不得补充、修改、撤回投标文件；否则，招标人有权没收其投标保证金并要求其赔偿损失。

《工程建设项目施工招标投标办法》第二十九条规定："招标文件应当规定一个适当的投标有效期，以保证招标人有足够的时间完成评标和与中标人签订合同。投标有效期从投标人提交投标文件截止之日起计算。"

（3）招标文件的澄清与修改

《招标投标法》第二十三条规定："招标人对已发出的招标文件进行必要的澄清或者修改的，应当在招标文件要求提交投标文件截止时间至少十五日前，以书面形式通知所有招标文件收受人。该澄清或者修改的内容为招标文件的组成部分。"此处的"澄清"，是指招标人对招标文件中的遗漏、词义表述不清或对比较复杂事项进行的补充说明和回答投标人提出的问题；"修改"是指招标人对招标文件中出现的遗漏、差错、表述不清等问题认为必须进行的修订。

① 招标人有权对招标文件进行澄清或修改

招标文件发出以后，无论出于何种原因，招标人都可以对发现的错误或遗漏，在规定时间内主动地或在解答潜在投标人提出的问题时进行澄清或者修改，改正差错，避免损失。

② 对招标文件的澄清与修改有时间限制

《招标投标法》第二十三条规定，招标人对招标文件的澄清和修改，应当在提交投标文件截止时间至少十五日前，以书面形式通知所有招标文件收受人。若招标人的澄清和修改，实质性影响投标人编制投标文件时间的，招标人应当延长投标人提交投标文件的截止时间。

③澄清和修改内容应当作为招标文件的组成部分

按照《招标投标法》第二十三条关于招标人对招标文件澄清和修改的规定，招标人可以直接采取书面形式，也可以采用召开投标预备会的方式进行解答和说明，但最终必须将澄清与修改的内容以书面形式通知所有招标文件收受人，并且作为招标文件的组成部分。

## 二、建设工程投标

1. 投标文件的编制

《招标投标法》第二十七条规定，投标人应当按照招标文件的要求编制投标文件。投标文件应当对招标文件的实质性要求和条件作出响应。招标项目属于建设施工的，投标文件的内容应当包括拟派出的项目负责人与主要技术人员的简历、业绩和拟用于完成招标项目的机械设备等。

根据《工程项目施工招标投标办法》的规定，投标文件一般包括下列内容：

(1) 投标函；

(2) 投标报价；

(3) 施工组织设计；

(4) 商务和技术偏差表。

投标人根据招标文件载明的项目实际情况，拟在中标后将中标项目的部分非主体、非关键性工作进行分包的，应在投标文件中载明。

2. 投标保证金

投标保证金是招标人设置的担保投标人谨慎投标的一种担保方式。为约束投标人的投标行为，保护招标人的利益，招标人通常会要求投标人提供投标保证金。当发生下列情形之一时，招标人有权没收投标保证金：

(1) 投标人在投标有效期内撤回其投标文件。

(2) 中标人未能在规定期限内提交履约保证金或者签订合同的。

《工程建设项目施工招标投标办法》第三十七条规定，招标人可以在招标文件中要求投标人提交投标保证金。投标保证金除现金外，可以是银行出具的银行保函、保兑支票、银行汇票或现金支票。投标保证金一般不得超过项目估算价的百分之二，但最高不得超过八十万元人民币。投标保证金有效期应当与投标有效期一致。

投标人应当按照招标文件要求的方式和金额，将投标保证金随投标文件提交给招标人。投标人不按招标文件要求提交投标保证金的，该投标文件将被拒绝，作废标处理。

3. 投标文件的提交

《招标投标法》第二十八条规定，投标人应当在招标文件要求提交投标文件的截止时间前，将投标文件送达投标地点；在截止时间后送达的投标文件，招标人应当拒收。

招标人收到投标文件后应当签收保存，不得开启。投标人少于三个的，招标人应当依法重新招标。

4. 投标文件的补充、修改、替代或撤回

《招标投标法》第二十九条规定，投标人在招标文件要求投标文件的截止时间前，可以补充、修改或者撤回已提交的投标文件，并书面通知招标人。补充、修改的内容构成投标文件的组成部分。

根据《工程建设项目施工招标投标办法》规定，自提交投标文件截止时间后到招标文件规定的投标有效期终止之前，投标人不得补充、修改、替代或者撤回其投标文件。投标人补充、修改、替代投标文件的，招标人不予接受；投标人撤回投标文件的，其投标保证金将被没收。

5. 联合体投标

联合体投标是指某承包单位为了承揽不适于自己单独承包的工程项目而与其他单位联合，共同以一个投标人身份参与投标活动的行为。

(1) 联合体的资质条件

《招标投标法》第三十一条规定，两个以上法人或者其他组织可以组成一个联合体，以一个投标人的身份共同投标。联合体及联合体各方资质条件应符合如下要求：

① 联合体各方均应当具备承担招标项目的相应能力。

② 国家有关规定或者招标文件对投标人资格条件有规定的，联合体各方均应当具备规定的相应资格条件。

③ 由同一专业的单位组成的联合体，按照资质等级较低的单位确定资质等级。

(2) 共同投标协议

根据《招标投标法》第三十一条的规定，联合体各方应当签订共同投标协议，明确约定各方拟承担的工作和责任，并将共同投标协议连同投标文件一并提交招标人。

共同投标协议约定了组成联合体各成员单位在联合体中所承担的工作范围，这个范围的确定也为建设单位判断该成员单位是否具备"相应的资格条件"提供了依据。共同投标协议也约定了组成联合体各成员单位在联合体中所承担的责任，也为将来可能引发的纠纷的解决提供了必要的依据。《工程建设项目施工招标投标办法》第五十条进一步规定，没有附有联合体各方共同投标协议的联合体投标，评标委员会应当否决其投标。

(3) 联合体投标各方的责任

① 履行共同投标协议中约定的责任。共同投标协议中约定了联合体中各方应该承担的责任，各成员单位必须要按照该协议的约定认真履行自己的义务，否则对联合体其他成员构成违约。共同投标协议中约定责任也是各成员单位最终的责任承担方式。

② 就中标项目对招标人承担连带责任。如果联合体中的一个成员没能按照合同约定履行义务，招标人可以要求联合体中任何一个成员承担不超过总债务的任何比例的债务，该单位无权拒绝。该单位在对招标人承担责任后，有权向其他成员追偿其超过共同投标协议

约定债务的部分。

③ 不得重复投标。联合体各方签订共同投标协议后，不得再以自己的名义单独投标，也不得组成新的联合体或加入其他联合体参加同一项目投标。

④ 不得随意改变联合体组成。联合体通过资格预审的，其组成的任何变化都必须在提交投标文件截止之日前征得招标人的同意。如果变化后的联合体含有事先没有经过资格预审或者资格预审不合格的法人或者其他组织，或者使联合体的资质降到资格预审文件中规定的最低标准以下，招标人有权拒绝。

⑤ 必须指定联合体牵头人。联合体各方必须指定牵头人，授权其代表所有联合体成员负责投标和合同实施阶段的主办、协调工作，并向招标人提交由所有联合体成员法定代表人签署的授权书。应当以联合体各方或者联合体中牵头人的名义提交投标保证金，以联合体牵头人名义提交的投标保证金，对联合体各成员具有约束力。

6. 禁止投标人实施的不正当竞争行为

根据《招标投标法》第三十二条、第三十三条的规定，禁止投标人实施有关不正当竞争行为。

(1) 投标人之间的串通投标行为

《工程建设项目施工招标投标办法》第四十六条规定了投标人之间的串通投标行为，包括：投标人之间相互约定抬高或压低投标报价；投标人之间相互约定，在招标项目中分别以高、中、低价位报价；投标人之间先进行内部竞价，内定中标人，然后再参加投标；投标人之间其他串通投标报价行为。

(2) 投标人与招标人的串通投标行为

《工程建设项目施工招标投标办法》第四十七条规定了招标人与投标人的串通投标行为，包括：招标人在开标前开启投标文件，并将投标情况告知其他投标人，或者协助投标人撤换、修改投标文件；招标人向投标人泄露标底、评标委员会成员等信息；招标人明示或暗示投标人投标时压低或抬高投标报价，招标人明示或暗示投标人为特定投标人中标提供方便；其他串通投标行为。

(3) 以行贿的手段谋取中标

《招标投标法》第三十二条规定："禁止投标人以向招标人或者评标委员会成员行贿的手段谋取中标。"投标人以行贿手段谋取中标的法律后果是中标无效，有关责任人和单位应当承担相应的行政责任或刑事责任，给他人造成损失的，还应当承担民事赔偿责任。

(4) 低于企业成本价竞标

《招标投标法》第三十三条规定："投标人不得以低于成本的报价竞标"。这里的"成本"，是根据投标人的企业定额测定的企业成本。如果投标人低于成本的报价竞标时，将很难保证建设工程的安全和质量。

(5) 以他人名义投标或以其他方式弄虚作假，骗取中标

《招标投标法》第三十三条规定：投标人不得以他人名义投标或者以其他方式弄虚作假，骗取中标。《工程建设项目施工招标投标办法》第四十八条规定，以他人名义投标是指投标人挂靠其他施工单位，或从其他单位通过受让或租借的方式获取资格或资质证书，或者由其他单位及其法定代表人在自己编制的投标文件上加盖印章或签字等行为。

## 第五节　招标的基本程序

招标是招标人选择中标人并与其签订合同的过程；而投标则是投标人力争获得实施合同的竞争的过程。招标人和投标人均须遵循招标投标法律和法规的规定进行招标投标活动。公开招标程序如图 3.1 所示，邀请招标可以参照实行。

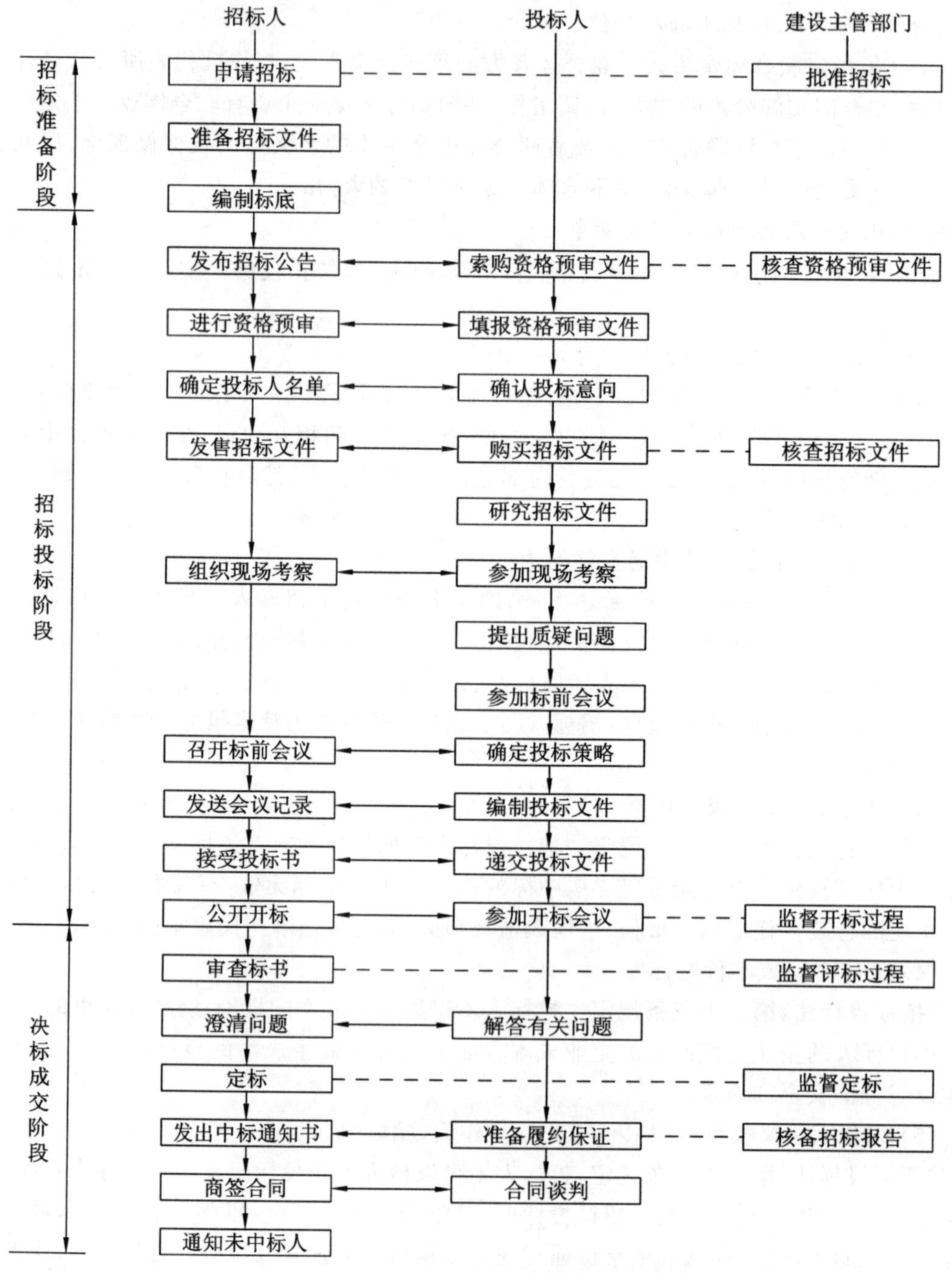


图 3.1　公开招标程序图

按照招标人和投标人参与程序，招标过程可划分成招标准备阶段、招标投标阶段和决标成交阶段。

## 一、招标准备阶段

### 1. 招标项目应具备的条件

按照《招标投标法》第九条规定，招标项目按照国家有关规定需要履行项目审批手续的，应当先履行审批手续，取得批准。招标人应当有进行招标项目的相应资金或者资金来源已经落实，即履行项目审批手续和落实资金来源是招标项目进行招标前必须具备的两项基本条件。

按照《招标投标法实施条例》第七条规定，按照国家有关规定需要履行项目审批、核准手续的依法必须进行招标的项目，其招标范围、招标方式、招标组织形式应当报项目审批、核准部门审批、核准。项目审批、核准部门应当及时将审批、核准确定的招标范围、招标方式、招标组织形式通报有关行政监督部门。

(1) 依法必须招标的项目进行招标的基本条件

① 需要履行项目审批手续的，应当先履行审批手续，取得批准。对依法必须进行招标项目需要履行审批的规定，包括两个方面：

a. 建设项目本身是否按现行项目审批管理制度规定办理了审批、核准或备案手续，取得批准。

b. 招标项目是否按规定申报了招标事项的审批、核准手续，取得批准。

② 资金或资金来源已经落实。招标人应当有进行招标项目的相应的资金或者资金来源已经落实，并在招标文件中如实载明。其中资金来源已经落实，是指资金虽然没有到位，但其来源已经落实，如银行已经承诺贷款；在招标文件中如实载明是为了让投标人了解这方面的真实情况，作为其是否参加投标的决策依据。

(2) 工程建设项目施工招标、货物招标应具备的条件

按照《工程建设项目施工招标投标办法》《工程建设项目货物招标投标办法》，依法必须招标的工程建设项目，应当具备下列条件才能进行施工招标或货物招标：

① 招标人已经依法成立；

② 初步设计及概算应当履行审批手续的，已经批准；

③ 有相应资金或资金来源已经落实；

④ 有招标所需的设计图纸及技术资料。

### 2. 选择招标方式

招标方式应根据以下几方面来选择：

(1) 根据工程特点和招标人的管理能力确定发包范围。

(2) 依据工程建设总进度计划确定项目建设过程中的招标次数和每次招标的工作内容，如监理招标、设计招标、施工招标、设备供应招标等。

(3) 按每次招标前准备工作的完成情况，选择合同计价方式。如施工招标时，已完成施工图设计的中小型工程，可采用总价合同：若为初步设计完成后的大型复杂工程，则应采用单价合同。

(4) 依据工程项目的特点、招标前准备工作的完成情况、合同类型等因素的影响程序，最终确定招标方式。

3. 编制招标文件及标底

《招标投标法》规定，招标人应当根据招标项目的特点和需要编制招标文件。招标文件应当包括招标项目的技术要求，对投标人资格审查的标准、投标报价要求和评标标准等所有实质性要求和条件，以及拟签订合同的主要条款。国家对招标项目的技术，标准有规定的，招标人应当按照其规定在招标文件中提出相应要求。

招标人可以自行决定是否编制标底。一个招标项目只能有一个标底，标底必须保密。接受委托编制标底的中介机构不得参加受托编制标底项目的投标，也不得为该项目的投标人编制投标文件或者提供咨询。招标人设有最高投标限价的，应当在招标文件中明确最高投标限价或者最高投标限价的计算方法。招标人不得规定最低投标限价。

4. 申请招标

招标人向建设行政主管部门办理申请招标手续。申请招标文件应包含招标工作范围、招标方式，计划工期，对投标人的资质要求，招标项目前期准备工作的完成情况、自行招标还是委托代理招标等内容。

## 二、招标投标阶段

公开招标时，从发布招标公告开始(若为邀请招标，则从发出投标邀请函开始)，到投标截止日期为止的期间称为招标投标阶段。在此阶段，招标人应做好招标的组织工作，投标人则按招标有关文件的规定程序和具体要求进行投标报价竞争。《招标投标法》第二十四条规定："招标人应当确定投标人编制投标文件所需要的合理时间，依法必须进行招标的项目，自招标文件开始发出之日起至投标截止之日止，最短不得少于二十日。"如招标人要对已发出的招标文件进行必要的修改与澄清的，最晚也必须在投标截止日期十五日前，以书面形式通知所有投标文件收受人。

1. 发布招标公告

招标公告的作用是让潜在投标人获得招标信息，以便进行项目筛选，确定是否参与竞争。对于工程建设项目招标需要公告公示的内容、范围、要求及法律责任，按照《招标投标法实施条例》和《招标公告发布暂行办法》的相关规定，招标人采用公开招标方式的，应当公告公示的内容有招标公告、资格预审公告、评标结果公示等。招标人采用公开招标方式的应当发布招标公告；采用资格预审办法对潜在投标人进行资格审查的，应当发布资格预审公告；依法必须进行招标的项目自收到评标报告之日起三日内招标人应当公示评标结果，公示中标候选人。采用邀请招标方式的，应当发出投标邀请书，其内容与上述招标公告的要求一样。受到邀请的投标人不得少于三个，且都应具备承担招标项目的能力。招标公告或投标邀请函的具体格式可由招标人自定。

2. 资格预审

资格审查分为资格预审和资格后审。

招标时设置资格预审程序，一是保证参与投标的法人或其他组织在资质和能力等方面能够满足完成招标工作的要求；二是通过评审，选出综合实力较强的一批投标申请人，再请他们参加投标竞争，以减小评标的工作量。

为保证建设工程的顺利完成，《招标投标法》第二十六条规定："国家有关规定对投标人资格条件或者招标文件对投标人资格条件有规定的，投标人应当具备规定的资格条件。"《招标投标法实施条例》规定，招标人采用资格预审办法对潜在投标人进行资格审查的，应当发布资格预审公告，编制资格预审文件。招标人应当合理确定提交资格预审申请文件的时间。依法必须进行招标的项目提交资格预审申请文件的时间，自资格预审文件停止发售之日起不得少于五日。

资格预审应当按照资格预审文件载明的标准和方法进行。国有资金占控股或者主导地位的依法必须进行招标的项目，招标人应当组建资格审查委员会审查资格预审申请文件。

投标人在向招标人提出投标申请时，应附带有关投标资格的资料，以供招标人审查，这些资料应表明自己存在的合法地位、资质等级、技术与装备水平、资金与财务状况、近期经营状况及以前所完成的与招标工程项目有关的业绩。

3. 发售招标文件

《招标投标法实施条例》规定，招标人应当按照资格预审公告、招标公告或者投标邀请书规定的时间、地点发售资格预审文件或者招标文件。资格预审文件或者招标文件的发售期不得少于五日。招标人发售资格预审文件、招标文件收取的费用应当限于补偿印刷、邮寄的成本支出，不得以营利为目的。

4. 现场考察

招标人在投标须知规定的时间内组织投标人自费进行现场考察。设置此程序的目的，一方面让投标人了解工程项目的现场情况、自然条件、施工条件以及周围环境条件，以便于编制投标书；另一方面要求投标人通过自己的实地考察确定投标的原则和策略，避免合同履行过程中投标人以不了解现场情况为由推卸应承担的合同责任。

5. 标前会议

标前会议上招标单位负责人除了介绍工程概况外，还可对招标文件中的某些内容加以修改（需报经招标投标管理机构核准）或予以补充说明，并对投标人书面提出的问题和会议上即席提出的问题给予解答。会议结束后，招标人应将会议记录用书面通知的形式发给每一位投标人。会议记录作为招标文件的组成部分，具有同等的法律效力。

6. 接受投标文件

投标文件应在招标文件中规定的截止时间前送达投标地点。在截止时间后送达的投标文件，投标人应拒收。因此，以邮寄方式送交投标文件的，投标人应留出足够的邮寄时间，以保证投标文件在截止时间前送达。另外，如发生地点方面的错送、误送，其后果皆由投标人自行承担。

根据契约自由原则，我国法律也规定，投标文件送交后，投标人可以进行补充、修改或撤回，但必须以书面形式通知招标人。补充、修改的内容亦为投标文件的组成部分。

投标人对投标文件的补充、修改、撤回通知，也必须在所规定的投标文件的截止时间前送达规定地点。投标文件及其修改、补充的内容都必须以密封的形式送达，招标人签收后必须原样保存，不得开启。对于标底和潜在投标人的名称、数量以及可能影响公平竞争的其他有关招投标的情况，招标人都必须保密，不得向他人透露。

潜在投标人或者其他利害关系人对招标文件有异议的，应当在投标截止时间十日前提出。招标人应当自收到异议之日起三日内作出答复。作出答复前，应当暂停招标投标活动。招标人编制的招标文件内容违反法律、行政法规的强制性规定，违反公开、公平、公正和诚实信用原则，影响潜在投标人投标的，依法必须进行招标的项目的招标人应当在修改招标文件后重新招标。

### 三、决标成交阶段

从开标到签订合同这一期间称为决标成交阶段，是对各投标书进行评审比较，最终确定中标人的过程。即包含开标、评标和中标，详见下一节。

## 第六节　开标、评标与中标

### 一、开标

开标是指投标截止后，招标人按照招标文件所确定的时间和地点，开启投标人提交的投标文件，公开宣布投标人的名称、投标价格和投标文件中的其他主要内容的活动。

1. 开标时间

《招标投标法》规定，开标应当在招标文件确定的提交投标文件截止时间的同一时间公开进行。这一规定是为了防止招标人或者投标人利用投标文件的截止时间以后与开标时间之前的一段时间间隔进行暗箱操作。

2. 开标地点

开标地点应当为招标文件中预先确定的地点。

3. 开标的主持人和参加人

开标由招标人或其委托的招标代理机构主持，并邀请所有投标人参加，还可邀请招标主管部门、评标委员会、监察部门有关人员参加，也可委托公证部门对整个开标过程依法进行公证。招标人自行办理招标事宜的，自行主持开标。

4. 开标程序

开标时，由投标人或者其推选的代表检查投标文件的密封情况，也可以由招标人委托的公证机构检查并公证；经确认无误后，由工作人员当众拆封，宣读投标人名称、投标价格和投标文件的其他主要内容。招标人在招标文件要求提交投标文件的截止时间前收到的所有投标文件，开标时都应当当众予以拆封、宣读。开标过程应当记录，并存档备查。

《招标投标法实施条例》进一步规定，招标人应当按照招标文件规定的时间、地点开标。投标人少于三个的，不得开标；招标人应当重新招标。投标人对开标有异议的，应当在开标现场提出，招标人应当场作出答复，并制作记录。

5. 不予处理的投标文件与废标

投标文件有下列情形之一的，投标人不予处理。

(1) 逾期送达的或者未送达指定地点的；

（2）未按照招标文件要求密封的。

投标文件有下列情形之一的，由评标委员会初审后按废标处理。

（1）无单位盖章并无法定代表人或法定代表人授权的代理人签字或盖章的；

（2）未按规定的格式填写，内容不全或关键字迹模糊、无法辨认的；

（3）投标人递交两份或多份内容不同的投标文件，或在一份投标文件中对同一招标项目报有两个或多个报价，且未声明哪一个有效，按招标文件规定提交备选投标方案的除外；

（4）投标人名称或组织结构与资格预审时不一致的；

（5）未按招标文件要求提交投标保证金；

（6）联合体投标未附联合体各方共同投标协议的。

## 二、评标

《招标投标法》规定，评标由招标人依法组建的评标委员会负责。评标是依据招标文件的要求和规定，对投标文件进行审查、评审和比较，最终确定中标人的过程。

1. 评标委员会

（1）评标委员会的组成

依法必须进行招标的项目，其评标委员会由招标人的代表和有关技术、经济等方面的专家组成，成员人数为五人以上的单数。其中技术、经济等方面的专家不得少于成员总数的三分之二。与投标人有利害关系的人不得进入相关项目的评标委员会；已经进入的应当更换。评标委员会成员的名单在中标结果确定前应当保密。

评标委员会的专家由招标人从国务院有关部门或者省、自治区、直辖市人民政府有关部门提供的专家名册或者招标代理机构的专家库内的专家名单中确定。一般招标项目可以采取随机抽取的方式，特殊项目可以由投标人直接确定。

（2）评标委员会成员的行为准则

① 评标委员会成员应当客观、公正地履行职责，遵守职业道德，对所提出的评审意见承担个人责任；

② 评标委员会成员不得与任何投标人或者与招标结果有利害关系的人进行私下接触，不得收受投标人、中介人、其他利害关系人的财物或者其他好处；

③ 评标委员会成员和与评标活动有关的工作人员不得透露对投标文件的评审和比较、中标候选人的推荐情况以及与评标相关的其他情况。

2. 评标标准和方法

评标时，应严格按照招标文件确定的评标标准和方法，对投标文件进行评审和比较；设有标底的，应参考标底。标底只能作为评标的参考，不得以投标报价是否接近标底作为中标条件。任何未在招标文件中列明的标准和方法均不得采用；对招标文件中已列明的标准和方法，不得有任何改变。

评标方法包括最低投标报价法、综合评估法或者法律、行政法规循序的其他评价方法。

3. 评标程序

（1）评标的准备

评标委员会成员应当编制供评标使用的相应表格，认真研究招标文件，至少应了解和熟悉以下内容：

① 招标的目标；

② 招标项目的范围和性质；

③ 招标文件中规定的主要技术要求、标准和商务条款；

④ 招标文件规定的评标标准、评标方法和在评标过程中考虑的相关因素。

招标人或者其委托的招标代理机构应当向评标委员会提供评标所需的重要信息和数据。招标人设有标底的，标底应当保密，并在评标时作为参考。

(2) 初步评审

评标委员会以招标文件为依据，通过审查各投标书是否响应了投标文件的实质性要求，来确定标书的有效性。初评的主要内容有：

① 投标人的资格；

② 投标保证有效性；

③ 报送资料的完整性；

④ 投标书与招标文件的要求有无实质性的背离；

⑤ 报价计算的正确性。

(3) 详细评审

详细评审是指评标委员会根据招标文件确定的评标标准和方法，对经过初步评审合格的投标文件的技术部分、商务部分作进一步的评审和比较，确定投标文件的竞争性。

评标委员会对各个评审因素进行量化时，应当将量化指标建立在同一基础或者同一标准上，使各投标文件具有可比性。对技术部分和商务部分进行量化后，评标委员会应当对这两个部分的量化结果进行加权，计算出每一标段的综合评估价或者综合评估分。评标和定标应当在投标有效期结束日三十个工作日前完成。不能在投标有效期结束日三十个工作日前完成评标和定标的，招标人应当通知所有投标人延长投标有效期。因延长投标有效期造成投标人损失的，招标人应当给予补偿，但因不可抗力需延长投标有效期的除外。

## 三、中标

### 1. 确定中标人

根据《招标投标法》第四十一条规定，中标人的投标应当符合下列条件之一：

(1) 能够最大限度地满足招标文件中规定的各项综合评价标准；

(2) 能够满足招标文件的实质性要求，并且经评审的投标价格最低；但是投标价格低于成本的除外。

根据《招标投标法》和《工程建设项目施工招标投标办法》的有关规定，确定中标人应当遵守如下程序：

(1) 评标委员会提出书面评标报告后，招标人一般应当在十五日内确定中标人，但最迟应当在投标有效期结束日三十个工作日前确定。

(2) 招标人应当接受评标委员会推荐的中标候选人，不得在评标委员会推荐的中标候选人之外确定中标人。

(3) 使用国有资金投资或者国家融资的项目，招标人应当确定排名第一的中标候选人为中标人。排名第一的中标候选人放弃中标，因不可抗力提出不能履行合同，或者按招标文件规定应当提交履约保证金而在规定的期限内未能提交的，招标人可以确定排名第二的中标候选人为中标人，以此类推。

(4) 招标人可以授权评标委员会直接确定中标人。

2. 中标通知书

中标人确定后，招标人应向中标人发出中标通知书，并同时将中标结果通知所有未中标的投标人。中标通知书发出后，即对招标人和中标人产生法律效力。

3. 签订书面合同

《招标投标法》规定：招标人和中标人应当自中标通知书发出之日起三十日内，按照招标文件和中标人的投标文件订立书面合同。招标人和中标人不得再行订立背离合同实质性内容的其他协议。如签了这样的协议，其在法律上也是无效的。

《招标投标法实施条例》进一步规定，招标人和中标人应当依照招标投标法和本条例的规定签订书面合同，合同的标的、价款、质量、履行期限等主要条款应当与招标文件和中标人的投标文件的内容一致。

招标文件要求中标人提交履约保证金或其他形式的履约担保的，中标人应当提交；拒绝提交的，视为放弃中标项目。招标人要求中标人提供履约保证金或履约担保的，招标人应当同时向中标人提供工程款支付担保。招标人不得擅自提高履约保证金，不得强制要求中标人垫付中标项目建设资金。

4. 提交招标投标报告

依法必须招标的项目，招标人应自确定中标人之日起十五日内，向有关行政监督部门提交招标投标报告。这是国家对招标投标活动进行的监督活动之一。招标投标活动是一个复杂的过程，要消耗较长的时间，相关行政监督部门不可能到每个项目招标的过程中去监督。为了解招投标的情况，只能借助于招标人主动汇报的方式进行监管。

5. 履行合同及中标人的法定义务

中标人应当按照承包合同约定履行义务，完成中标项目。中标人不得向他人转让中标项目，也不得将中标项目肢解后分别向他人转让。

中标人按照合同约定或者经招标人同意，可以将中标项目的部分非主体、非关键性工作分包给他人完成。接受分包的单位应当具备相应的资质条件，并不得再次分包。中标人应当就分包项目向招标人负责，接受分包的单位就分包项目向招标人承担连带责任。

## 案例分析

**【案例 1】** 某高校自筹资金组织教学楼工程建设，由C建筑公司承建，距离工程竣工还有4个月时间。为更进一步发挥该教学楼的功能，该高校拟在教学楼电化教室西侧加建二层小楼，建筑面积216 $m^3$，将教学楼中的一些配套设施，如电化教学设备、录像设备以及教师课间休息室等移至该二层小楼。该附属工程已经得到计划、规划、建设等管理部门批准。设计单位也已经按照校方相关需求，对原教学楼设计中的一些管线、设备进行了调整，同时也完成了该附属工程的设计工作，资金能够满足工程发包需要。

问题：

(1)《招标投标法》规定的招标方式有几种？其招标适用条件是什么？

(2) 工程施工项目招标应具备哪些条件？本附属工程是否具备施工招标条件？为什么？

(3) 该工程是否可以不招标而直接发包？为什么？

(4) 该工程是否可以采用招标方式确定施工单位？此时应注意哪些问题？

**【解析】**

(1)《招标投标法》规定，招标分为公开招标和邀请招标。公开招标是指招标人以招标公告的方式邀请不特定的法人或者其他组织投标。邀请招标是指招标人以投标邀请书的方式邀请特定的法人或者其他组织投标。

公开招标：适用于法律法规明令不得组织公开招标项目外的所有招标采购项目。国务院发展改革部门确定的国家重点建设项目和各省、自治区、直辖市人民政府确定的地方重点建设项目，以及全部使用国有资金投资或者国有资金投资占控股或者主导地位的工程建设项目应当公开招标，有下列情形之一的，经批准可以进行邀请招标：①项目技术复杂或有特殊要求，只有少量潜在投标人可供选择的；②受自然地域环境限制的；③涉及国家安全、国家秘密或者抢险救灾，适宜招标但不宜公开招标的；④拟公开招标的费用与项目的价值相比，不值得的；⑤法律、法规规定不宜公开招标的。

(2) 工程施工项目招标应具备以下5个条件：①招标人已经依法成立；②初步设计及概算应当履行审批手续的，已经获批；③招标范围、招标方式和招标组织形式等应当履行核准手续的，已经核准；④有相应资金或资金来源已经落实；⑤有招标所需的设计图纸及技术资料。

依据背景材料，该附属工程已经取得了建设前的合法手续，且满足上述5个条件，故可以采用招标方式确定承包人。

(3) 该附属工程可以不招标而直接发包，但须履行相应的审批程序。

(4) 该附属工程也可以进行招标采购，重新选择一个施工企业签订施工合同，但有以下几点需要注意：①处理好两个承包人之间的工作界面及管理界面，落实相应责任；②两个承包人与一个承包人延续施工相比，涉及第二个承包人大型机械、设备进出场、现场临时设施的设置等施工准备事项，合同价格较之原承包人延续施工可能会有所增加；③施工组织过程中，如进度、材料运输、施工场地安排等争议调解量加大；④合同结算工作量加大等。所以，除非发生了特殊情况，一般不宜就该附属工程重新选择承包人。

**【案例2】** 2022年11月22日，某省A房地产公司就一住宅建设项目进行公开招标，某省B建筑公司与其他三家建筑公司共同参加了投标。结果由B建筑公司中标。2022年12月14日，A房地产公司就该项工程建设向B建筑公司发出中标通知书。该通知书载明：工程建筑面积74 781 $m^3$，中标造价人民币8 000万元，要求12月25日签订工程承包合同，12月28日开工。中标通知书发出后，B建筑公司按A房地产公司的要求提出，为抓紧工期，应该先做好施工准备，后签工程合同。A房地产公司也同意了这个意见。之后，B建筑公司安排施工队伍进入现场，平整了施工场地，将打桩桩架运入现场，并配合A房地产公司在12月28日打了两根桩，完成了项目的开工仪式。

但是，工程开工后，还没有等到正式签订承包合同，双方就因为对合同内容的意见不一致而发生了争议。A房地产公司要求B建筑公司将工程中的一个专项工程分包给自己信赖的C公司，而B建筑公司以招标文件没有要求必须分包而拒绝。2023年3月1日，A房地产公司明确函告B建筑公司："将另行落实施工队伍"。无可奈何的B建筑公司只得诉至某省某市中级人民法院，在法庭上B建筑公司指出，A房地产公司既已发出中标通知书，就表明招投标过程中的要约已经承诺，按招投标文件和《招标投标法》的有关规定，签订工程承包合同是A房地产公司的法定义务。因此，B建筑公司要求A房地产公司继续履行合同，并赔偿损失560万元。但A房地产公司辩称：虽然已发了中标通知书，但这个文件并无合同效力，且双方的合同尚未签订，因此双方还不存在合同上的权利义务关系，A房地产公司有权另行确定合同相对人。

最后审裁结果，一审法院认定了房地产公司违约，并判决由A房地产公司赔偿B建筑公司经济损失196万元。判决后，双方都没有上诉。

**问题：**

本案中法院的裁决是否正确？

**【解析】**

《招标投标法》第四十五条规定：中标通知书对招标人和中标人具有法律效力。中标通知书发出后，招标人改变中标结果的，或者中标人放弃中标项目的，应当依法承担法律责任。《招标投标法》第四十六条规定：招标人和中标人应当自中标通知书发出之日起三十日内，按照招标文件和中标人的投标文件签订书面合同。因此，如果双方最终没有签订合同，则应当有一方对此承担法律责任。

在正常情况下，合同的内容都应当在招标文件和投标文件中体现出来。但是，在这一过程中，招标人处于主动地位，投标人只是按照招标文件的要求编制投标文件。如果投标文件不符合招标文件的要求，则应当视为废标。因此，一旦出现招标文件和投标文件均未约定合同内容的情况，应当属于招标文件的缺陷。此时的处理原则可以使用《民法典》的相关规定：第一，双方协议补充；第二，按照合同有关条款或者交易习惯确定；第三，按《民法典》第五百一十一条执行。就本案而言，一般情况下，承包人(B建筑公司)应当自己完成发包的全部工作内容，对承包的内容进行分包则为特殊情况；况且，我国相关法律并不鼓励发包人(A房产公司)指定分包。因此，一般情况下不进行分包是交易习惯。如果A房地产公司拒绝签订合同，应当承担法律责任。

## 思考题

1. 简述建设工程发包与承包的概念。
2. 建设工程发包与承包的方式有哪些？
3. 简述工程建设招标投标的概念。
4. 简述招标投标活动应当遵循的基本原则。
5. 简述强制招标的工程项目范围和规模标准。
6. 招标的基本程序是什么？

# 第四章　建设工程合同管理

## 第一节　概　　述

### 一、合同

1. 合同法介绍

《中华人民共和国民法典》(以下简称《民法典》)由中华人民共和国第十三届全国人民代表大会第三次会议于 2020 年 5 月 28 日通过,自 2021 年 1 月 1 日起施行。其中第三编为合同相关内容,包括二十九章五百二十六条,可分为通则、典型合同和准合同三个分编。

其中,通则分编共八章,将各类合同所涉及的共性问题进行了统一规定,包括一般规定、合同的订立、合同的效力、合同的履行、合同的保全、合同的变更和转让、合同的权利义务终止和违约责任等内容。典型合同分编共十九章,分别对买卖合同,供用电、水、气、热力合同,赠与合同和借款合同等十九类典型合同进行了具体的规定。准合同分编对无因管理和不当得利两类准合同作出了具体规定。

合同法有两层含义:广义上的合同法是指根据法律的实质内容,调整合同关系的所有法律法规的总称;另外一种是基于法律的表现形式,即由立法机关制定的,以"合同法"命名的法律,即 2021 年 1 月 1 日起施行的《民法典》第三编合同的相关内容。该编是调整平等主体之间设立、变更、终止财产权利义务。

2. 合同的概念

合同又称契约,有广义和狭义之分。广义的合同泛指发生一定权利、义务关系的协议;狭义的合同专指平等主体的自然人、法人、其他组织之间设立、变更、终止民事权利和义务关系的协议。实质上,合同制度是社会商品交换的法律表现,商品交换是合同的经济内容。

《民法典》第四百六十四条指出,合同是民事主体之间设立、变更、终止民事法律关系的协议。

3. 合同的订立原则

合同的订立应当遵循平等原则、自愿原则、公平原则、诚实信用原则、合法原则等。

(1) 平等原则。合同当事人的法律地位平等,一方不得将自己的意志强加给另一方。

(2) 自愿原则。当事人依法享有自愿订立合同的权利,任何单位和个人不得非法干预。

(3) 公平原则。当事人应当遵循公平原则,确定各方的权利和义务。

(4) 诚实信用原则。当事人行使权利、履行义务时应当遵循诚实信用原则。

(5) 合法原则。当事人订立、履行合同,应当遵守法律、行政法规,尊重社会公德,不得扰乱社会经济秩序,损害社会公共利益。

4.《民法典》第三编合同的调整范围

我国合同法调整的是平等主体的公民(自然人)、法人、其他组织之间的民事权利义务关系。《民法典》第三编合同的调整范围须注意以下问题:

(1)《民法典》第三编合同调整的是平等主体之间的债权债务关系,属于民事关系。政府对经济的管理活动属于行政管理关系,不适用《民法典》第三编合同;企业、单位内部的管理关系,不是平等主体之间的关系,也不适用《民法典》第三编合同。

(2) 合同是设立、变更、终止民事权利义务关系的协议,有关婚姻、收养、监护等身份关系的协议,不适用《民法典》第三编合同。但有些人身权利本身具有财产属性和竞争价值,如商誉、企业名称、肖像等,可以签订转让、许可合同,受《民法典》第三编合同调整。另外,不能将人身关系与它所引起的财产关系相混淆,在婚姻、收养、监护关系中也存在与身份关系相联系但又独立的财产关系,仍然适用《民法典》第三编合同的一般规定,如分家析产协议、婚前财产协议、遗赠扶养协议、离婚财产分割协议等。

(3)《民法典》第三编合同主要调整法人、其他经济组织之间的经济贸易关系,同时,还包括自然人之间因买卖、租赁、借贷、赠与等产生的合同关系。

5. 合同的三要素

任何合同均应具备三大要素,即主体、标的和内容。

(1) 主体

主体是指签约双方的当事人。合同的当事人可为自然人、法人和其他组织,且合同当事人的法律地位平等,一方不得将自己的意志强加给另一方。依法成立的合同具有法律约束力。当事人应当按照合同约定履行各自的义务,不得擅自变更或解除合同。

(2) 标的

标的(又称为客体)是指当事人的权利和义务共同指向的对象。如建设工程项目、货物、劳务等,标的应规定明确,切忌含混不清。

(3) 内容

内容是指合同当事人之间的具体权利与义务。合同作为一种协议,其本质是一种合意,必须是两个以上意思表示一致的民事法律行为。

6. 合同的分类

合同的分类是指按照一定的标准将其划分成不同的类型,主要分为:

(1) 有名合同与无名合同;

(2) 双务合同与单务合同;

(3) 诺成合同与实践合同;

(4) 要式合同与不要式合同;

(5) 有偿合同与无偿合同;

(6) 主合同与从合同。

## 二、建设工程合同

1. 建设工程合同的概念

建设工程合同实质上是一种特殊的承揽合同。建设工程合同的概念有广义和狭义之分。

狭义的建设工程合同是指《民法典》第三编合同第十八章中专门指定的合同，主要包括工程勘察、设计、施工合同。《民法典》第七百八十八条规定："建设工程合同是承包人进行工程建设，发包人支付价款的合同。"

广义的建设工程合同指在工程建设过程中涉及的各种合同，包括项目融资合同、勘察设计合同、工程承包合同、工程咨询（如造价咨询、招标代理、监理、项目管理、代建）合同、材料和设备采购合同、工程承包联营体合同、劳务供应合同、保险合同等。本书指的建设工程合同主要是广义的工程合同，以下简称工程合同。

2. 建设工程合同的分类

建设工程合同具体可以按以下方式分类：

（1）按合同内容分类

① 建设工程勘察设计合同。建设工程勘察设计合同是指委托方与承包方为完成一定的勘察设计任务，明确相互权利义务的协议。这类建设工程合同又可分为以完成建设场地的地质勘察工作为标的的勘察合同和以完成建设项目决策或具体施工的设计工作为标的的设计合同。

② 建筑安装工程承包合同。建筑安装工程承包合同是发包人与承包人之间达成的、为完成商定的建筑安装工程而明确相互权利义务关系的协议。

③ 建设物资采购供应合同。建设物资采购合同是双方当事人为实现建筑材料和项目机电成套设备的买卖，明确相互权利义务的协议。

④ 建设工程施工合同。建设工程施工合同是指发包方与承包方就具体工程项目的建筑施工、设备安装与调试、工程保修等工作内容，明确双方权利义务关系的协议。

（2）按承包工程计价方式分类

① 总价合同。总价合同是指根据合同规定的工程施工内容和有关条件，业主应付给承包商的款额是一个规定的金额，即明确的总价。如根据施工招标时的要求和条件，当施工内容和有关条件不发生变化时，业主付给承包商的价款总额就不发生变化。

② 单价合同。单价合同是指承包人在投标时，按照招投标文件就分部、分项工程所列出的工程量表确定各分部、分项工程费用的合同类型。这类合同的适用范围比较宽，其风险可以得到合理的分摊，并且能激励承包商通过提高工效等手段来节约成本、提高利润。

③ 成本加酬金合同。成本加酬金合同指成本费按承包人的实际支出由发包人支付，发包人同时向承包人支付一定数额或百分比的管理费和商定的利润，也称为成本补偿合同。

（3）按承包形式分类

① 总包合同。总包合同是由一个承包人独立地对全部建设工程承担责任的合同。

② 分包合同。分包合同是由两个以上的承包人对发包人负责，完成基本建设工程的合同。

3. 建设工程合同的特点

建设工程具有投资大、周期长、质量要求高、技术力量全面、影响国计民生等特点。因此，建设工程合同除有一般合同共有的特征外，还具有以下特征：

(1) 主体特殊

建设工程合同的主体一般只能是法人，而且只能是经过批准的具有相应资质的法人。建设工程的特点决定了作为自然人是不能够独立完成建设工程的。

(2) 标的特殊

建设工程合同的标的仅限于建设工程而不能是其他物。这里所说的建设工程，主要是指土木工程、建筑工程、线路管道和设备安装及装修工程等。

(3) 形式特殊

一个建设工程中涉及多个单位，并且各单位之间的经济法律关系非常复杂，一旦出现工程法律责任，往往出现连带责任。所以，建设工程合同为要式合同，必须采取书面形式，这是由建设合同履行的特点所决定的。

(4) 监督管理特殊

建设工程合同从订立到履行，从资金的投放到最终的竣工验收均受到国家的严格管理和监督。

(5) 责任特殊

与通常的合同立法多任意性规范不同，关于建设工程合同的立法中强制性规范占了相当的比例，相当部分的合同责任因此成为法定责任，使得建设工程合同的主体责任呈现出较强的法定性。

## 第二节　建设工程合同的订立及效力

### 一、建设工程合同订立的程序

订立合同一般要经过要约和承诺两个阶段。建设工程合同的订立通常需要经过要约邀请、要约和承诺三个步骤。

(1) 要约邀请

要约邀请是指希望他人向自己发出要约的意思表示。在实践中，要约邀请一般表现在寄送的价目表、拍卖公告、招标公告、商业广告等。在建设工程合同订立的过程中，发包方发布招标公告或招标邀请书的行为就是要约邀请行为。

(2) 要约

要约是希望和他人订立合同的意思表示，该意思表示内容具体确定；表明经受要约人承诺，要约人即受该意思表示约束。要约必须是向特定的主体发出的，承包人进行投标报价的行为可看作是要约，是订立合同的行为。

(3) 承诺

承诺是受要约人同意要约的意思表示。承诺应当由受要约的特定人或非特定人向要约人以通知的方式作出。承诺的内容必须与要约完全一致，不得有任何修改，否则将视为拒绝要约或反要约。为此，《民法典》规定：受要约人对要约的内容作出实质性变更的，不视为承诺，应视为新要约。若变更为非实质性变更，则可视为承诺，除非要约人明确表示不得对要约内容作出任何变更。对于施工项目合同，由于涉及的标的物比较特殊且金额巨大，所以承诺要以书面形式作出。承诺发出后，受法律的约束，不得任意变更或解除。发包方发出中标通知书即为承诺。《招标投标法》规定："招标人和中标人应当自中标通知书发出之日起三十日内，按照招标文件和中标人的投标文件订立书面合同。"

## 二、建设工程合同成立

1. 概念

合同订立是指缔约人进行意思表示并达成一致意见的状态，包括缔约各方自接触、协商、达成协议前讨价还价的整个动态过程和静态协议。合同订立是交易行为的法律运作。

合同成立是指双方当事人对合同条款经过协商达成一致。合同成立不同于合同生效。合同成立需具备的条件是：存在两方以上的订约的当事人；订约当事人对合同主要条款达成一致意见；订立过程经过了要约和承诺两个阶段。

2. 合同成立时间

根据《民法典》第四百八十三条规定："承诺生效时合同成立"，即承诺生效的时间为合同成立的时间。合同订立的方式决定了合同成立的时间。

（1）采用口头形式订立合同的，自口头承诺生效时合同成立。

（2）采用合同书形式订立合同的，自双方当事人签字或者盖章时合同成立。当事人签字或盖章的时间不一致的，应当以最后一方签字或盖章的时间作为合同成立的时间。

（3）采用信件、数据电文形式订立合同的，一方要求在合同成立之前签订确认书的，签订确认书时合同成立。如果双方都未提出签订确认书，则仍然是承诺生效时合同成立。

（4）法定或约定采用书面形式订立合同的，当事人未采用书面形式，或者采用合同书形式订立合同，在签字或盖章之前，一方已履行主要义务，对方接受的，该合同成立。

3. 合同成立地点

合同成立的地点是确定法院管辖的重要依据，承诺生效的地点为合同成立的地点。对成立地点作以下说明：

（1）采用数据电文形式订立合同的，收件人的主营业地位为合同成立的地点。

（2）没有主营业地的，其经常居住地为合同成立的地点。

（3）当事人另有约定的，按照其约定施行。

（4）当事人采用合同书形式订立合同的，双方当事人签字或者盖章的地点为合同成立的地点。

4. 建设工程合同当事人的义务

建设工程合同是典型的双务合同。即合同当事人一方承担的义务是对方当事人享有的权利，对方当事人承担的义务是已方当事人享有的权利。以建设工程施工合同为例进行解释：

（1）建设工程施工合同中发包人的义务

① 按照合同约定做好施工前的准备工作，提供基础资料。

② 提供约定的工作条件，不变更计划，保证工程顺利进行。

③ 及时检查隐蔽工程，组织工程验收。

④ 接收工程并支付工程价款。

（2）建设工程施工合同中承包人的义务

① 不得转包和违法分包工程。

② 自行完成建设工程主体结构工程。

③ 按照施工合同和设计文件严格施工。

④ 接受发包人检查。

⑤ 按期完成和交付合格的工程。

⑥ 保修责任和损害赔偿责任。

5. 缔约过失责任

缔约过失责任是指在合同订立过程中，当事人一方或双方因自己的过失导致合同不成立、无效或被撤销，应当对信赖其合同为有效成立的相对人赔偿基于此项信赖而发生的损害。

缔约过失责任有以下特点：

（1）缔约过失责任发生在合同订立过程中；

（2）一方违背其依据诚实信用原则所应承担的义务；

（3）造成他人信赖利益的损失。

当事人这种基于诚实信用的原则而产生的缔约过程中的义务，不是因合同而产生的义务，它是一种先合同义务（或称合同前义务），因此有别于违约责任。

《民法典》第五百条规定，当事人在订立合同过程中有下列情形之一，造成对方损失的，应当承担赔偿责任：

（1）假借订立合同，恶意进行磋商；

（2）故意隐瞒与订立合同有关的重要事实或者提供虚假情况；

（3）有其他违背诚信原则的行为。

《民法典》第五百零一条规定，当事人在订立合同过程中知悉的商业秘密或者其他应当保密的信息，无论合同是否成立，不得泄露或者不正当地使用；泄露、不正当地使用该商业秘密或者信息，造成对方损失的，应当承担赔偿责任。

## 三、建设工程合同的内容

建设工程合同包括一般条款和主要条款。

1. 一般条款

根据《民法典》第四百七十条规定，合同的一般条款包括：①当事人的名称或者姓名和住所；②标的；③数量；④质量；⑤价款或报酬；⑥履行期限、地点和方式；⑦违约责任；⑧解决争议的方法。

2. 主要条款

建设工程合同除《民法典》规定的一般条款外，还包括主要条款。

以建设工程勘察、设计合同为例，合同的主要条款包括：

（1）提交有关基础资料和文件的期限；

（2）勘察或设计的质量要求；

（3）勘察或设计费用；

（4）其他协作条款。

以建设工程施工承包合同为例，依据《民法典》第七百九十五条规定，合同的内容还必须包括：

（1）工程范围。

（2）建设工期。

（3）中间交工工程的开工和竣工日期。中间交工工程是指施工过程中的阶段性工程。为了保证工程各阶段的交接，顺利完成工程建设，当事人应当明确中间交工工程的开工和竣工时间。

（4）工程质量。施工人必须按照工程设计图纸和施工技术标准施工，不得擅自修改工程设计，不得偷工减料。发包人也不得明示或者暗示施工人违反工程建设强制性标准，降低建设工程质量。

（5）工程造价。工程造价是指进行工程建设所需的全部费用，包括人工费、材料费、施工机械使用费、措施费等。

（6）技术资料交付时间。技术资料主要是指勘察、设计文件以及其他施工人据以施工所必需的基础资料。当事人应当在施工合同中明确技术资料的交付时间。

（7）材料和设备供应责任。材料和设备供应责任是指由哪一方当事人提供工程所需材料和设备及其应承担的责任。

（8）拨款和结算。拨款是指工程款的拨付；结算是指施工人按照合同约定和已完工程量向发包人办理工程款的清算。

（9）竣工验收。竣工验收条款应当包括验收范围与内容、验收标准与依据、验收人员组成、验收方式和日期等内容。

（10）质量保修范围和质量保证期。

（11）双方相互协作条款。如施工准备工作的分工、工程变更的处理办法等。

## 四、建设工程合同的效力

建设工程合同的效力是指已经成立的建设工程合同在当事人之间产生的法律拘束力，即法律效力。

### 1. 建设工程合同的生效

（1）建设工程合同生效的条件

① 依法成立的合同，自成立时生效。

② 法律、行政法规规定应当办理批准、登记手续生效的，自批准、登记时生效。

③ 当事人对合同的效力约定生效条件或期限的，自达成条件或到达期限时生效。

（2）建设工程合同生效的要件

① 当事人具有相应的民事行为能力。具备正确理解自己行为的性质和后果，独立表达自己意思的能力。

② 意思表示真实。

③ 不违反法律或损害社会公共利益。

④ 具备法律规定的形式。

⑤ 不违反建设工程的基本程序。

2. 无效的建设工程合同

无效合同是指合同内容或者形式违法了法律、行政法规的强制性规定和社会公共利益，因而不能产生法律的约束力，不受到法律保护的合同。无效合同自始至终无效。

无效建设工程合同是指发包方与承包方订立，但因违反国家法律规定而没有法律约束力，国家不予以承认和保护甚至要对违法当事人进行制裁的建设工程合同。无效建设工程合同不能产生设立、变更和终止当事人之间的权利和义务关系的效力，无法实现当事人订立合同时的预期。无效合同自始至终无效，合同一旦被确认无效，就产生溯及既往的效力，即自合同成立时起不具有法律的约束力，以后也不能转化为有效合同。无论当事人已经履行，或者履行完毕，都不能改变合同无效的状态。

(1) 建设工程合同属下列情形之一的合同无效：

① 没有经营资格而签订的合同；

② 超越资质等级所订立的合同；

③ 违反国家、部门或地方基本建设计划的合同；

④ 未取得“建设工程规划许可证”或违反“建设工程规划许可证”的规定，严重影响城市规划的合同；

⑤ 未依法取得土地使用权而签订的合同；

⑥ 未依法办理报建手续而签订的合同；

⑦ 应当办理而未办理招标投标手续所订立的合同；

⑧ 根据无效定标结果所签订的合同；

⑨ 非法转包的合同；

⑩ 不符合分包条件而分包的合同；

⑪ 未以书面形式订立的建设工程施工合同；

⑫ 损害国家利益和社会利益的合同。

(2) 建设工程施工合同无效，但建设工程经竣工验收合格，承包人请求参照合同约定支付工程价款的，应予以支持。

(3) 建设工程施工合同无效，且建设工程经竣工验收不合格的，按下列情形分别处理：

①修复后的建设工程竣工验收合格，发包人请求承包人承担修复费用的，应予以支持；

②修复后的建设工程竣工验收不合格，承包人请求支付工程价款的，不予支持。因建设工程不合格而造成的损失，发包人有过错的，应承担相应的民事责任。

(4) 承包人非法转包、违法分包建设工程或者没有资质的实际施工企业借用有资质建筑施工企业名义与他人签订建设工程施工合同的行为无效。

3. 可变更或可撤销合同

可变更或可撤销合同是指欠缺生效条件，但一方当事人可依照自己的意思表示使合同内容变更或使合同效力消灭的合同。当事人不提出变更或撤销请求，任何人无权主动变更或撤销合同。

合同可变更或可撤销的情形有：

(1) 因重大误解订立的合同。

(2) 明显失公平的合同。

(3) 以欺诈、胁迫等手段或乘人之危，使对方在违背真实意思表示的情况下订立的合同。

可撤销的合同效力取决于当事人是否依法行使撤销权，无效合同和被撤销合同自始至终没有法律效力。对于可变更或可撤销的建设工程合同，如果当事人没有向人民法院或仲裁机构提出申请要求变更或撤销，则该建设工程合同仍然有效。只有在当事人提出了申请，人民法院或仲裁机构作出了变更或撤销的判决或裁决，已变更部分建设工程合同的内容或已被撤销的建设工程合同才无效。

4. 无效合同的法律后果

合同无效、被撤销或者终止的，不影响合同中独立存在的有关解决争议方法的条款的效力。

建设工程合同被确认无效后，应视不同情况进行处理。处理方式主要有五种，即返还财产、折价补偿、赔偿损失、收归国有、返还集体或者第三人。

合同无效或者被撤销后，因该合同取得的财产，应当予以返还；不能返还或者没有必要返还的，应当折价补偿。有过错的一方应当赔偿对方因此所受到的损失，双方都有过错的，应当各自承担相应的责任。

在我国，建设工程合同的效力由人民法院或仲裁机构确认，其他任何单位和个人都无权宣布建设工程合同是否有效。

## 第三节　建设工程合同履行

### 一、合同履行的概念

合同履行是指合同双方当事人按合同约定，全面履行各自的义务，实现各自的权利，以实现合同目的的行为。如果当事人只完成了合同规定的部分义务，称为合同的部分履行或不完全履行；如果合同规定的义务全部没有完成，则称为合同未履行或不履行合同。

建设合同的履行是指工程建设项目的发包方和承包方根据合同规定的时间、地点、方式、内容及标准等要求，各自完成合同义务的行为。

### 二、建设工程合同的履行

1. 建设工程合同履行的原则

(1) 全面、适当的履行原则。建设工程合同一经依法成立，当事人应当信守诺言，按照建设工程合同的条款全面、正确地履行建设工程合同。

（2）实际履行原则。当事人应按照合同规定的标的完成义务，任何一方违约时都不能以支付违约金或赔偿损失的方式来代替合同的履行。

（3）诚实信用原则。当事人应当遵循诚实信用原则，根据合同的性质、目的和交易习惯履行通知、协助、保密等义务。

（3）公平合理，促进合同履行的原则。

（4）当事人一方不得擅自变更合同的原则。合同依法成立，具有法律约束力，合同当事人任意一方不得擅自变更合同。

2. 建设工程合同履行的规则

（1）合同内容约定不明确时的履行规则

《民法典》第五百一十条和第五百一十一条规定，合同生效后，当事人就质量、价款或者报酬、履行地点等内容没有约定或者约定不明确的，可以协议补充；不能达成补充协议的，按照合同有关条款或者交易习惯确定。如果仍然不能确定的，则按照以下规定履行：

① 工程质量要求不明确的，按照国家标准、行业标准履行；没有国家标准、行业标准的，按照通常标准或者符合合同目的的特定标准履行。

② 价款或报酬约定不明确的，按照订立合同时履行地的市场价格履行。依法应当执行政府定价或政府指导价的，按照规定履行。《民法典》第五百一十三条规定，执行政府定价或政府指导价的合同在履行时应遵守以下规则：

a. 执行政府定价或政府指导价的，在合同约定的交付期限内政府价格调整的，按交付时的价格计价。

b. 逾期交付标的物的，遇价格上涨时，按照原价格执行；价格下降时，按新价格执行。

c. 逾期提取标的物或逾期付款的，遇价格上涨时，按照新价格执行；价格下降时，按原价格执行。

③ 履行地点不明确的，给付货币的，在接受货币的一方所在地履行；交付不动产的，在不动产所在地履行；其他标的，在履行义务一方所在地履行。

④ 履行期限不明确的，债务人可以随时履行，债权人也可以随时要求履行，但应当给对方必要的准备时间。

⑤ 履行方式不明确的，按照有利于实现合同目的的方式履行。

⑥ 履行费用的负担不明确的，由履行义务一方负担；因债权人原因增加的履行费用，由债权人负担。

（2）合同涉及第三人时的履行规则

《民法典》第五百二十一条和第五百二十二条规定，当事人约定由债务人向第三人履行债务的，债务人未向第三人履行或者履行时不符合约定，债务人应向债权人承担违约责任；当事人约定由第三人向债权人履行债务的，第三人不履行或不符合约定，债务人应向债权人承担违约责任。

（3）提前履行和部分履行的规则

债权人可以拒绝债务人提前履行债务，但提前履行不损害债权人利益的除外。

## 三、建设工程合同履行中的抗辩权

抗辩权是指双务合同中，当事人一方有依法对抗对方要求或否决对方权利主张的权利。合同履行中的抗辩权分为以下几种情况：

### 1. 同时履行抗辩权

同时履行抗辩权是指双务合同中，当事人履行义务没有先后顺序的，应同时履行；当一方当事人未履行合同义务时，另一方当事人可以拒绝履行合同义务。

《民法典》第五百二十五条规定："当事人互负债务，没有先后履行顺序的，应当同时履行。一方在对方未履行之前有权拒绝其履行请求。一方在对方履行债务不符合约定时，有权拒绝其相应的履行请求。"

### 2. 后履行抗辩权

《民法典》第五百二十六条规定："当事人互负债务，有先后履行顺序，应当先履行债务一方未履行的，后履行一方有权拒绝其履行请求。先履行一方履行债务不符合约定的，后履行一方有权拒绝其相应的履行请求。"

### 3. 先履行抗辩权

先履行抗辩权又称不安抗辩权，是指在建设工程合同中，负有先履行义务的一方有确切证据证明对方丧失履行合同义务的能力时，在对方没有履行或者没有提供担保之时，有拒绝履行义务的权利。

《民法典》第五百二十七条规定，当有确切证据证明对方有下述情况之一时，即可行使不安抗辩权(中止履行合同)：

(1) 经营状况严重恶化；

(2) 转移财产、抽逃资金，以逃避债务；

(3) 丧失商业信誉；

(4) 有丧失或可能丧失履行债务能力的其他情形。

《民法典》第五百二十八条规定了不安抗辩权行使时应注意：当事人依据《民法典》第五百二十七条规定中止履行的，应当及时通知对方。对方提供适当担保的，应当恢复履行。中止履行后，对方在合理期限内未恢复履行能力且未提供适当担保的，视为以自己的行为表明不履行主要债务，中止履行的一方可以解除合同并可以请求对方承担违约责任。

## 四、建设工程合同不当履行中的保全措施

保全措施是指为防止因债务人的财产不当减少而给债权人带来危害，允许债权人为确保其债权的实现而采取的法律措施。这些措施包括代位权和撤销权两种。

### 1. 代位权

代位权是指因债务人怠于行使其到期债权，对债权人造成损害的，债权人可以向人民法院请求以自己的名义代位行使债务人的债权的权利。但是，该债权专属于债务人自身的除外。

2. 撤销权

撤销权是指因债务人放弃其到期债权或者无偿转让财产，对债权人造成损害的，债权人可以请求人民法院撤销债务人的行为。债务人以明显不合理的低价转让财产，对债权人造成损害，并且受让人知道该情形的，债权人也可请求人民法院撤销债务人的行为。

撤销权自债权人知道或者应当知道撤销事由之日起一年内行使。自债务人的行为发生之日起五年内没有行使撤销权的，该撤销权消灭。

### 五、建设工程合同履行中的担保

合同履行的担保是保证合同履行的一项法律制度，是合同当事人为全面履行合同及避免因对方违约而设定的保证措施。它是通过订立担保合同或在合同中设立担保条款实现的。主合同是被担保合同，从合同是担保合同。

建设工程合同的担保形式主要包括保证、抵押、质押、定金和留置五种。

1. 保证

保证是指保证人与债权人约定，当债务人(被保证人)不履行债务时，由保证人按照约定代为履行或代为承担责任的担保方式。保证人为第三人、从债务人，保证分为一般保证和连带责任保证。

2. 抵押

抵押是指合同当事人一方或者当事人以外的第三人向另一方当事人提供一定的财产抵押，以保证合同履行的担保方式。交出财产进行抵押的一方为抵押人，接受财产抵押的一方为抵押权人。

3. 质押

质押是指债务人或第三人将动产或财产权利移交债权人占有，将该动产或财产权利作为债权的担保。债务人不履行债务时，债权人有权依法以该财产折价或者以拍卖、变卖该财产的价款优先受偿。质押与抵押的主要区别在于出质人向质权人转移质物的占有，而抵押物在抵押期间仍由抵押人占有。质押动产或权利的债务人或第三人为出质人，获得该担保的债权人为质权人，移交的动产为质物。

4. 定金

定金是合同订立后，但还没有履行前，当事人一方向另一方支付一定数额的金钱或其他有价代替物，以保证合同履行的担保方式。

5. 留置

留置是指债权人依据合同，事先合法占有债务人财产，当对方不履行合同时可对占有财产进行留置，并依法将其折价或变卖并从中优先受偿的担保方式。

## 第四节　建设工程合同变更、终止与争议

### 一、建设工程合同的变更

《民法典》规定："当事人协商一致，可以变更合同。"

建设工程合同变更是在建设工程合同没有履行或者没有全部履行之前，由于法律事实的出现，由当事人对建设工程合同约定的权利和义务进行局部调整。通常表现为对建设工程合同某些条款的修改和补充，包括标的的数量和质量的变更、价款和报酬的变更、履行期限、地点及方式的变更、违约责任和纠纷解决方式的变更等。

因合同的变更使当事人一方受到经济损失的，受损一方可向另一方当事人要求损失赔偿。在建设工程合同的变更中，主要表现为合同价款的调整。

当合同变更时，应当遵循以下要求：

(1) 合同的变更须经当事人双方协商一致

如果双方当事人就变更事项达成一致意见，则变更后的内容取代原合同的内容，当事人应当按照变更后的内容履行合同。如果一方当事人未经过对方同意就改变合同的内容，不仅变更的内容对另一方没有约束力，其做法还是一种违约行为，应当承担违约责任。

(2) 合同变更须遵循法定的程序

法律、行政法规规定变更合同事项应当办理批准、登记手续的，应当依法办理相应手续。如果没有履行法定程序，即使当事人已协议变更了合同，其变更内容也不发生法律效力。

(3) 对合同变更内容约定不明确的推定

合同变更的内容必须明确约定。如果当事人对于合同变更的内容约定不明确，则将被推定为未变更。任何一方不得要求对方履行约定不明确的变更内容。

## 二、建设工程合同的转让

合同转让是指合同当事人将其合同规定享有的权利与承担的义务转让或转移给第三人，由第三人接受权利和承担义务的法律行为。建设工程合同的转让受《建筑法》《招标投标法》等法律、行政法规的规范。如我国建设工程合同权利和义务不能全部转让，建设工程合同部分转让的应当符合对分包的规定。

《民法典》规定了合同权利转让、合同义务转让、合同权利和合同义务一并转让的三种情况。

### 1. 合同权利转让

合同权利转让又称债权让与或合同权利的转让，是指合同债权人通过协议将其债权全部或者部分转让给第三人的行为。

债权人转让权利的，应通知债务人，未经通知，该转让对债务人不发生效力。债权人转让权利的通知不得撤销，但经受让人同意的除外。

### 2. 合同义务转让

《民法典》规定，债务人将合同的义务全部或者部分转移给第三人的，应当经债权人同意。

合同义务转移分为两种情况：一种情况是合同义务的全部转移，在这种情况下，新的债务人完全取代了旧的债务人，新的债务人负责全面履行合同义务；另一种情况是合同义务的部分转移，即新的债务人加入原债务中，与原债务人一起向债权人履行义务。债务人不论转移的是全部义务还是部分义务，都需要征得债权人同意。未经债权人同意，债务人转移合同义务的行为对债权人不发生效力。

3. 合同权利和合同义务一并转让

《民法典》规定，当事人一方经对方同意，可以将自己在合同中的权利和义务一并转让给第三人。权利和义务一并转让又称为概括转让，是指同一方当事人将其权利和义务一并转移给第三人，由第三人全部承受这些权利和义务。如果未经对方同意，一方当事人擅自一并转让权利和义务的，其转让行为无效。

## 三、建设工程合同的终止

合同的终止是指依法生效的合同，因具备法定的或当事人约定的情形，合同的债权、债务归于消灭，债权人不再享有合同的权利，债务人也不必再履行合同的义务。

《民法典》规定，有下列情形之一的，合同的权利和义务终止：①债务已经按照约定履行；②合同解除；③债务相互抵消；④债务人依法将标的物提存；⑤债权人免除债务；⑥债权债务同归于一人；⑦法律规定或者当事人约定终止的其他情形。

在建设工程合同履行的过程中，如有下列情形之一的，发包人和承包人可以解除合同：

(1) 因不可抗力因素致使合同无法履行。

(2) 因一方违约致使合同无法履行。又可分两种情况：①发包人违约的情况；②承包人违约的情况。

(3) 双方协商一致同意解除合同的。如双方都认为没有必要再继续履行，或出现合同再继续履行下去，只会导致更大的损失的情况等，双方可合意解除合同。

(4) 承包商或业主自身破产或无力偿还债务的。

## 四、争议的解决

合同当事人之间发生争议，有时是难免的。《民法典》规定的争议解决的方法主要有和解、调解、仲裁和诉讼四种。在这些解决纠纷的方式中，和解和调解的结果没有强制执行的法律效力，要靠当事人的自觉履行。当然，这里所说的和解和调解是狭义的，不包括仲裁和诉讼程序中在仲裁庭和法院主持下的和解和调解。

1. 和解

合同当事人可以就争议自行和解，自行和解达成协议的经双方签字并盖章后可作为合同补充文件。和解方式无须第三者介入，简便易行，能及时解决争议，避免当事人经济损失扩大，有利于双方的协作和合同的继续履行。

2. 调解

调解是指双方当事人以外的第三方应纠纷当事人的请求，以法律、法规、政策或合同约定以及社会公德为依据，居中调停，对纠纷双方进行疏导、劝说，促使其互谅互让，自愿协商达成协议，解决纠纷的一种方式。

3. 仲裁

仲裁是当事人双方在争议发生前或争议发生后达成协议，自愿将争议交给协议中写明的仲裁庭作出裁决。

这种争议的解决方式必须是自愿的，因此必须有仲裁协议。仲裁遵循一裁终局原则，裁决作出后即为最终决定，必须执行，不能再采用其他方式解决。

4. 诉讼

诉讼是指合同当事人依法请求人民法院行使审判权，审理双方之间发生的合同争议，作出有国家强制保证实现其合法权益，从而解决纠纷的审判活动。

## 第五节 建设工程合同的违约责任和索赔

### 一、建设工程合同的违约责任

违约责任是指当事人由于过错而不能履行或不能完全履行合同约定的义务所应承担的法律责任。

《民法典》第五百九十二条规定："当事人都违反合同的，应当各自承担相应的责任。"在现实中，许多情况下是双方当事人均有不同程度的违约行为。这时，双方应根据责任大小承担相应的责任。

当事人违约后，承担违约责任的方式主要有继续履行、采取补救措施、赔偿损失、支付违约金和支付定金五种。

1. 继续履行

继续履行是指合同当事人一方请求人民法院或仲裁机构强制违约方继续履行合同义务。

2. 采取补救措施

补救措施是指当事人一方履行合同义务不符合规定的，对方可以请求人民法院或仲裁机构强制其在继续履行合同义务的同时采取补救履行措施。

3. 赔偿损失

当事人一方不履行义务或履行义务不符合约定的，在继续履行义务或采取补救措施后，对方还有其他损失的，应当赔偿损失。

4. 支付违约金

违约金是当事人约定或法律规定，一方当事人违约时应当根据违约情况向对方支付的一定数额的货币。违约金本身就是对损失的赔偿，所以违约金与赔偿损失不能并用。如果合同中约定了违约金，则应按照违约金承担违约责任。

5. 支付定金

定金是为了履行合同的一种担保。违约金和定金不能并用。

### 二、建设工程合同索赔

1. 建设工程索赔的概念

建设工程合同索赔是指当事人在建设工程合同实施过程中，根据法律、合同规定及惯例，对并非由于自己的过错，而是属于应由合同对方承担责任且实际发生的损失，向对方提出给予补偿或赔偿的权利。索赔是发包方和承包方都拥有的权利。提出索赔的主体既可以是承包方，也可以是发包方。

索赔的性质属于经济补偿行为，而不是惩罚。索赔方所受到的损害，与被索赔方的行为并不一定存在法律上的因果关系。索赔事件的发生，可以是一方行为造成的，也可以是任何第三方行为所导致的。

2. 建设工程合同索赔的分类

索赔产生的原因是多种多样的，根据不同的角度分类如下。

(1) 按涉及合同的当事人分类

① 承包人与发包人之间的索赔；

② 承包人与分包商之间的索赔；

③ 承包人与供应商之间的索赔；

④ 承包人与发包人向保险公司的索赔。

(2) 按索赔的处理方式分类

① 单项索赔。单向索赔是指在每一项索赔事项发生后，及时就该事项单独提出的索赔。要求单项解决支付，不与其他索赔事件混在一起。

② 综合索赔。综合索赔又称一揽子索赔。一般在工程竣工前，承包方将施工过程中未解决的单项索赔集中起来进行综合考虑，提交一份总索赔报告。由于在一揽子索赔中，许多干扰事件交织在一起，影响因素比较复杂，责任分析和索赔值的计算很困难，给索赔处理和谈判增加了难度。

(3) 按索赔的目的分类

① 工期索赔。工期索赔也称为时间索赔，是指承包人要求发包人合理地延长竣工日期。

② 费用索赔。费用索赔是指承包方向发包方提出在施工过程中，因客观条件改变而导致承包方增加开支或损失的索赔，以挽回不应由承包方负担的经济损失。费用索赔的目的是要求经济补偿。

(4) 按索赔的依据分类

① 合同规定的索赔。合同规定的索赔是指涉及的内容均可以在合同中找到依据的索赔。

② 非合同规定的索赔。非合同规定的索赔是指虽然在合同中没有条文规定，但可依据普通法律或合同条件的某些条款的含义，推论出承包人的索赔权的索赔。

③ 道义索赔。道义索赔又称额外支付，主要是指承包人对标价估计不足，或遇到了巨大困难而蒙受重大亏损时，发包人超越合同条件，出于善良自愿，给承包人以相应的经济补偿。

# 第六节　建设工程合同示范文本

## 一、概述

《民法典》第四百七十条规定：当事人可以参照各类合同示范文本订立合同。

合同示范文本是根据各类合同的主要条款、式样等制定出规范的、指导性的文本，在全国范围内积极宣传和推广，引导当事人采用示范文本签订合同。

合同示范文本具有以下优点：

（1）使合同文本内容完备、格式规范。

（2）使合同文本具有广泛的适用性。

（3）使合同文本具有合法性。

（4）使合同文本本着公平、合理的原则编写，风险分担合理、均衡。

采用合同文本可以避免当事人一方利用优势地位，加重对方风险，写入不公平条款。当然，合同文本并非法律，它不具有强制性，订立合同的当事人双方有选择的自由。

## 二、合同示范文本的作用

合同示范文本是指由规定的国家机关事先拟定的对当事人订立合同起示范作用的合同文本。多年的实践表明，如果缺乏合同示范文本，一些当事人签订的合同不规范、条款不完备，漏洞较多，将给合同履行带来很大困难，不仅影响合同履约率，还导致合同纠纷增多，使解决纠纷的难度增大。

国务院办公厅转发国家工商行政管理局《关于在全国逐步推行经济合同示范文本制度的请示》中指出，在全国逐步推行经济合同示范文本制度，即对各类经济合同的主要条款、式样等制定出规范的、指导性的文本，在全国范围内积极提倡、宣传，逐步引导当事人在签订经济合同时采用，以实现经济合同签订的规范化。

## 三、现行的建设工程合同示范文本

国务院建设行政主管部门和国务院工商行政管理部门相继制定了《建设工程勘察合同（示范文本）》《建设工程设计合同（示范文本）》《建设工程委托监理合同（示范文本）》《建设工程施工合同（示范文本）》《建设工程施工专业分包合同（示范文本）》《建设工程施工劳务分包合同（示范文本）》。

为了加强工程建设项目招标代理市场监管，规范市场行为，建设部与国家工商行政管理总局于2005年联合印发了《工程建设项目招标代理合同示范文本》。

## 四、《建设工程施工合同（示范文本）》（GF-2017-0201）

### 1.《建设工程施工合同（示范文本）》（以下简称《示范文本》）的性质和适用范围

《示范文本》为非强制性使用文本。《示范文本》适用于房屋建筑工程、土木工程、线路管道和设备安装工程、装修工程等建设工程的施工承发包活动，合同当事人可结合建设工程具体情况，根据《示范文本》订立合同，并按照法律法规规定和合同约定承担相应的法律责任及合同权利义务。

2.《示范文本》的内容

2017 年 9 月，住房城乡建设部、国家工商行政管理总局经修改后发布的《示范文本》由合同协议书、通用合同条款和专用合同条款三部分组成。

(1) 合同协议书

《示范文本》合同协议书共计 13 条，主要包括工程概况、合同工期、质量标准、签约合同价和合同价格形式、项目经理、合同文件构成、承诺以及合同生效条件等重要内容，集中约定了合同当事人基本的合同权利与义务。

(2) 通用合同条款

通用合同条款是合同当事人根据《建筑法》《民法典》等法律法规的规定，就工程建设的实施及相关事项，对合同当事人的权利和义务作出的原则性约定。

通用合同条款共计 20 条，具体条款分别为一般约定，发包人，承包人，监理人，工程质量，安全文明施工与环境保护，工期和进度，材料与设备，试验与检验，变更，价格调整，合同价格、计量与支付，验收和工程试车，竣工结算，缺陷责任与保修，违约，不可抗力，保险，索赔和争议解决。前述条款安排既考虑了现行法律法规对工程建设的有关要求，也考虑了建设工程施工管理的特殊需要。

(3) 专用合同条款

专用合同条款是对通用合同条款原则性约定的细化、完善、补充、修改或另行约定的条款。合同当事人可以根据不同建设工程的特点及具体情况，通过双方的谈判、协商对相应的专用合同条款进行修改、补充。在使用专用合同条款时，应注意以下事项：

① 专用合同条款的编号应与相应的通用合同条款的编号一致；

② 合同当事人可以通过对专用合同条款的修改，满足具体建设工程的特殊要求，避免直接修改通用合同条款；

③ 在专用合同条款中有画横线的地方，合同当事人可针对相应的通用合同条款进行细化、完善、补充、修改或另行约定；如无细化、完善、补充、修改或另行约定，则填写“无”或“/”。

协议书附件有附件 1：承包人承揽工程项目一览表。

专用合同条款附件有：

① 附件 2：发包人供应材料设备一览表

② 附件 3：工程质量保修书

③ 附件 4：主要建设工程文件目录

④ 附件 5：承包人用于本工程施工的机械设备表

⑤ 附件 6：承包人主要施工管理人员表

⑥ 附件 7：分包人主要施工管理人员表

⑦ 附件 8：履约担保格式

⑧ 附件 9：预付款担保格式

⑨ 附件 10：支付担保格式

⑩ 附件 11：暂估价一览表

3.《建设工程施工合同(示范文本)》的目录

目　录

第一部分　合同协议书......1
一、工程概况......1
二、合同工期......1
三、质量标准......2
四、签约合同价与合同价格形式......2
五、项目经理......2
六、合同文件构成......2
七、承诺......3
八、词语含义......3
九、签订时间......4
十、签订地点......4
十一、补充协议......4
十二、合同生效......4
十三、合同份数......4
第二部分　通用合同条款......6
1. 一般约定......6
1.1 词语定义与解释......6
1.2 语言文字......11
1.3 法律......11
1.4 标准和规范......12
1.5 合同文件的优先顺序......12
1.6 图纸和承包人文件......13
1.7 联络......14
1.8 严禁贿赂......15
1.9 化石、文物......15
1.10 交通运输......16
1.11 知识产权......18
1.12 保密......18
1.13 工程量清单错误的修正......19
2. 发包人......19
2.1 许可或批准......19
2.2 发包人代表......20
2.3 发包人人员......20
2.4 施工现场、施工条件和基础资料的提供......20
2.5 资金来源证明及支付担保......22
2.6 支付合同价款......22
2.7 组织竣工验收......22
2.8 现场统一管理协议......22
3. 承包人......23
3.1 承包人的一般义务......23
3.2 项目经理......24
3.3 承包人人员......26

(a)

3.4 承包人现场查勘......27
3.5 分包......27
3.6 工程照管与成品、半成品保护......29
3.7 履约担保......29
3.8 联合体......30
4. 监理人......30
4.1 监理人的一般规定......30
4.2 监理人员......30
4.3 监理人的指示......31
4.4 商定或确定......32
5. 工程质量......32
5.1 质量要求......32
5.2 质量保证措施......33
5.3 隐蔽工程检查......34
5.4 不合格工程的处理......35
5.5 质量争议检测......36
6. 安全文明施工与环境保护......36
6.1 安全文明施工......36
6.2 职业健康......40
6.3 环境保护......41
7. 工期和进度......42
7.1 施工组织设计......42
7.2 施工进度计划......43
7.3 开工......44
7.4 测量放线......44
7.5 工期延误......45
7.6 不利物质条件......46
7.7 异常恶劣的气候条件......47
7.8 暂停施工......47
7.9 提前竣工......49
8. 材料与设备......50
8.1 发包人供应材料与工程设备......50
8.2 承包人采购材料与工程设备......50
8.3 材料与工程设备的接收与拒收......51
8.4 材料与工程设备的保管与使用......52
8.5 禁止使用不合格的材料和工程设备......52
8.6 样品......53
8.7 材料与工程设备的替代......54
8.8 施工设备和临时设施......55
8.9 材料与设备专用要求......56
9. 试验与检验......56
9.1 试验设备与试验人员......56
9.2 取样......57
9.3 材料、工程设备和工程的试验和检验......57

(b)

图 4.1　《建设工程施工合同(示范文本)》的目录

9.4 现场工艺试验……58
10. 变更……58
10.1 变更的范围……58
10.2 变更权……58
10.3 变更程序……59
10.4 变更估价……59
10.5 承包人的合理化建议……60
10.6 变更引起的工期调整……61
10.7 暂估价……61
10.8 暂列金额……63
10.9 计日工……64
11. 价格调整……64
11.1 市场价格波动引起的调整……64
11.2 法律变化引起的调整……68
12. 合同价格、计量与支付……68
12.1 合同价格形式……68
12.2 预付款……69
12.3 计量……70
12.4 工程进度款支付……72
12.5 支付账户……76
13. 验收和工程试车……76
13.1 分部分项工程验收……76
13.2 竣工验收……76
13.3 工程试车……79
13.4 提前交付单位工程的验收……81
13.5 施工期运行……81
13.6 竣工退场……82
14. 竣工结算……83
14.1 竣工结算申请……83
14.2 竣工结算审核……83
14.3 甩项竣工协议……84
14.4 最终结清……85
15. 缺陷责任与保修……86
15.1 工程保修的原则……86
15.2 缺陷责任期……86
15.3 质量保证金……87
15.4 保修……89
16. 违约……91
16.1 发包人违约……91
16.2 承包人违约……93
16.3 第三人造成的违约……95
17. 不可抗力……95
17.1 不可抗力的确认……95
17.2 不可抗力的通知……96

(c)

17.3 不可抗力后果的承担……96
17.4 因不可抗力解除合同……97
18. 保险……98
18.1 工程保险……98
18.2 工伤保险……98
18.3 其他保险……99
18.4 持续保险……99
18.5 保险凭证……99
18.6 未按约定投保的补救……99
18.7 通知义务……100
19. 索赔……100
19.1 承包人的索赔……100
19.2 对承包人索赔的处理……101
19.3 发包人的索赔……100
19.4 对发包人索赔的处理……102
19.5 提出索赔的期限……102
20. 争议解决……103
20.1 和解……103
20.2 调解……103
20.3 争议评审……103
20.4 仲裁或诉讼……104
20.5 争议解决条款效力……104
**第三部分 专用合同条款**……104
1. 一般约定……104
2. 发包人……108
3. 承包人……109
4. 监理人……112
5. 工程质量……113
6. 安全文明施工与环境保护……114
7. 工期和进度……114
8. 材料与设备……116
9. 试验与检验……117
10. 变更……118
11. 价格调整……119
12. 合同价格、计量与支付……120
13. 验收和工程试车……123
14. 竣工结算……124
15. 缺陷责任期与保修……125
16. 违约……126
17. 不可抗力……128
18. 保险……129
20. 争议解决……129
附件……131

(d)

图 4.1 续

## 案例分析

**【案例 1】** 张某准备将自己闲置的一套住房以 50 万元出售给孙某。双方在签订合同时，张某提出：为了规避过户时要缴纳的税费，应该签订一份 30 万元的合同，对外声称价格为 30 万元，实际价格为 50 万元，这样双方均可以节约一笔可观的费用，孙某也同意了。

**问题：**

请分析双方签订的房屋买卖合同是否具有法律效力？

**【解析】**

该合同属于无效合同。根据《民法典》规定，当事人恶意串通，损害国家、集体或者第三人利益的合同无效，所以该合同无效。

**【案例 2】** A 建筑公司挂靠于一家资质较高的 B 建筑公司，以 B 建筑公司名义承揽了一项工程，并与建设单位 C 公司签订了施工合同。但在施工过程中，由于 A 建筑公司的实际施工技术力量和管理能力都较差，造成了工程进度的延误和一些工程质量缺陷。C 公司以此为由，不予支付余下的工程款。A 建筑公司以 B 建筑公司的名义将 C 公司告上了法庭。

**问题：**

(1) A 建筑公司以 B 建筑公司名义签订的施工合同是否有效？

(2) C 公司是否应当支付余下的工程款？

**【解析】**

(1) 承包人非法转包、违法分包建设工程或者没有资质的实际施工人借用有资质的建筑施工企业名义与他人签订建设工程施工合同的行为无效。属于无效合同，不具有法律效力。

(2) C 公司是否应当支付余下的工程款需视实际工程验收结果而定。

施工合同无效，但经竣工验收合格，应支付价款。

施工合同无效，且竣工验收不合格时：

① 修复后验收合格，支持承包人承担修复费用。

② 修复后验收不合格，不支持向承包人支付工程价款。

**【案例 3】** 甲、乙两公司采用合同书形式订立了一份买卖合同，双方约定由甲公司向乙公司提供 100 台精密仪器，甲公司于 8 月 31 日以前交货，并负责将货物运至乙公司，乙公司在收到货物后十日内付清货款。合同订立后双方均未签字盖章。7 月 28 日，甲公司与丙运输公司订立货物运输合同，双方约定由丙公司将 100 台精密仪器运至乙公司。8 月 1 日，丙公司先运了 70 台仪器至乙公司，乙公司全部收到，并于 8 月 8 日将 70 台仪器的货款付清。

8 月 20 日，甲公司掌握了乙公司转移财产、逃避债务的确切证据，随即通知丙公司暂停运输其余 30 台仪器，并告知乙公司中止交货，要求乙公司提供担保，乙公司及时提供了担保。8 月 26 日，甲公司通知丙公司将其余 30 台仪器运往乙公司，丙公司在运输途中发生交通事故，30 台仪器全部损毁，致使甲公司 8 月 31 日前不能按时全部交货。9 月 5 日，乙公司要求甲公司承担违约责任。

**问题：**

(1) 甲、乙公司订立的买卖合同是否成立？并说明理由。

(2) 甲公司 8 月 20 日中止履行合同的行为是否合法？并说明理由。

(3) 乙公司 9 月 5 日要求甲公司承担违约责任的行为是否合法？并说明理由。

(4) 丙公司对货物损毁应承担什么责任？并说明理由。

**【解析】**

(1) 甲、乙公司订立的买卖合同成立。根据《民法典》规定，采用合同书面形式订立的合同，在签字或者盖章前，当事人一方已经履行主要义务，对方接受的，该合同成立。虽然甲、乙双方没有在合同书上签字盖章，但甲公司已经将 70 台精密仪器交付给乙公司，乙公司也接收并付款，所以合同成立。

(2) 甲公司 8 月 20 日中止履行合同的行为合法。根据《民法典》规定，应当先履行债务的当事人，有确切证据证明对方有转移财产、逃避债务的情形，可以行使不安抗辩权，中止履行合同。

(3) 乙公司 9 月 5 日要求甲公司承担违约责任的行为合法。根据《民法典》规定，当事人一方因第三人原因造成违约的，应当向对方承担违约责任。当事人一方和第三方之间的纠纷，按照法律规定或约定解决。

(4) 丙公司对货物损毁应向甲公司承担损害赔偿责任。承运人对运输过程中货物的毁损、灭失承担损害赔偿责任。

## 思考题

1. 建设工程合同的概念。
2. 简述建设工程合同订立的程序。
3. 简述建设工程合同订立的原则。
4. 什么是要约与承诺？什么是缔约过失责任？
5. 以建设工程施工承包合同为例，阐述合同的主要内容。
6. 简述建设工程合同生效的要件。
7. 什么是不安抗辩权？
8. 承担违约责任的方式主要有哪几种？

# 第二篇　建设工程监理

# 第五章　建设工程监理概论

## 第一节　建设工程监理概述

### 一、建设工程监理的概念

1. 建设工程监理的定义

建设部和国家计划委员会在《工程建设监理规定》(建监〔1995〕第737号)中对工程建设监理作了如下定义:“工程建设监理是指监理单位受项目法人的委托,依据国家批准的工程项目建设文件,有关工程建设的法律、法规和工程建设监理合同及其它工程建设合同,对工程建设实施的监督管理。”

其中,项目法人又称工程建设单位、业主,即通常所说的“甲方”,是委托监理的一方。工程建设单位是建设工程项目的投资主体或投资者,也是建设项目管理的主体,主要履行提出建设规划、提供建设用地和建设资金的责任。

监理单位是指受业主委托对工程建设进行第三方监理的具有经营性质的独立的企业单位。它以专业的知识和技术协助用户解决复杂的工程技术问题,并收取监理费用,同时对其提供的建筑工程监理服务承担经济和技术责任。

2. 建设工程监理概念要点

(1) 建设工程监理的行为主体

《建筑法》明确规定,实施监理的建设工程,由建设单位委托具有相应资质条件的工程监理企业实施监理。工程建设监理的行为主体是工程监理企业。这是我国建设工程监理制度的一项重要规定。

建设工程监理不同于建设行政主管部门的监督管理。后者的行为主体是政府部门,它具有明显的强制性,是行政性的监督管理,其任务、职责、内容不同于建设工程监理。同样,建设工程监理与总承包单位对分包单位的监督管理也有本质的不同。

(2) 建设工程监理的实施前提

《建筑法》明确规定,建设工程监理的实施需要建设单位的委托和授权。工程监理企业应根据委托监理合同和有关建设工程合同的规定实施监理,也就是说,建设工程监理只有在建设单位委托的情况下才能进行。只有与建设单位订立书面委托监理合同,明确了监理的范围、内容、权利、义务、责任等以后,工程监理企业才能在规定的范围内行使管理权,合法地开展建设工程监理工作。工程监理企业在委托监理的工程中拥有一定的管理权限,能够开展管理活动,这是建设单位授权的结果。

承建单位根据法律、法规的规定和它与建设单位签订的有关建设工程合同的规定,接受工程监理企业对其建设行为进行监督管理，接受并配合监理是其履行合同的一种行为。

工程监理企业根据有关建设工程合同对建设行为实施监理，仅委托施工阶段监理的工程，只能根据委托监理合同和施工合同对施工行为实行监理；委托全过程监理的工程，可根据委托监理合同及勘察合同、设计合同、施工合同对勘察单位、设计单位和施工单位实行监理。

(3) 建设工程监理的依据

按照我国工程建设监理的有关规定，工程建设监理的依据是国家批准的工程项目建设文件，有关工程建设的法律、法规和工程建设监理合同及其他工程建设合同。

① 国家批准的工程项目建设文件主要包括建设计划、规划、设计文件等。这既是政府有关部门对工程建设进行审查、控制的结果，是一种许可，又是工程实施的依据。

② 相关法律、法规及标准、规范主要包括《建筑法》《民法典》《招标投标法》等与工程建设活动相关的法律，《建设工程质量管理条例》《建设工程安全生产管理条例》《建设工程勘察设计管理条例》等国务院制定的行政法规，以及省人大及其常委会、省所在市人大及其常委会，国务院批准的较大的市人大及其常委会制定的地方性法规等。

③ 依法签订的建设工程合同主要包括建设工程监理、勘察、设计、施工以及材料和设备供应合同等。各类建设工程合同既是建设工程监理工作具体控制工程投资、质量、进度的主要依据，也是监理工程师严格监理的标尺，同时还是工程实施的重要依据。

## 二、建设工程监理的性质

### 1. 服务性

建设工程监理是一种高智能有偿技术服务活动。它是由监理人员利用自己的工程建设知识、技能和经验为建设单位提供的监督管理服务。它既不同于承建商的直接生产活动，也不同于建设单位的直接投资活动；它不向建设单位承包工程，不参与承包单位的利益分成，获得的是技术服务性的报酬。

工程监理企业不能完全取代建设单位的管理活动。它不具有工程建设中确定建设工程规模、标准、功能以及选择勘察、设计、施工、监理单位等重大问题的决策权，只能在授权范围内代表建设单位进行管理。

### 2. 科学性

科学性是由建设工程监理要达到的基本目的决定的。建设工程监理以协助建设单位实现其投资目的为己任，力求在计划的目标内建成工程。其工作的内涵是为工程管理与工程技术提供知识服务。建设工程监理的任务决定了它应当采用科学的思想、理论、方法和手段；监理的社会化、专业化特点要求监理单位按照高智能原则组建；监理的技术服务性质决定了它应当提供科技含量高的服务；监理维护社会公众利益和国家利益的使命决定了它必须提供科学性服务。

建设工程监理的科学性具体表现在：工程监理企业应当由组织管理能力强、工程建设经验丰富的人员担任领导；应当有由足够数量的、有丰富管理经验和应变能力的监理工程师组成的骨干队伍；要有一套健全的管理制度；要有现代化的管理手段；要掌握先进的管理理论、方法和手段；要积累足够的技术、经济资料和数据；要有科学的工作态度和严谨的工作作风，要实事求是、创造性地开展工作。

3. 公正性

公正性是社会公认的职业道德准则，是监理行业能够长期生存和发展的基本职业道德准则。监理单位不仅是为建设单位提供技术服务的一方，还应当成为建设单位与承建商之间公正的第三方。在开展建设工程监理的过程中，监理方应依据国家法律、法规、技术标准、规范、规程和合同文件，站在公正的立场上进行判断、证明和行使自己的处理权，排除各种干扰，同时客观、公正地对待监理的委托单位和承建单位。特别是当两方发生利益冲突或矛盾时，应以事实为依据，以法律和有关合同为准绳，在维护建设单位的合法利益时，不损害承建单位的合法权益。

4. 独立性

《建筑法》明确指出，工程监理企业应当根据建设单位的委托，客观、公正地执行监理任务。《建设工程监理规范》(GB/T 50319—2013)要求工程监理企业按照“公正、独立、自主”的原则开展监理工作。

从事工程建设监理活动的监理单位是直接参与工程项目建设的“三方当事人”之一，它与项目建设单位、承建单位之间是一种平等主体的关系。监理单位作为独立的专业公司，应当严格按照有关法律、法规、规章、工程建设文件、工程建设技术标准、建设工程委托监理合同、有关的建设工程合同等规定履行自己的权利和义务，为维护监理的公正性，应本着独立、自主的原则开展监理活动。工程监理单位在委托监理的工程中，与承建单位不得有隶属关系和其他利害关系。在监理过程中，监理单位要建立自己的组织，要确定自己的工作准则，要运用自己的理论、方法、手段，根据监理合同和自己的判断独立开展工作。

## 三、建设工程监理的作用

1. 有利于提高建设工程投资决策科学化水平

在建设单位委托工程监理企业实施全方位、全过程监理的条件下，在建设单位有了初步的项目投资意向之后，工程监理企业可协助建设单位选择适当的工程咨询机构，管理工程咨询合同的实施，并对咨询方案(如项目建议书、可行性研究报告)进行评估，提出有价值的修改意见和建议；或者直接从事工程咨询工作，为建设单位提供建设方案。这样，不仅可以使项目投资符合国家经济发展规划、产业政策、投资方向，还可以使项目投资更加符合市场需求。工程监理企业参与或承担项目决策阶段的监理工作，有利于提高项目投资决策的科学化水平，避免项目投资决策失误，也为实现建设工程投资综合效益最大化打下良好的基础。

2. 有利于规范工程建设参与各方的建设行为

工程建设参与各方的建设行为都应当符合法律、法规、规章和市场准则。要做到这一点，仅依靠自律机制是远远不够的，还需要建立有效的约束机制。首先需要政府对工程建设参与各方的建设行为进行全面的监督管理，这是最基本的约束，也是政府的主要职能之一；还要建立一种约束机制——建设工程监理制度。

建设工程监理制度贯穿工程建设的全过程，采用事前、事中和事后控制相结合的方式。一方面，建设工程监理制度可有效地规范各承建单位的建设行为，最大限度地避免不当建设行为的发生，或最大限度地减少其不良后果，这是约束机制的根本目的；另一方面，工程监理企业可以向建设单位提出适当的建议，从而避免建设单位的不当建设行为，起到一定的约束作用。当然，要发挥上述约束作用，工程监理企业首先必须规范自身的行为，并接受政府的监督管理。

3. 有利于保证工程建设的质量和使用安全

建筑产品的特殊性决定了它不仅具有价值大、使用寿命长等特点，还关系到人民群众的生命财产安全和生活环境。工程监理企业受建设单位的委托，对承建单位的建设行为进行监督管理，从产品需求者的角度对建设生产过程进行管理。利用监理人员既懂工程技术又懂经济管理的专业特点，在监理过程中及时发现工程质量隐患，以确保工程质量和使用安全。

因此，实行建设工程监理制度之后，在加强承建单位自身对工程质量管理的基础上，由工程监理企业介入建设工程生产过程的管理，对保证建设工程质量和施工安全有着重要作用。

4. 有利于实现建设工程投资效益最大化

① 在满足建设功能和质量标准的前提下，建设投资额最少；

② 在满足建设工程预定功能和质量标准的前提下，建设工程全寿命周期费用最少；

③ 建设工程本身的投资效益与环境、社会效益的综合效益最大化。

建设工程监理就是在这样的关系中努力寻求一个平衡点来控制各项指标，使综合效益最大化。

## 第二节　建设工程监理的产生和发展

### 一、国外建设工程监理的发展

国外建设工程监理起源于16世纪，它的产生、演进与商品经济的发展、建设领域的专业化分工、社会化生产息息相关。当时，由于社会对房屋建造技术要求的提高，建筑队伍出现专业分工。其中一部分建筑师专门向社会传艺，提供技术咨询或受聘监督管理施工，建设监理制出现萌芽。

18世纪60年代的英国工业革命推进了整个欧洲大陆城市化、工业化发展的进程。欧洲大陆开始大规模兴建土木工程，而项目建设单位却感到仅靠自己的监督管理难以达到建设工程高质量的要求，建设工程监理的必要性开始为人们所认识。

19世纪初，随着建设项目规模日益扩大，技术日趋复杂，建设领域商品经济更加活跃。为了明确建设单位、设计单位、施工单位之间的责任界限，维护各方经济利益并加快工程进度，英国政府于1830年以法律手段推出了总合同制度，要求每个建设项目由一个承包商进行总包。这个制度的实行，催生了招投标交易方式，促进了建设监理制的发展。当时，咨询人员都是个体或小型咨询公司，随着从业人员逐渐增多，为了协调各方和彼此之间的关系，开始出现行会组织。1818年，英国建筑师约翰·斯梅顿组织成立了第一个“土木工程师协会”；1852年，美国土木工程师协会成立；1904年，丹麦国家咨询工程师协会成立；1907年，美国怀俄明州通过了第一个许可工程师作为专门职业的注册法。这些都表明工程咨询作为一个行业已经形成并进入规范化的发展阶段。

20世纪50年代末，科学技术飞速发展，人民生活水平不断提高，工业、国防建设需求增加，如水利工程、核电站工程、航天工程、石油化工和新型城市开发等许多大型、巨型工程处于待建状态。这些工程投资风险巨大、技术复杂，无论是投资者还是建设单位，都不能承担因投资不当或项目组织管理失误而带来的巨大损失，所以项目建设单位在投资前要聘请有经验的咨询监理人员进行可行性研究，从而作出科学的决策。同时，在工程建设的实施阶段还要进行全面监理，以此规避投资风险，提高建设工程投资效益。建设监理的需求机制就这样形成了。

自20世纪80年代以后，一些发展中国家也开始效仿发达国家的这种做法，并结合本国实际建立了社会监理机构，对工程建设进行监理。世界银行和非洲开发银行等国际金融组织也都把实施建设工程监理制度作为提供建设贷款的条件之一，建设工程监理制度成为了工程建设的国际惯例。

国际上工程建设咨询行业的产生和发展是市场经济发展的必然结果，是与专业化分工、社会化生产密切联系的，是建设领域的生产关系适应生产力发展的具体体现。工程建设咨询行业产生的根本原因是：对建设活动进行管理是一项专业性很强的工作，对于不是以建设管理为日常工作的建设单位，不可能拥有这样一支高水平的专业队伍，应当有专门从事这项工作的队伍来帮助他们进行建设管理。

### 二、我国建设工程监理制度的诞生和发展

#### 1. 我国建设工程监理制度的诞生

(1) 反思传统工程建设管理体制存在的弊端

20世纪60年代，我国实行的是计划经济体制，即企业的所有权和经营权不分，投资和工程项目均属国家。参加工程建设的各方业主、设计单位、施工单位不是独立的生产经营者，通常是由政府直接支配建设投资和进行建设管理的。大家在计划指令下开展工程建设活动，在工程建设管理上一直沿用建设单位自筹自管和工程指挥部两种方式。建设单位自筹自管方式即为国家按投资计划将建设资金切块分配给地方和部门，再根据需要安排建设任务，由建设单位自筹、自管、自建工程项目。工程指挥部方式则为针对一些重大工程项目，由政府直接组织管理工程项目建设。这两种管理方式均存在弊端，建设单位自筹自管的传统方式，其管理是封闭的，人员多是临时的，专业化水平低，经验难以积累。这种一家一户式的、封闭的小生产管理模式，与当时设计、施工、材料、设备供应单位的社会化、专业化的大生产方式是不相匹配的，使得工程项目建设各方主体在管理水平、技术水平上严重失衡。而工程指挥部方式的弊病在于政企不分，其组织和管理不符合项目管理的原则。工程指挥部往往凌驾于建设单位之上，取代建设单位的投资管理权，但又对投资使用不承担责任，更不负

责投资的回收，即作为工程建设的决策者却不承担决策风险，造成工程指挥部不仅在工程项目建设期的投资上控制不佳，更不会关注建设项目全寿命周期的经济效益。另外，工程指挥部的人员大多是临时组成的，人员成分和关系复杂，组织机构庞大，往往待工程建成后，有经验的建设人才流失，建设管理费高而建设水平总是在低层次上徘徊。同时，该方式在工程项目建设管理过程中过于强调指挥职能，忽视或削弱其他管理职能；过于强调行政管理手段，忽视或削弱其他管理手段，使工程建设管理水平始终难以提高。

总之，传统工程建设管理体制下的两种管理方式，使得我国许多工程项目建设投资、质量、进度目标失控，阻碍了工程项目建设水平和投资效益的提高，不适应改革开放投资主体多元化建设市场的形势。因此，必须对传统的工程建设管理体制进行改革，建立新的工程建设管理体制。推行建设工程监理制度正是实施这一改革的目的之一。

(2) 改革开放的实践推动了建设监理制度的出台

世界银行等国际金融组织把按国际惯例进行项目管理作为贷款的必要条件。为了改善投资环境，吸收国外资金并汲取国际上先进管理经验进行工程项目建设，我国在世界银行贷款等项目上引入了建设监理制度。云南鲁布革水电站工程是20世纪80年代初我国改革开放后的第一个利用世界银行贷款、对外公开招标的国家重点工程。当时，日本大成公司以低于标底43%的标价中标。在施工组织上，承包方用了仅由30人组成的项目管理班子进行管理，施工人员则是中国水电十四局的500名职工。在建设过程中，施工企业实行国际通行的工程监理制和项目法人责任制等管理模式。当时该工程创造了工期、劳动生产率和工程质量3项全国纪录，其工程建设的管理方式以及取得的成效在全国引起很大轰动，并受到国务院领导的关注。京津塘高速公路工程也是世界银行的贷款项目，主要实行业主负责制、招投标制、建设监理制。当时，我国政府与世界银行谈判，要求我国承包商与世界银行有资质的国外企业组成联合体承包。监理方面的总监理工程师由我国派出，副总监理工程师及总监理工程师代表聘请国外人员。该项目不仅保证了工程建设投资、进度、质量有最佳效果，还在管理方式和做法上改变了我国业界一些旧的管理观念，为我国培养了一批高速公路监理骨干。实践证明，作为国际惯例的建设监理制在工程项目管理上具有很大优势，我国的建设监理制度就是在世界银行等国际金融组织贷款项目的推动下实现的，各项监理制度的出台就是在改革开放的实践中促成和发展的。

(3) 工程领域改革深化需要建立建设工程监理的改革机制

20世纪80年代，国务院决定在基本建设和建设领域采取一些重大的改革措施，如“拨改贷”，投资实行有偿使用、投资包干责任制、工程招投标制、投资主体多元化等。这些改革措施的出台，破除了一些旧的制度和体制，市场经济新的机制随之产生，由此增强了建筑领域的活力。同时，改革深化也带来新的矛盾，建筑市场秩序混乱，盲目建设、重复建设、违反建设程序、质量下降、建筑市场腐败等现象日趋严重。事实证明，在搞活经济的同时必须建立和加强相应的宏观调控体系，必须对工程建设行为实施强有力的规范，建立一种有效的约束机制，即建设工程监理制。它不仅能在建设工程实施过程中对工程建设参与各方的建设行为进行约束，还可满足投资主体降低投资风险的项目管理服务需求，促使我国的工程建设管理体制科学化，从而达到提高建设水平和投资效益的目的。

2. 我国建设工程监理制度的发展

我国建设工程监理制度的试点工作始于1988年。1988年5月3日，国务院总理办公会议批准了建设部的“三定”方案。1988年7月25日，建设部根据国务院赋予的新职责，经过认真研究、积极筹划，制定并印发了《关于开展建设监理工作的通知》(以下简称《通知》)。《通知》提出，要建立具有中国特色的建设监理制度，以提高投资效益和建设水平。此外，《通知》还就推行建设工程监理制度的试点城市进行了具体部署。

(1) 开始试点阶段，建设工程监理制度稳健起步

1988年8月12日—13日，建设部在北京召开建设监理试点工作会议(即第一次全国建设监理工作会议)，研究落实《通知》的要求，商讨监理试点工作的目的、要求，确定监理试点单位的条件等事宜。

1988年10月11日—13日，建设部在上海召开第二次全国建设监理工作会议，进一步商讨选择哪些城市作为建设监理制度的试点，经讨论后确定了作为试点的8市2部，即将北京、天津、上海、哈尔滨、沈阳、南京、宁波、深圳和能源部的水电系统、交通部的公路系统作为监理试点。根据会议精神，建设部于1988年11月12日制定并印发了《关于开展建设监理试点工作的若干意见》。据此，试点地区和部门开始组建监理单位，建设行政主管部门帮助监理单位选择监理工程项目，逐步开始实施建设监理制度。

交通部的公路系统作为建设工程监理制度的试点单位，利用世界银行贷款先后修建了很多基础交通设施，如陕西省西安至三原一级公路、京津塘高速公路和天津港东突堤工程。在以上工程修建中，承包方按照国际通行的FIDIC(菲迪克)合同条款要求，实行了国际招标及工程监理制，从而逐步形成了适合中国国情的交通建设工程监理模式。自第一批交通建设项目实行工程监理制度以来，交通建设的工程监理制度，经过开始试点、稳步发展、全面推行三个阶段，逐步成熟完善。随着我国改革开放的不断深入和交通事业的持续、快速发展，建设监理制度已成为我国公路、水运工程建设中不可缺少的重要环节，所起的作用也越来越明显。

著名经济学家胡鞍钢教授认为，交通建设是中国建设管理体制改革的先行领域之一，几代交通系统的领导同志、管理人员、科研人员和建设监理人员为引进、消化和吸收FIDIC(菲迪克)合同条款，为中国特色的建设管理体制的改革和创新，为建设工程的监理制度，付出了毕生心血。

中国建设监理协会提供的资料显示，为了完善我国的监理体制，在工程监理方面积累了更多的经验。1989年1月9日—17日，建设部首次组织建设监理考察团赴新加坡考察。新加坡先进的建设监理制度，特别是完整的法规体系给了我们很多有益的启示。1989年9月8日—16日，建设部、冶金部和江苏省南京市住房城乡建设委员会组成中国建设监理考察团前往法国进行考察。法国于1929年开始实行建设监理制度，几十年来，他们在工程质量监理方面积累了非常丰富的经验。上述两次考察都为我国的建设监理制度的创新与发展提供了很好的条件。

1989年5月10日—17日，建设部建设监理司在安徽合肥举办了建设监理研讨班，就建设监理试点各阶段的理论、政策和工作中的具体问题进行了研究和论证，尤其是对监理单位

的组织模式、监理人员的称谓和监理方法，跨地区承揽监理任务的管理，以及与质量监督的关系等问题进行了深入的探讨，从而初步厘清了建设监理工作的思路。

1989年7月28日，建设部颁发了《建设监理试行规定》。这是我国开展建设监理工作的第一个法规性文件，它全面地规范了参与建设监理各方的行为。

为了及时总结试点经验，指导建设监理试点工作健康发展，1989年10月23日—26日，建设部在上海召开了第三次全国建设监理工作会议，总结了8市2部监理试点的经验。试点经验归纳为：实行监理制度的工程在工期、质量、造价等方面与以前相比均取得了更好的效果。3年的试点工作充分证明，推行这项改革，有助于完善我国工程建设管理体制；有助于促进我国工程的整体水平和投资效益；要组建一支高水准的工程建设监理队伍，应把工程监理制度稳定下来。

(2) 结束试点阶段，建设工程监理制度稳步发展

1993年5月，第五次全国建设监理工作会议召开，标志着我国建设监理制度走向稳步发展的新阶段。

第五次全国建设监理工作会议总结了我国4年多来监理试点的工作经验，宣布结束试点工作，进入稳步发展的新阶段。该会议提出新的发展目标：从1993年起，用3年左右时间完成稳步发展阶段的各项任务；从1996年开始，建设监理制度走向全面实施阶段；到20世纪末，我国的建设监理事业争取达到产业化、规范化和国际化的程度。该会议同时提出稳步发展阶段的主要任务是：健全监理法规和行政管理制度；大中型工程项目和重点工程项目都要实行监理制；监理队伍的规模要和基本建设的发展水平相适应，基本满足监理市场的需要；要有相当一部分监理单位和监理人员获得国际同行的认可，并进入国际建筑市场。

会后，国内各地区、各部门立即着手部署工作，其中北京市、上海市、水电部和煤炭部等地区和部门，已决定由试点阶段进入全面推行阶段，所有新开工程项目都实行监理制度。深圳市更进一步作出规定：凡总投资额超过100万元的工程项目，都必须实行监理制度。机械部、煤炭部、有色金属总公司等也向本系统发出通知，今后新建项目不再批准成立新的工程指挥部或组建新的筹建班子，一律委托系统内具有相当资质的监理单位进行监理。

1993年，全国已注册的监理单位达886家，从业者约4.2万人。在监理队伍中，还涌现出一批甲级资质的监理单位。根据建设部1992年第16号部长令《工程建设监理单位资质管理试行办法》，建设部首次认定了59家甲级资质的监理单位。此后，兼职承担监理业务的单位逐渐减少，专职承担监理业务的单位不断增多。

在总结试点经验的基础上，结合社会主义市场经济的特点，建设部也对1989年颁发试行的《建设监理试行规定》进行了多次讨论与修改。

中国建设监理协会提供的资料显示，经建设部、民政部批准，中国建设监理协会于1993年上半年正式成立，并于同年7月在北京召开成立大会。中国建设监理协会的成立，标志着我国建设监理行业基本成形，并走上自我约束、自我发展的道路。

截至1994年年底，全国已有29个省、自治区、直辖市和国务院所属的36个工业交通原材料等部门在推行监理制度。其中北京、天津、上海3市及辽宁、湖北、河南、海南、江苏等省的地级以上城市全部推行了监理制度。全国推行监理制度的地级以上城市有153个，占全

国196个地级城市的78%。全国大中型水电工程、大部分国道和高等级公路工程都实行了建设监理制度，建筑市场初步形成了由业主、监理和承建三方组成的三元主体结构。

(3) 新规实施阶段，建设工程监理制度全面推行

1995年12月15日，建设部和国家计划委员会印发了《工程建设监理规定》的通知，自1996年1月1日起实施。同时废止建设部于1989年7月28日发布的《建设监理试行规定》。

建设工程监理制于1988年开始试点，5年后逐步推行。1997年《建筑法》规定，国家推行建设工程监理制度，从而使建设工程监理制度进入全面推行阶段。

截至1995年年底，全国已有29个省、自治区、直辖市和国务院所属的39个工业、交通等部门推行了建设工程监理制度。已成立监理单位1500多家，监理工作的从业人员达8万余人。全国大中型水电工程、铁路工程、大部分国道和高等级公路工程都实行了工程监理制度。全国实行监理制度的工程投资规模达5000多亿元，覆盖率平均约为20%。

1996年，国内多数地区都有了自己的工程监理地方规章。北京、湖北、海南、黑龙江、重庆、河北等省、市以政府令的形式颁布了工程监理法规；广东、山西、山东、厦门等省、市以政府文件发布了工程监理规定；其余地区多数以建委(建设厅)名义印发了工程监理办法或实施细则，深圳市还以地方人大常委会的名义颁布了工程监理条例。

1996年，全国开展监理工作的地级市达238个，占全国269个地级市的88.4%，至此，地级城市已经普遍推行建设工程监理制度。

截至1996年年底，全国共有工程建设监理单位2100多家，比1995年增加了27%，其中甲级资质的监理单位有123家。全国从事监理工作的人员共10.2万余人，比1995年增加了23.5%，其中具有中级及以上技术职称的人员有7.54万余人；全国约4.3万人参加了建设部指定院校的监理培训。当时，取得建设部、人事部确认资格的监理工程师的人数达2963人，经过注册的监理工程师有1865人。加上各地区、各部门自行培训，监理工作人员基本能持证上岗。在一些外资、合资项目的监理工作中，我国监理人员已经成为主力。

1997年，我国工程建设的总投资额为2.46万亿元，实行建设工程监理制度的项目投资超过1.02万亿元，监理制度覆盖面达41.7%。北京、黑龙江、山西、河北、湖北、广东、海南、山东等省、市和水电、水利、石化、煤炭、铁道、交通、电子等部门规定，新开工的相应规模工程项目要全部实行监理制度。

1999年，我国的建设监理部门围绕着贯彻《建筑法》《招标投标法》《合同法》和《建设工程质量管理条例》，狠抓监理队伍的建设，强调监理工作的规范化和监理人员水平的提高。

1999年5月13日—14日，建设部与人事部举行了全国监理工程师执业资格考试。这是继1997年首次全国监理工程师考试以来的第三次全国性监理工程师考试，共有3万多人报名参加考试，约6000人通过考试并取得了监理执业资格，使全国具有监理执业资格的人数达到3.06万余人。

2000年7月，建设部与中国建设监理协会共同组织召开了监理企业改制工作研讨会，与监理企业及各方人士共同研讨了监理企业改制的有关问题，还着手修改了《工程建设监理单位资质管理试行办法》。

(4) 规范提高阶段,建设工程监理制度逐步完善

目前,虽然建设工程监理制度已经在全国范围内推行,但业主、施工单位和质量监督机构对实行工程监理的意义及其重要性还是缺乏认识,对监理人员的地位及与各方的关系也不甚了解。有些业主认为监理人员是自己的雇员,必须为自己的利益着想,按自己的要求办事。质量监督机构认为监理人员代替了自己的职能,因而忽视了对工程质量的监管。由于对监理人员工作职能的认识模糊,使工程建设各方在关系的协调上不顺畅,监理人员的决策不能得到实施,监理效果不够理想,使工程质量监督工作出现漏洞。当工程出现质量问题时,还容易出现互相推诿的现象。

为了解决上述问题,政府及相关部门也相继出台了许多与建设工程监理密切相关的法律、法规、规章、规范。如《建筑法》《建设工程质量管理条例》《工程监理企业资质管理规定》《建设工程监理规范》(GB/T 50319—2013)和《房屋建筑工程施工旁站监理管理办法(试行)》等。

上述法律、法规各有其作用。其中《建筑法》的实施为维护建筑市场的秩序、保证建筑工程的质量和安全提供了法律保障,也为建筑工程的监督管理提供了法律依据。《建设工程质量管理条例》为工程质量提供了详尽的规范,弥补了以往一些质量管理规定因笼统而产生的漏洞,可操作性有极大提高。《工程监理企业资质管理规定》明确了从事建设工程监理活动的企业取得工程监理企业资质的合法程序。《建设工程监理规范》(GB/T 50319—2013)进一步明确了工程监理的定义,解决了建设单位与施工单位之间信息不对称和专业化监督管理缺失的问题。《房屋建筑工程施工旁站监理管理办法(试行)》明确了旁站监理人员的职责和奖罚办法,使其在旁站的监理过程中及时发现并处理问题,进一步细化了监理人员的工作职责。

上述法律、法规、制度、规范的制定和完善,规范了我国建设工程的监理市场,进一步明确了监理人员的权利和义务。业主与监理之间是通过工程建设监理合同建立起来的一种委托与被委托的关系,双方都要在合同约定的范围内行使各自的权利,承担相应的责任。取得从业资格的监理人员接受业主的委托对项目的实施进行监理,但监理人员不是业主在项目上的利益代表,必须依据工程建设监理合同、设计文件、相关规范及相关法律对项目实施独立、科学、公正的监理。业主有权要求更换不称职的监理人员或解除监理合同,但不得干预和影响监理人员的正常工作,不得随意变更监理人员的指令。监理人员接受业主的委托,对项目的实施进行监督与管理,要对业主负责。监理人员的一切监理行为必须以监理合同和工程承包合同为依据,以实现"三个控制"为目标,以监理人员的名义独立开展工作,在业主与承包商之间要做到不偏不倚、独立、客观、公正。

实行建设工程监理制度是我国建设领域的一项重大改革,是我国对外开放、国际交往日益扩大的结果。通过实行建设工程监理制度,我国建设工程的管理体制开始向社会化、专业化、规范化的先进管理模式转变。这种管理模式,在项目法人与承包商之间引入了建设监理单位作为中介服务的第三方,进而在项目法人与承包商、项目法人与监理单位之间形成了以经济合同为纽带,以提高工程质量和建设水平为目的的相互制约、相互协作、相互促进的一种新的建设项目管理运行机制。这种机制为提高建设工程质量、节约建设工程投资、缩短建设工程工期创造了有利条件。

经过近30年的发展历程，建设工程监理制度已逐步走向成熟，在我国国民经济建设中发挥着重要作用。勇于创新的监理人正以崭新的面貌积极开拓国际工程服务市场，加快推进我国工程监理事业的国际化进程，为建设事业美好的明天作出贡献。

## 第三节　建设工程监理的任务与实施

### 一、建设工程监理的任务及内容

1. 建设工程监理的任务

对任何建设项目进行监督管理，都应严格按照国家法律、法规、标准及规范执行监理工作。建设工程监理的核心任务就是对工程项目的投资、进度和质量进行控制。

(1) 施工准备阶段建设监理工作的主要任务

① 审查施工单位提交的施工组织设计中的质量安全技术措施、专项施工方案与工程建设强制性标准的符合性。

② 参与设计单位向施工单位的设计交底。

③ 检查施工单位工程质量、安全生产管理制度及组织机构和人员资格。

④ 检查施工单位专职安全生产管理人员的配备情况。

⑤ 审核分包单位资质条件。

⑥ 检查施工单位的试验室。

⑦ 查验施工单位的施工测量放线成果。

⑧ 审查工程开工条件，签发开工令。

(2) 工程施工阶段建设监理工作的主要任务

① 施工阶段的质量控制。

a. 核验施工测量放线，验收隐蔽工程、分部分项工程，签署分项、分部工程和单位工程质量评定表。

b. 进行巡视、旁站和平行检验，对发现的质量问题应及时通知施工单位整改，并做监理记录。

c. 审查施工单位报送的工程材料、构配件、设备的质量证明资料，抽查进场的工程材料、构配件的质量。

d. 审查施工单位提交的采用新材料、新工艺、新技术、新设备的论证材料及相关验收标准。

e. 检查施工单位的测量、检测仪器设备，以及度量衡的定期检验证明文件。

f. 监督施工单位对各类土木和混凝土试件按规定进行检查和抽查。

g. 监督施工单位认真处理施工中发生的一般质量事故，并认真做好记录。

h. 将大型和重大质量事故以及其他紧急情况及时向业主报告。

② 施工阶段的进度控制。

a. 监督施工单位严格按照施工合同规定的工期组织施工。

b. 审查施工单位提交的施工进度计划，核查施工单位对施工进度计划的调整。

c. 建立工程进度台账，核对工程形象进度，按月度、季度和年度向业主报告工程执行情况、工程进度以及存在的问题。

③ 施工阶段的投资控制。

a. 审核施工单位提交的工程款支付申请，签发或出具工程款支付证书，并报业主审核批准。

b. 建立计量支付签证台账，定期与施工单位核对清算。

c. 审查施工单位提交的工程变更申请，协调处理施工费用索赔、合同争议等事项。

d. 审查施工单位提交的竣工结算申请。

④ 施工阶段的安全生产管理。

a. 依照法律、法规和工程建设强制性标准，对施工单位安全生产管理进行监督。

b. 编制安全生产事故的监理应急预案，并参加业主组织的应急预案的演练。

c. 审查施工单位的工程项目安全生产规章制度、组织机构的建立及专职安全生产管理人员的配备情况。

d. 督促施工单位进行安全自查工作，巡视检查施工现场安全生产情况，对实施监理过程中发现存在安全事故隐患的，应签发监理工程师通知单，要求施工单位整改；情况严重的，总监理工程师应及时下达工程暂停指令，要求施工单位暂时停止施工，并及时报告业主。施工单位拒不整改或者不暂停施工的，应通过业主及时向有关主管部门报告。

(3) 竣工验收阶段建设监理工作的主要任务

① 督促和检查施工单位及时整理竣工文件和验收资料，并提出意见。

② 审查施工单位提交的竣工验收申请，编写工程质量评估报告。

③ 组织工程预验收，参加业主组织的竣工验收，并签署竣工验收意见。

④ 编制、整理工程监理归档文件并提交给业主。

2. 建设工程监理的内容

建设工程监理的主要工作内容概括为“三控、两管、一协调”：“三控”即控制工程建设的投资、控制建设工期和控制工程质量；“两管”即工程建设合同管理和信息管理；“一协调”即协调业主方、施工方等相关单位之间的关系。下面按照建设工程监理的四个阶段(施工准备阶段、施工阶段、竣工验收阶段和工程质量保修阶段)对工程监理工作的具体内容进行介绍。

(1) 施工准备阶段监理工作的内容

① 施工前认真审阅工程设计图纸、设计说明，就工程设计图纸中的问题与建设单位及设计院工程师沟通，充分理解建设单位意图和设计思想，提出合理化建议，对工程功能及系统组成做到全面、深入的了解和掌握。

② 根据委托监理合同的约定积极参加工程施工招标工作，协助建设方选择有能力、有经验的承包商。

③ 认真做好施工队伍(特别是总承包商)的资质审查工作，包括人员、技术、施工设备，确保施工队伍素质与工程要求相适应。

④ 认真审核施工组织设计(施工方案)、质量保证措施和安全技术措施，施工现场的布

置、劳动人员安排，工具材料准备、预制、半成品的生产等，确保工程质量符合设计和规范及工程建设总进度的要求。

⑤ 协助建设方组织设计图纸会审工作，做好图纸设计交底，使总承包商及全体施工管理人员了解工程设计意图和要求。

⑥ 督促总承包单位认真做好作业前的技术交底，使每位施工人员明确各自工作的具体要求。

⑦ 确认施工图纸的有效性。对设计变更、工艺变动、材料变更、设备选型等都要求办理相关手续。

⑧ 对各专项系统的主要设备、器材，监理工程师要亲自监督、校验、调整，掌握系统设备的详细资料，消除隐患。

(2) 施工阶段监理工作的内容

① 对专项系统及各分系统的重要部位，监理工程师要加强双控制检查。将巡视和旁站相结合，确保工程质量。

② 监理工程师在巡视和检查中发现施工质量问题时，可视质量问题的大小和轻重，以“监理工作联系单”和“监理通知单”的形式通知施工方、业主，并监督解决。

③ 各系统的调试、试运转工作，要在监理工程师监督下进行，并按相关规范要求填写试验报告。

④ 对承包单位报来的各项工程报验单、隐蔽工程验收单，监理工程师都要按施工图纸和规范及施工工艺设计要求认真审查，工程质量不符合要求、未经监理工程师签字，不得进行下道工序施工。

⑤ 整个施工过程中，监理工程师对承包单位的质量保证体系应以“三检”制度(自检、互检、交接班检)和“三按”制度(按图纸、按工艺、按标准施工)进行监督。

(3) 竣工验收阶段监理工作的内容

① 对已完工程进行工程质量评估，并及时提供分部工程、单位工程质量评估报告及监理工作总结。

② 总监组织监理工程师根据规范和强制性标准条文对承包单位报送的完工工程的实物质量进行竣工预验收，对竣工资料进行审查，并在对存在问题整改的结果进行复验合格的基础上，向建设方提出竣工验收的建议，协助建设方组织竣工验收。

(4) 工程质量保修阶段监理工作的内容

工程质量保修阶段监理组根据监理合同约定，当建设方在使用中对工程质量提出异议或监理公司在回访中发现影响使用的质量缺陷时，将派专人进行现场查验。若在保修范围内，则通知施工方进行保修。

## 二、建设工程监理实施的原则

监理企业受工程项目业主的委托与授权对工程建设项目实施监理时，一般应遵守以下基本原则。

1. 公平、独立、诚信、科学的原则

《建设工程监理规范》(GB/T 50319—2013)第 1.0.9 条明确规定：“工程监理单位应公

平、独立、诚信、科学地开展建设工程监理与相关服务活动。”因此，监理工程师在实施监理的过程中必须充分尊重科学和依据事实，组织各方协作配合，以维护各方的合法权益。业主与承建商都是独立运行的经济主体，由于各自追求的经济目标有一定差异，各自的行为也就会有一定的差别。监理工程师应按合同约定的责、权、利关系来协调双方，确保按合同的约定实现工程建设的总目标，即实现业主投资的目的和承建商生产产品的价值，取得工程款和实现盈利。

2. 责任与权利相一致的原则

监理工程师所从事的监理活动，是根据建设监理法规和业主的委托与授权而进行的，监理工程师承担的职责应与业主授予的权限相一致。因此，业主必须向监理工程师授予一定的权限，应能确保其正常履行监理的职责。监理工程师在实施监理工作之前，应该明确其实施监理的职责与相应的权利。这种权利的授予，除应体现在业主与监理企业之间签订的建设工程委托监理合同中之外，还应作为业主与承建商之间签订工程承包合同的合同条件。这样，监理工程师才能顺利地开展建设工程监理活动。

3. 总监理工程师负责制的原则

《建设工程监理规范》(GB/T 50319—2013)第 1.0.7 条明确规定：“建设工程监理应实行总监理工程师负责制。”总监理工程师全面行使合同赋予监理企业的权限，全面负责受委托的监理工作。总监理工程师是项目监理全部工作的负责人。建设工程项目在总监理工程师的统一指挥下完成合同中的监理任务。

总监理工程师负责制的内涵包括以下方面：

① 总监理工程师是项目监理的责任主体。总监理工程师是实现项目监理目标的最高责任者。责任是总监理工程师负责制的核心，它构成了对监理工程师的工作压力和动力，也是确定总监理工程师权利和利益的依据，所以总监理工程师应是向业主和监理企业所负责任的承担者。

② 总监理工程师是项目监理的权力主体。根据总监理工程师承担责任的要求，总监理工程师负责制体现在总监理工程师全面领导工程项目的建设监理工作方面，包括组建项目监理机构，主持编制监理规划，组织实施监理活动，对监理工作进行监督、评价、总结。

③ 总监理工程师是项目监理的利益主体。利益主体的概念主要体现在监理项目中总监理工程师对国家的利益负责，对业主投资项目的效益负责，同时对所监理项目的监理效益负责，并负责项目监理机构内所有的监理人员利益的分配。要建立和健全总监理工程师负责制，就要健全项目监理组织，完善监理的运行制度，运用现代化的管理手段，形成以总监理工程师为首的高效能的决策指挥体系。

4. 严格规范、竭诚服务的原则

监理工程师在监理过程中应严格坚持监理工作的原则，做到工作细致、立场公正，并为业主提供热情的服务。

严格规范，就是要求监理人员要严格按照国家政策、法规、规范和强制性标准及合同目标，严格把关，依照既定的程序和制度，认真履行职责，建立良好的工作作风。作为监理工程师，要做到严格规范，必须首先提高自身素质和监理业务水平。

另外，监理工程师在实施监理的过程中必须竭诚为业主服务。由于业主不精通工程建设业务，监理工程师应按照监理合同的要求全方位、多层次地为业主提供良好的服务，维护业主的正当权益，同时还应维护承建商的正当利益。

5. 经济效益与社会效益并举的原则

工程项目的经济效益是建设的出发点和归宿点，监理活动不仅应考虑业主的经济效益，还必须考虑社会效益和环境效益的有机统一，不能为谋求自身狭隘的经济利益而损害国家、社会的整体利益。监理工程师既要对业主负责，谋求最大的经济效益，又要对国家和社会负责，取得最佳的综合效益。只有在符合宏观经济效益、社会效益和环境效益的条件下，业主投资项目的微观经济效益才能得以实现。

6. 预防为主、实事求是的原则

工程项目在建设过程中存在很多风险，各项控制必须具有预见性，并把重点放在事前控制上，努力做到"防患于未然"。因此，在制定监理规划、编制监理细则和实施监理控制过程中，对工程项目投资控制、进度控制和质量控制中可能造成失控的问题要有预见性和超前的考虑，制定相应的对策和预控措施加以防范。另外，应考虑多个不同的措施和方案，做到"事前有预测，情况变了有对策"，避免陷入被动，以达到事半功倍的效果。

监理工程师应尊重事实，以理服人。监理工程师的各项指令、判断应有事实依据，有证明、检验、试验资料，才具有说服力。由于存在经济利益或认识上的差异，监理工程师与承建商在一些问题的看法上可能会存在一些分歧，监理工程师不应以权压人，而应晓之以理、以理服人。

### 三、建设工程监理实施的方法

建设工程监理实施的方法是由目标规划、动态控制、组织协调、信息管理、合同管理构成的有机方法体系。

1. 目标规划

目标规划是指围绕工程项目投资、进度和质量目标进行研究确定、分解综合、计划安排、制定措施等工作的集合。目标规划是目标控制的基础和前提，只有做好目标规划工作才能有效地实施目标控制。

工程项目目标规划过程是一个由粗到细的过程。它随着工程的进展，分阶段地根据可能获得的工程信息对前一阶段的规划进行细化、补充和修正，它和目标控制之间是一种交替出现的循环链式关系。

2. 动态控制

动态控制是在完成工程项目过程中，通过对过程、目标和活动的动态跟踪，全面、及时、准确地掌握工程信息，定期地将实际目标值与计划目标值进行对比，如果发现或预测实际目标偏离计划目标，就采取措施加以纠正，以保证计划总目标的实现。

动态控制贯穿整个监理过程，与工程项目的动态性相一致。工程在不同的阶段进行，控制就要在不同的阶段开展；工程在不同的空间展开，控制就要针对不同的空间实施；计划伴随着工程的变化而调整，控制就要不断地适应计划的调整；随着工程的内部因素和外部环境的变化，控制者就要不断地改变控制措施。监理工程师只有把握工程项目的动态性，才能做好目标的动态控制工作。

3. 组织协调

协调就是连接、联合、调和所有的活动及力量。组织协调就是把监理组织作为一个整体来研究和处理，对所有的活动及力量进行连接、联合、调和的工作。在工程建设监理过程中，监理工程师要不断进行组织协调，它是实现项目目标不可缺少的方法和手段。

组织协调的内容很多，大致可分为以下几种：

① 人际关系的协调，包括监理组织内部的人际关系、项目组织与本公司的人际关系、监理组织与关联单位的人际关系。其主要解决人员和人员之间在工作中的联系和矛盾。

② 组织关系的协调，主要解决监理组织内部的分工与配合问题。

③ 供求关系的协调，包括监理实施中所需人力、资金、设备、材料、技术、信息等的供给，主要解决供求平衡问题。

④ 配合关系的协调，包括与业主、设计单位、施工单位、材料和设备供应单位，以及与政府有关部门、社会团体、科学研究、工程毗邻单位之间的协调，主要解决配合中的同心协力问题。

⑤ 约束关系的协调，主要是了解和遵守国家及地方政策、法规、制度方面的规定，获得行政主管部门的指导和许可。

## 四、建设工程监理实施的流程

1. 确定项目总监理工程师，成立项目监理机构

监理单位应根据建设工程的规模、性质以及业主对监理的要求，委派称职的人员担任项目总监理工程师。总监理工程师是建设工程监理工作的总负责人，对内向监理单位负责，对外向业主负责。

一般情况下，监理单位在承接工程监理任务时，在参与工程监理的投标、拟订监理方案（大纲）以及与业主商签委托监理合同时，就应选派称职的人员主持该项工作。待监理任务确定并签订委托监理合同后，该主持人即可作为项目总监理工程师。

监理机构的人员构成是监理投标中的重要内容，是业主在评标过程中认可的。总监理工程师在组建项目监理机构时，应根据监理大纲的内容和签订的委托监理合同内容组建，并在监理规划和具体实施计划中及时进行调整。

2. 编制建设工程监理规划

建设工程监理规划是开展工程监理活动的纲领性文件。监理规划的编制应针对项目的实际情况，明确项目监理机构的工作目标，确定具体的监理工作制度、程序、方法和措施，并应具有可操作性。

3. 制定各专业监理实施细则

监理实施细则应符合监理规划的要求，并结合工程项目的专业特点，做到详细、具有可操作性。在监理工作实施过程中，监理实施细则应根据实际情况进行补充、修改和完善。

监理实施细则的编制应符合以下规定：

① 监理实施细则应在相应工程施工开始前编制完成,并必须经总监理工程师批准;

② 监理实施细则应由专业监理工程师编制。

编制监理实施细则的依据如下:

① 已批准的监理规划;

② 与专业工程相关的标准、设计文件和技术资料;

③ 施工组织设计方案。

监理实施细则应包括下列主要内容:

① 专业工程的特点;

② 监理工作流程;

③ 监理工作的控制要点及目标值;

④ 监理工作的方法及措施。

4. 规范化地开展监理工作

监理工作的规范化体现在以下方面:

① 工作的时序性,指监理的各项工作都应按一定的逻辑顺序先后展开。

② 职责分工的严密性。建设工程监理工作是由不同专业、不同层次的专业人员群体共同完成的,他们之间严密的职责分工是协调进行监理工作的前提和实现监理目标的重要保证。

③ 工作目标的确定性。在职责分工的基础上,每一项监理工作的具体目标都应是确定的,完成的时间也应有时限规定,从而能通过报表资料对监理工作及其效果进行检查和考核。

5. 参与验收,签署建设工程监理意见

建设工程施工完成后,监理单位应在正式移交前组织竣工验收,如果在预验收中发现问题,应及时与施工单位沟通,提出整改要求。监理单位应参加业主组织的工程竣工验收,签署监理单位意见。

6. 向业主提交建设工程监理档案资料

建设工程监理工作完成后,监理单位向业主提交的建设工程监理档案资料应在委托监理合同文件中约定。如在合同中没有作出明确规定,监理单位一般应提交设计变更资料、工程变更资料、监理指令性文件、各种签证资料等档案资料。

7. 监理工作总结

监理工作完成后,项目监理机构应及时从两方面进行监理工作总结:其一是向业主提交的监理工作总结,主要内容包括委托监理合同履行情况概述、监理任务或监理目标完成情况的评价;其二是向监理单位提交监理总结,主要内容包括监理工作经验,可以是采用某种监理技术、方法的经验,也可以是采用某种经济措施、组织措施的经验,以及委托监理合同执行方面的经验或处理好与业主、承包单位关系的经验等。

**【案例】** 某工程项目的建设单位(发包人)根据建设工程管理需要,将该工程分成三个

标段进行施工招标，分别由A、B、C三家公司承担施工任务。通过招标，建设单位将三个标段的施工监理任务委托给具有专业监理甲级资质的M监理公司承担。M监理公司确定了总监理工程师，成立了项目监理部。监理部下设综合办公室（兼管档案）、合同部（兼管投资和进度）、质监部（兼管工地试验与检测）三个业务管理部门，设立A、B、C三个标段监理组。监理组设组长一人，负责监理组监理工作，并配有相应数量的专业监理工程师及监理员。

**问题：**

① M监理公司对此监理任务非常重视，专门召开了项目监理工作会议，着重贯彻落实公司内的管理制度和开展监理工作的基本原则。请问监理企业的内部管理规章制度有哪些（答出其中四项即可）？建设工程监理实施的基本原则是什么？

② 在确定了总监理工程师和监理机构后，开展监理工作的程序是什么？

③ 在下列监理资料中，哪些资料需要送地方城建档案馆保存？（请查阅资料后回答）

a. 施工合同和委托监理合同。

b. 勘察设计文件。

c. 监理规划。

d. 监理实施细则。

e. 施工组织设计（方案）报审表。

f. 监理日志。

g. 不合格项目通知。

## 思考题

1. 什么是工程监理？工程监理概念要点有哪些？
2. 建设工程监理的作用有哪些？
3. 建设工程监理的内容是什么？工程监理的各个环节包括哪些内容？
4. 简述工程监理的发展历程。
5. 工程监理实施原则是什么？具体实施办法有哪些？

# 第六章　监理工程师与监理企业

## 第一节　监理工程师

### 一、监理工程师的概念

监理工程师是指经全国监理工程师执业资格统一考试合格，取得监理工程师执业资格证书，并经注册从事建设工程监理活动的专业技术人员。监理工程师是一种岗位职务、执业资格称谓，不是技术职称。监理工程师的概念包含三层含义：第一，监理工程师是从事建设监理工作的人员；第二，监理工程师是已经取得国家确认的监理工程师资格证书的人员；第三，监理工程师是经省、自治区、直辖市或国务院工业、交通运输等部门的建设行政主管部门或监理行业协会批准、注册，取得监理工程师岗位证书的人员。

### 二、监理工程师的素质及培养

1. 较高的专业学历和复合型知识结构

由于建设工程监理业务是提供建设工程的科学管理服务，这种服务涉及多学科、多专业的技术、经济、管理、合同及法律知识。因此，监理工程师的执业特点是需要综合运用这些知识进行科学管理，即监理工程师必须具有一专多能的复合型知识结构。“一专”主要是指监理工程师必须在某一专业技术领域具有精深的专业知识，是该专业技术领域方面的专业技术人员。因此，要成为监理工程师，至少应具备工程类大学的专业学历。复合型知识结构主要是指除了技术外，还具备经济、合同、管理和法律等多方面知识。监理工程师只有不断学习新技术、新结构、新工艺，了解工程领域的最新发展趋势，熟悉与工程建设相关的法律、法规和国际惯例，始终保持在工程建设方面的专业素养，才能够胜任监理工作。

2. 丰富的工程建设实践经验

监理工程师需要将工程技术与经济管理、合同与法律知识综合运用于项目监理工作中，因此，监理业务具有很强的实践性。有关统计资料表明，许多工程建设中的失误都是缺乏经验造成的。实践经验对于监理工程师尤为重要。不能将理论与实践有机地结合起来，也就不能胜任监理工作。

3. 良好的品德

监理工程师承担着工程建设质量、投资、进度及安全的控制工作，监理工作的好坏直接关系到工程项目质量能否得以保证，投资能否有效控制及工程能否按期交付使用。监理工程师具有工程建设质量的全面检查、监督验收签认权；具有工程量计量、价款支付、工程投资合理与否的审核、签认权；具有工程工期、进度控制权。监理工程师良好的品德体现在以下几个方面：

① 热爱监理工作；

② 具有科学的工作态度；

③ 具有廉洁奉公、为人正直、办事公道的高尚情操；

④ 能够听取不同方面的意见，冷静分析问题。

4. 健康的体魄和充沛的精力

尽管建设工程监理是一种高智能的管理服务，以脑力劳动为主，但监理工程师也必须具有健康的体魄和充沛的精力，才能胜任监理工作。监理工程师在工作过程中，无论是制定监理计划、方案，或是审核、确认有关文件、资料，或是现场检查、巡视，或是开会组织协调大量繁琐的业务工作，都是在消耗脑力的同时进行着体力劳动。现代工程项目规模越来越大，施工新工艺、新材料、新结构的大量应用，需要检查把关的项目越来越多，多工种同时施工，投入资源量大，工期往往紧迫，使得单位时间检查、签认的工作量加大，有时为配合工程项目快速实施，还需加班加点，这都要求监理工程师必须具有健康的体魄和充沛的精力。我国现行有关规定要求对年满 65 周岁的监理工程师不再进行注册，主要就是考虑监理从业人员身体健康状况而设定的。

## 三、监理工程师执业资格考试及注册

1. 监理工程师执业资格考试

执业资格是政府对某些责任较大、社会通用性强、关系到公共利益的专业技术工作实行的市场准入控制，是专业技术人员依法独立开业或独立从事某种专业技术工作所必备的知识、技术和能力标准。我国按照有利于国家、得到社会公认、具有国际可比性、事关社会公共利益等四项原则，在涉及国家、人民生命和财产安全的专业技术工作领域，实行专业技术人员执业资格制度。监理工程师是中华人民共和国成立以来在工程建设领域第一个设立的执业资格。

监理工程师的执业资格通过执业资格考试的方法取得，这充分体现了执业资格制度公开、公平、公正的原则。同时，执业资格考试可促进监理人员努力钻研监理业务，提高监理水平，有利于统一监理工程师的业务能力标准，合理建立工程监理人才库，便于同国际接轨。

(1)报考监理工程师执业资格考试的条件

凡遵守中华人民共和国宪法、法律、法规，具有良好的业务素质和道德品行，具备下列条件之一者，可以申请参加监理工程师职业资格考试：

① 具有各工程大类专业大学专科学历(或高等职业教育)，从事工程施工、监理、设计等业务工作满 6 年；

② 具有工学、管理科学与工程类专业大学本科学历或学位，从事工程施工、监理、设计等业务工作满 4 年；

③ 具有工学、管理科学与工程一级学科硕士学位或专业学位，从事工程施工、监理、设计等业务工作满 2 年；

④ 具有工学、管理科学与工程一级学科博士学位。

经批准同意开展试点的地区，申请参加监理工程师职业资格考试的，应当具有大学本科及以上学历或学位。

(2) 监理工程师执业资格考试的组织与管理

住房城乡建设部牵头组织，交通运输部、水利部参与，拟定监理工程师职业资格考试基础科目的考试大纲，组织监理工程师基础科目命审题工作。人力资源社会保障部负责审定监理工程师职业资格考试科目和考试大纲，负责监理工程师职业资格考试的考务工作，并会同住房城乡建设部、交通运输部、水利部对监理工程师职业资格考试工作进行指导、监督、检查。人力资源社会保障部会同住房城乡建设部、交通运输部、水利部确定监理工程师职业资格考试合格标准。

监理工程师执业资格考试是一种水平考试。为体现公开、公平、公正的原则，考试实行全国统一大纲、统一命题、统一组织。

监理工程师职业资格考试合格者，由各省、自治区、直辖市人力资源社会保障行政主管部门颁发中华人民共和国监理工程师职业资格证书(或电子证书)。该证书由人力资源社会保障部统一印制，住房城乡建设部、交通运输部、水利部按专业类别分别与人力资源社会保障部用印，在全国范围内有效。

(3) 监理工程师执业资格考试的内容

监理工程师职业资格考试设《建设工程监理基本理论和相关法规》《建设工程合同管理》《建设工程目标控制》《建设工程监理案例分析》4 个科目。其中《建设工程监理基本理论和相关法规》《建设工程合同管理》为基础科目，《建设工程目标控制》《建设工程监理案例分析》为专业科目。

监理工程师职业资格考试成绩实行 4 年为一个周期的滚动管理办法，在连续的 4 个考试年度内通过全部考试科目，方可取得监理工程师职业资格证书。

已取得监理工程师一种专业职业资格证书的人员，报名参加其他专业科目考试的，可免考基础科目。考试合格后，核发人力资源社会保障部门统一印制的相应专业考试合格证明。该证明作为注册时增加执业专业类别的依据。免考基础科目和增加专业类别的人员，专业科目成绩按照 2 年为一个周期滚动管理。

具备以下条件之一的，参加监理工程师职业资格考试可免考基础科目：

① 已取得公路水运工程监理工程师资格证书；

② 已取得水利工程建设监理工程师资格证书。

申请免考部分科目的人员在报名时应提供相应材料。

2. 监理工程师的注册管理

监理工程师注册制度是政府对监理从业人员实行市场准入控制的有效手段。取得监理工程师执业资格证书的监理人员一经注册，即表明获得了政府对其以监理工程师名义从业的行政许可，从而具有相应工作岗位的权利和责任。注册是监理人员以监理工程师名义执业的必要环节，仅取得执业资格但未完成注册是不允许执业的。

根据注册内容的不同，监理工程师的注册分为初始注册、续期注册和变更注册三种形式。同时，按照我国有关法规规定，监理工程师只能在一家工程建设监理企业执业，由该企业按照专业类别向有关部门申请注册。

(1) 初始注册

经监理工程师执业资格考试合格，取得监理工程师执业资格证书的监理人员，可以在取得证书两年内申请监理工程师初始注册。国务院住房城乡建设主管部门每年定期集中审批一次监理工程师初始注册,并实行公示、公告制度。

① 申请初始注册应提供的材料一般包括监理工程师注册申请表、监理工程师执业资格证书和其他有关材料。

② 申请初始注册的程序通常分为以下四个步骤:

a. 申请人向聘用工程监理企业提出申请;

b. 聘用工程监理企业同意后,连同上述材料由聘用工程监理企业向所在省、自治区、直辖市人民政府住房城乡建设主管部门提出申请;

c. 省、自治区、直辖市人民政府住房城乡建设主管部门初审合格后,上报国务院住房城乡建设主管部门;

d. 国务院住房城乡建设主管部门对初审意见进行审核,对符合注册条件者进行网上公示,经公示未提出异议的准予注册,并颁发由国务院住房城乡建设主管部门统一印制的监理工程师注册证书和执业印章。此印章由监理工程师本人保管。

③ 申请注册人员不能获得注册的情况。

a. 不具备完全民事行为能力;

b. 刑事处罚尚未执行完毕或者因从事工程监理或者相关业务受到刑事处罚,自刑事处罚执行完毕之日起至申请注册之日不满 2 年;

c. 在申报注册过程中有弄虚作假行为;

d. 在两个及两个以上单位申请注册的;

e. 年龄超过 65 周岁的;

f. 法律、法规规定不予注册的其他情形。

④ 撤销注册的情况。

监理工程师在注册后,有下列情形之一的,原注册机关将撤销其注册,收回监理工程师注册证书和执业印章:

a. 不具有完全民事行为能力的;

b. 依法被撤销注册的;

c. 受到刑事处罚的;

d. 在工程监理或者相关业务中违法违规或者造成工程事故,受到责令停止执业行政处罚的;

e. 申请注销注册的;

f. 依法被吊销注册证书的;

g. 法律、法规规定应当注销注册的其他情形。

被撤销注册的当事人对撤销注册有异议的,可以自接到撤销注册通知下达之日起 15 日内向国务院建设行政主管部门或者省、自治区、直辖市人民政府住房城乡建设主管部门申请复核。被撤销注册的人员在处罚期满 5 年后可以重新申请注册。

(2) 续期注册

监理工程师注册有效期为 2 年,有效期满要求继续执业的,需要办理续期注册。

① 续期注册应提交的材料。

续期注册应提交的材料一般包括从事工程监理的业绩证明、工作总结,以及国务院住房城乡建设主管部门认可的工程监理继续教育证明。

② 不能续期注册的情况。

当监理工程师具有下列情形之一时，将不予续期注册：

a. 没有从事工程监理的业绩证明和工作总结的；

b. 同时在两个及两个以上单位执业的；

c. 未按照规定参加监理工程师继续教育或继续教育未达到标准的；

d. 允许他人以本人名义执业的；

e. 在工程监理活动中有过失，造成重大损失的。

③ 申请续期注册的程序通常分为以下四个步骤：

a. 申请人向聘用工程监理企业提出申请；

b. 聘用工程监理企业同意后，连同上述材料由聘用工程监理企业向所在省、自治区、直辖市人民政府住房城乡建设主管部门提出申请；

c. 省、自治区、直辖市人民政府住房城乡建设主管部门进行审核，对无前述不予续期注册情形的准予续期注册；

d. 省、自治区、直辖市人民政府住房城乡建设主管部门在准予后，将准予续期注册的人员名单报国务院住房城乡建设主管部门备案。国务院住房城乡建设主管部门定期向社会公告准予续期注册的人员名单。

(3) 变更注册

监理工程师初始注册或续期注册后，如果调转工作单位，则应当向原注册机构办理变更注册。监理工程师办理变更注册后，一年内不能再次进行变更注册。监理工程师申请变更注册的程序如下：

① 申请人员向聘用工程监理企业提出申请；

② 聘用工程监理企业同意后，连同申请人与原聘用企业的解聘证明一并报省、自治区、直辖市人民政府建设行政主管部门；

③ 省、自治区、直辖市人民政府住房城乡建设主管部门对有关情况进行审核，情况属实的准予变更注册；

④ 省、自治区、直辖市人民政府住房城乡建设主管部门在准予变更注册后，将变更人员情况报国务院住房城乡建设主管部门备案。

3. 监理工程师的执业

注册监理工程师可以从事建设工程监理、工程经济与技术咨询、工程招标与采购咨询、工程项目管理服务，以及国务院有关部门规定的其他业务。建设工程监理活动中形成的监理文件由注册监理工程师按照规定签字盖章后方可生效。修改经注册监理工程师签字盖章的建设工程监理文件，应当由该注册监理工程师进行；因特殊情况，该注册监理工程师不能进行修改的，应当由其他注册监理工程师修改，签字、加盖执业印章，并对修改部分承担责任。

注册监理工程师从事执业活动，由所在单位接受委托并统一收费。因建设工程监理事故及相关业务造成的经济损失，聘用单位应当承担赔偿责任；聘用单位承担赔偿责任后，可依法向负有责任的注册监理工程师追偿。

## 四、监理工程师的职业道德、权利及义务

1. 我国监理工程师的职业道德守则

建设工程监理工作要具有公正性，监理工程师在执业过程中不能损害工程建设任何一方的利益。为了规范监理工作行为，确保建设监理事业的健康发展，我国现行有关法律、法规对监理工程师的职业道德和工作纪律都作了具体的规定。在建设监理行业中，监理工程师应严格遵守如下职业道德守则：

① 维护国家的荣誉和利益，按照“守法、诚信、公正、科学”的准则执业。

② 执行有关工程建设的法律、法规、标准、规范、规程和制度，履行监理合同规定的义务和职责。

③ 努力学习专业技术和建设工程监理知识，不断提高业务能力和监理水平。

④ 不以个人名义承揽监理业务。

⑤ 不同时在两个或两个以上监理单位注册和从事监理活动，不在政府部门和施工、材料设备的生产供应等单位兼职。

⑥ 不为所监理项目指定承包商、建筑构配件、设备、材料生产厂家和施工方法。

⑦ 不收受被监理单位的任何礼金。

⑧ 不泄露所监理工程各方认为需要保密的事项。

⑨ 坚持独立自主地开展工作。

2. FIDIC 通用道德准则

国际上，监理工程师通常被称为咨询工程师。国际咨询工程师联合会（FIDIC）于 1991 年在慕尼黑召开的全体成员大会上，讨论并批准了 FIDIC 通用道德准则，将其作为咨询工程师的职业道德准则。为了使监理工程师的工作充分有效，不仅要求监理工程师必须不断储备自身知识和提升自身技能，还要求社会尊重他们的道德公正性，信赖他们作出的评审，同时给予他们合理的报酬。

FIDIC 的全体成员同意并且相信，如果要想使社会对其专业顾问有必要的信赖，下述准则是其成员行为的基本准则：

① 对社会和职业的责任：a.接受对社会的职业责任；b.寻求与确认的发展原则相适应的解决办法；c.在任何时候，维护职业的尊严、名誉和荣誉。

② 能力：a.保持其知识和技能与技术、法规、管理发展相一致的水平，对于委托人要求的服务采用相应的技能，并尽心尽力；b.仅在有能力提供服务时才承接相应业务。

③ 正直性：在任何时候均为委托人的合法权益行使其职责，并且正直、忠诚地进行职业服务。

④ 公正性：a.在提供职业咨询、评审或决策时不偏不倚；b.通知委托人在行使其委托权时可能引起的任何潜在的利益冲突；c.不接受可能导致判断不公的报酬。

⑤ 对他人的公正：a.加强“按照能力进行选择”的观念；b.不得故意或无意地做出损害他人名誉或事务的事情；c.不得直接或间接取代某一特定工作中已经任命的其他咨询工程师的位置；d.通知该咨询工程师，并且在接到委托人终止其先前任命的建议前不得取代该咨询工程师的工作；e.在被要求对其他咨询工程师的工作进行审查的情况下，要以适当的职业行

为和礼节进行。

3. 监理工程师的权利及义务

监理工程师的法律地位是国家法律、法规确定，并建立在委托监理合同基础上的。《建筑法》明确规定了国家推行工程监理制度；《建设工程质量管理条例》明确规定了监理工程师的权利和职责。在委托监理合同履行过程中，监理工程师享有一定的权利、义务和责任。

① 监理工程师的权利。

a. 使用监理工程师名称；

b. 依法自主执行业务；

c. 依法签署工程监理及相关文件，并加盖执业印章；

d. 法律、法规赋予的其他权利。

② 监理工程师的义务。

a. 遵守法律、法规，严格依照相关技术标准和委托监理合同开展工作；

b. 恪守执业道德，维护社会公共利益；

c. 在执业过程中保守委托单位申明的商业秘密；

d. 不得同时受聘于两个及两个以上单位；

e. 不得出借监理工程师执业资格证书、监理工程师注册证书和执业印章；

f. 接受执业继续教育，不断提高业务水平。

### 五、监理工程师的继续教育

建设工程监理实际上就是向建设单位提供科学管理服务，因此要求其执业人员（监理工程师）必须是项目管理方面的专业人才，方能胜任其工作。然而，随着时代的进步，不断有新技术、新工艺、新材料、新设备涌现，项目管理的方法和手段也在不断发展，国家的法律、法规也在不断完善，如果监理工程师不能跟上时代的发展，始终停留在原有的知识水平上，就没有能力提供科学管理服务，也就无法继续执业。因此，我国规定，注册监理工程师每年必须接受一定学时的继续教育，不断更新知识，扩大知识面，学习新的理论知识、法律法规，掌握技术、工艺、设备和材料的最新发展趋势，从而不断提高执业能力和水平。继续教育可以有脱产学习、集中授课、参加研讨会、撰写专业论文等多种形式，但必须满足续期注册时对继续教育的要求。

## 第二节　建设工程监理企业

### 一、建设工程监理企业概述

建设工程监理企业是指取得建设监理企业资质证书，从事建设监理业务的经济组织。它是监理工程师的执业机构，包括专门从事监理业务的独立监理公司，也包括取得监理资质的设计单位。

按照《中华人民共和国公司法》（以下简称《公司法》）的规定，我国的建设监理企业可能存在的企业组织形式包括公司制监理企业、合伙制监理企业、个人独资监理企业、中外合资经营监理企业和中外合作经营监理企业。

在我国，由于在建设工程监理制度实行之初，许多建设监理企业是由国有企业或教学、科研、勘察、设计单位按照传统的国有企业模式设立的，普遍存在产权不明晰、管理体制不健全、分配制度不合理等一系列阻碍监理企业和监理行业发展的特点。因此，这些企业正逐步进行公司制改制，建立现代企业制度，使监理企业真正成为自主经营、自负盈亏的法人实体和市场主体。合伙制监理企业和个人独资监理企业由于相应的一些配套环境并不健全，因此在现实中还没有这两种企业形式。中外合资经营监理企业通常以中国企业或其他经济组织为一方，以外国的公司、企业、其他经济组织或个人为另一方，成立公司制企业，组织形式为有限责任公司，并且外国合资者的投资比例一般不得低于25%。中外合作经营监理企业是中国企业或其他经济组织与外国的企业、其他经济组织或个人按合同约定的权利和义务，从事工程监理业务的经济实体，其可以成立法人型企业，也可以是不具有独立法人资格的合伙企业，但需对外承担连带责任。

## 二、建设工程监理企业的划分

建设工程监理企业是指以营利为目的，按照法定程序设立的企业法人，包括监理有限责任公司和监理股份有限公司两种，其基本特征如下：

① 必须是依照《公司法》的规定设立的社会经济组织；

② 必须是以营利为目的的独立企业法人；

③ 自负盈亏，独立承担民事责任；

④ 完整纳税的经济实体；

⑤ 采用规范的成本会计和财务会计制度。

1. 监理有限责任公司

监理有限责任公司是由2个以上、50个以下的股东共同出资，股东以其所认缴的出资额对公司行为承担有限责任。公司是企业法人，拥有独立的法人财产权，因此公司应以其全部财产对公司的债务承担责任。其特征如下：

① 公司不对外发行股票，股东的出资额由股东协商确定。

② 股东交付股金后，公司出具股权证书，作为股东在公司中拥有的权益凭证。这种凭证不同于股票，不能自由流通，必须在其他股东同意的条件下才能转让，且要优先转让给公司原有股东。

③ 公司股东所负责任仅以其出资额为限。即把股东投入公司的财产与其个人的其他财产脱钩，公司破产或解散时，只以公司所有资产偿还债务。

④ 公司具有法人地位。

⑤ 在公司名称中必须注明“有限责任公司”字样。

⑥ 公司股东可以作为雇员参与公司经营管理，通常公司管理者也是公司的所有者。

⑦ 公司账目可以不公开，尤其是公司的资产负债表一般不公开。

2. 监理股份有限公司

监理股份有限公司是指全部资本由等额股份构成，并通过发行股票筹集资本。股东以其所认购股份对公司承担责任；公司以其全部财产对公司债务承担责任。设立方式分为发起设立和募集设立两种。发起设立是指由发起人认购公司应发行的全部股份而设立公司。募集设立是指由发起人认购公司应发行股份的一部分,其余部分向社会公开募集而设立公司。其主要特征如下:

① 公司资本总额分为金额相等的股份,股东以其所认购的股份对公司承担有限责任。

② 公司以其全部资产对公司债务承担责任。公司作为独立的法人,有自己独立的财产,在对外经营业务时,以其独立的财产承担公司债务。

③ 公司可以公开向社会发行股票。

④ 公司股东的数量有最低限制,应当有5个以上发起人,其中必须有过半数的发起人在中国境内有住所。

⑤ 股东以其所有的股份享受权利和承担义务。

⑥ 在公司名称中必须标明“股份有限公司”字样。

⑦ 公司账目必须公开,便于股东全面掌握公司情况。

⑧ 公司管理实行两权分离。董事会接受股东大会委托,监督公司财产的保值增值,行使公司财产所有者的职权;经理由董事会聘任,掌握公司经营权。当按照《公司法》成立公司时,向工商行政管理部门登记注册并取得企业法人营业执照后,还必须到建设行政主管部门办理资质申请手续。取得资质证书后,工程建设监理企业才能正式从事监理业务。

## 三、建设工程监理企业资质等级与业务范围

《工程监理企业资质管理规定》明确了工程监理企业的资质等级标准和业务范围、资质申请和资质审批、监督管理等内容。

1. 资质等级标准

工程监理企业资质分为综合资质、专业资质和事务所资质3个等级。其中,综合资质、事务所资质不分级别,专业资质按照工程性质和技术特点又划分为若干个工程类别。专业资质分为甲级、乙级。其中,房屋建筑工程、水利水电工程、公路工程和市政公用工程四个专业资质可设立丙级。

(1) 综合资质标准

① 具有独立法人资格且具有符合国家有关规定的资产。

② 企业技术负责人应为注册监理工程师,并具有15年以上从事工程建设工作的经历或者具有工程类高级职称。

③ 具有5个以上工程类别的专业甲级工程监理资质。

④ 注册监理工程师不少于60人,注册造价工程师不少于5人,一级注册建造师、一级注册建筑师、一级注册结构工程师或者其他勘察设计注册工程师合计不少于15人次。

⑤ 企业具有完善的组织结构和质量管理体系,有健全的技术、档案等管理制度。

⑥ 企业具有必要的工程试验检测设备。

⑦ 申请工程监理资质之日前一年内没有《工程监理企业资质管理规定》中禁止的行为。

⑧ 申请工程监理资质之日前一年内没有因本企业监理责任造成重大质量事故。

⑨ 申请工程监理资质之日前一年内没有因本企业监理责任发生三级以上工程建设重大安全事故或发生两起以上四级工程建设安全事故。

(2) 专业资质标准

① 甲级企业资质标准。

a. 具有独立法人资格且具有符合国家有关规定的资产。

b. 企业技术负责人应为注册监理工程师,并具有 15 年以上从事工程建设工作的经历或者具有工程类高级职称。

c. 注册监理工程师、注册造价工程师、一级注册建造师、一级注册建筑师、一级注册结构工程师或者其他勘察设计注册工程师合计不少于 25 人次。其中,相应专业注册监理工程师不少于《专业资质注册监理工程师人数配备表》中要求配备的人数,注册造价工程师不少于 2 人。

d. 企业近 2 年内独立监理过 3 个以上相应专业的二级工程项目,但是具有甲级设计资质或一级及一级以上施工总承包资质的企业申请本专业工程类别甲级资质的除外。

e. 企业具有完善的组织结构和质量管理体系,有健全的技术、档案等管理制度。

f. 企业具有必要的工程试验检测设备。

g. 申请工程监理资质之日前一年内没有《工程监理企业资质管理规定》中禁止的行为。

h. 申请工程监理资质之日前一年内没有因本企业监理责任造成重大质量事故。

i. 申请工程监理资质之日前一年内没有因本企业监理责任发生三级以上工程建设重大安全事故或发生两起以上四级工程建设安全事故。

② 乙级企业资质标准。

a. 具有独立法人资格且具有符合国家有关规定的资产。

b. 企业技术负责人应为注册监理工程师,并具有 10 年以上从事工程建设工作的经历。

c. 注册监理工程师、注册造价工程师、一级注册建造师、一级注册建筑师、一级注册结构工程师或者其他勘察设计注册工程师合计不少于 15 人次。其中,相应专业注册监理工程师不少于《专业资质注册监理工程师人数配备表》中要求配备的人数,注册造价工程师不少于 1 人。

d. 有较完善的组织结构和质量管理体系,有技术、档案等管理制度。

e. 有必要的工程试验检测设备。

f. 申请工程监理资质之日前一年内没有《工程监理企业资质管理规定》中禁止的行为。

g. 申请工程监理资质之日前一年内没有因本企业监理责任造成重大质量事故。

h. 申请工程监理资质之日前一年内没有因本企业监理责任发生三级以上工程建设重大安全事故或发生两起以上四级工程建设安全事故。

③ 丙级企业资质标准。

a. 具有独立法人资格且具有符合国家有关规定的资产。

b. 企业技术负责人应为注册监理工程师,并具有 8 年以上从事工程建设工作的经历。

c. 相应专业的注册监理工程师不少于《专业资质注册监理工程师人数配备表》中要求配备的人数。

d. 有必要的质量管理体系和规章制度。

e. 有必要的工程试验检测设备。

(3) 事务所资质标准

事务所资质标准如下:

① 取得合伙企业营业执照，具有书面合作协议书。

② 合伙人中有3名以上注册监理工程师，合伙人均有5年以上从事建设工程监理的工作经历。

③ 有固定的工作场所。

④ 有必要的质量管理体系和规章制度。

⑤ 有必要的工程试验检测设备。

2. 业务范围

建设工程监理企业的业务范围如下：

① 综合资质企业可承担所有专业工程类别建设工程项目的工程监理业务。

② 专业甲级资质企业可承担相应专业工程类别建设工程项目的工程监理业务。

③ 专业乙级资质企业可承担相应专业工程类别二级以下(含二级)建设工程项目的工程监理业务。

④ 专业丙级资质企业可承担相应专业工程类别三级建设工程项目的工程监理业务。

⑤ 事务所资质企业可承担三级建设工程项目的工程监理业务，但是，国家规定必须实行强制监理的工程除外。

此外，建设工程监理企业可以开展相应类别建设工程的项目管理、技术咨询等业务。

## 四、建设工程监理企业的资质申请、资质审批与监督管理

1. 资质申请

建设工程监理企业申请资质一般要到工商注册所在地、企业注册所在地的省、自治区、直辖市人民政府住房城乡建设主管部门办理有关手续。

新设立的建设工程监理企业申请资质，应首先到工商行政管理部门登记注册并取得企业法人营业执照后，方可到建设行政主管部门办理资质申请手续。此时，应当向建设行政主管部门提供下列资料：

① 建设监理企业资质申请表；

② 企业法人营业执照；

③ 企业章程；

④ 企业负责人和技术负责人的工作简历、监理工程师注册证书等有关证明材料；

⑤ 建设监理人员的监理工程师注册证书；

⑥ 需要出具的其他有关证件、资料。新设立的建设监理企业资质等级按照最低等级核定，并设1年暂定期。

建设监理企业申请资质升级，除向建设行政主管部门提供上述六个方面的资料外，还应当提供下列资料：

① 企业原资质证书正、副本；

② 企业的财务决算年报表；

③ “监理业务手册”及已完成代表工程的监理合同、监理规划及监理工作总结。

2. 资质审批

甲级资质与乙、丙级资质的审批程序分别如下：

① 甲级建设工程监理企业资质由国务院建设行政主管部门每年定期集中审批一次。企业资质首先经省、自治区、直辖市人民政府建设行政主管部门审核同意后，由国务院建设行政主管部门组织专家评审，并提出初审意见。其中涉及铁道、交通、水利、信息产业和民航工程等专业工程监理企业资质的，由省、自治区、直辖市人民政府建设行政主管部门商同有关专业部门审核同意后，上报国务院建设行政主管部门，由国务院建设行政主管部门送国务院有关部门初审。国务院建设行政主管部门根据初审意见审批。由有关部门负责初审的，初审部门应当从收齐建设监理企业的申请材料之日起 1 个月内完成初审。国务院建设行政主管部门将经专家评审合格和国务院有关部门初审合格的甲级资质的建设工程监理企业名单及基本情况，在中华人民共和国住房和城乡建设部网站上公示。经公示后，对于建设工程监理企业符合资质标准的，予以审批，并将审批结果在中华人民共和国住房和城乡建设部网站上公告。审批工作在建设工程监理企业申请材料齐全后 3 个月内完成。

② 乙、丙级建设工程监理企业资质由企业注册所在地省、自治区、直辖市人民政府建设行政主管部门以即时审批或定期审批的方式进行。其中交通、水利、通信等方面的工程监理企业资质，由省、自治区、直辖市人民政府建设行政主管部门征得同级有关部门初审同意后审批。对建设工程监理企业资质条件符合相应资质等级标准，并且在申请之日前 1 年内未发生下列违法违规行为的，由建设行政主管部门颁发相应资质等级的工程监理企业资质证书，其证书分为正本和副本，具有同等法律效力。

a. 与建设单位或者建设工程监理企业之间相互串通投标，以行贿等不正当手段谋取中标的；

b. 与建设单位或者施工单位串通弄虚作假、降低工程质量的；

c. 将不合格的建设工程、建筑材料、建筑构配件和设备按照合格签字的；

d. 超越本单位资质等级或以其他企业名义承揽监理业务的；

e. 允许其他单位或个人以本单位的名义承揽工程的；

f. 转让工程监理业务的；

g. 因监理责任而发生过三级以上工程建设重大质量事故或者发生过 2 起以上四级工程建设质量事故的；

h. 其他违反法律、法规的行为。

3. 监督管理

县级以上人民政府建设主管部门和其他有关部门应当依照有关法律、法规和规定，加强对建设工程监理企业资质的监督管理。

(1) 监督检查措施和职责

建设行政主管部门履行监督检查职责时，有权采取下列措施：

① 要求被检查单位提供工程监理企业资质证书、注册监理工程师注册执业证书，有关工程监理业务的文档，有关质量管理、安全生产管理、档案管理等企业内部管理制度的文件。

② 进入被检查单位进行检查，查阅相关资料。

③ 纠正违反有关法律、法规、规定及有关规范和标准的行为。

建设行政主管部门进行监督检查时，应当有两名以上监督检查人员参加，并出示执法证件，不得妨碍被检查单位的正常经营活动，不得索取或者收受财物、谋取其他利益。有关单位和个人对依法进行的监督检查应当协助与配合，不得拒绝或者阻挠。监督检查机关应当将监督检查的处理结果向社会公布。

(2) 撤销建设工程监理企业资质的情形

① 资质许可机关工作人员滥用职权、玩忽职守作出准予工程监理企业资质许可的；

② 超越法定职权作出准予工程监理企业资质许可的；

③ 违反资质审批程序作出准予工程监理企业资质许可的；

④ 对不符合许可条件的申请人作出准予工程监理企业资质许可的；

⑤ 依法可以撤销资质证书的其他情形。

工程监理企业有上述情形之一的，资质许可机关或者其上级机关，根据利害关系人的请求或者依据职权，可以撤销工程监理企业资质。以欺骗、贿赂等不正当手段取得工程监理企业资质证书的，应当予以撤销。

(3) 注销建设工程监理企业资质的情形

① 资质证书有效期届满，未依法申请延续的；

② 建设工程监理企业依法终止的；

③ 建设工程监理企业资质依法被撤销、撤回或吊销的；

④ 法律、法规规定的应当注销资质的其他情形。

建设工程监理企业有上述情形之一的，应当及时向资质许可机关提出注销资质的申请，交回资质证书。国务院建设行政主管部门应当办理注销手续，公告其资质证书作废。

(4) 信用管理

工程监理企业应当按照有关规定，向资质许可机关提供真实、准确、完整的工程监理企业的信用档案信息。工程监理企业的信用档案应当包括基本情况、业绩、工程质量和安全、合同违约等情况。被投诉举报和处理、行政处罚等情况应当作为不良行为记入其信用档案。工程监理企业的信用档案信息按照有关规定向社会公示，公众有权查阅。

## 第三节　建设工程监理企业与工程建设各方的关系

建设单位、监理单位和施工单位是项目合作关系，以协助的团队精神和双赢的原则来共同完成项目；建设单位、监理单位和施工单位是三方平等的法人关系；三方只是分工不同，不存在地位等级高低和领导关系的问题；合作三方必须建立在充分信任的基础上，明确三方工程建设中的职责、权限。三方是责权分明的关系，三方通过合同形式和法律条文对工程全过程规定了明确的责权，以相应的经济手段制约三方各自在整个工程中的责任和义务；三方是相互制约的独立体。建设单位、监理单位和施工单位都是独立法人，各有人、财、物实体和法人代表。建设单位和施工单位发生争端和一方利益受到损害时，监理单位可以作出对建设单位和施工单位有约束力的决定，并采取可能影响建设单位和施工单位权利和义务的行为，公正行使判断的权力。

### 一、建设工程监理企业与建设单位的关系

监理单位与建设单位是被委托与委托的关系。监理单位的工作必须面向建设单位、依

托建设单位、服务建设单位、服从建设单位。其相互之间是一种商业行为，这种行为必须以书面合同的方式来明确双方在工程项目的内容、责任、形式、权利、义务、酬金和争议的处理方式。依法成立的合同对委托与被委托双方都有约束力，约束双方当事人必须全面执行承诺的合同内容。监理单位受建设单位委托对施工单位进行监理，代表业主行使监督权。在工程监理过程中，监理单位应积极与建设单位保持良好关系，多与建设单位沟通，了解建设单位对工程各阶段的目标要求。进度目标调整时，及时上报业主。对工程安全质量不合格进行处罚时，监理单位应先与建设单位沟通，并告知处理方式，以积极的态度取得建设单位对监理单位的理解和支持。建设单位领导视察工地时，监理单位要向其介绍工地情况，让其对整个工程概况有所了解，以取得支持，使存在的问题得到及时解决。

### 二、建设工程监理企业与承包单位的关系

监理单位与承包单位是监督与被监督的关系，两者之间没有合同关系。监理单位应代表建设单位对承包单位在施工质量、建设工期和建设资金使用等方面实施监督，严格履行建设工程合同约定的义务。监理人员必须在合同授权范围内依法行使监理职权，依据工程设计文件、技术标准及合同约定开展监理工作。对施工单位的要求不应超出工程承包合同规定的条款。监理过程中，监理人员既要合法维护建设单位利益，又不得损害施工单位的合法利益，正确而公正地处理好设计变更、索赔和工程款的支付。施工单位应正确履行合同，从安全优质地完成施工任务的角度出发，积极支持监理工作。监理机构和施工单位的管理人员都严格按照工程建设合同规定开展工作。由于监理单位和施工单位是平等关系，因此监理人员要平等对待施工单位的施工人员，绝不能认为自己是监督者，有处罚权力，就趾高气扬，动辄训人、骂人。遇事一定要冷静，“晓之以理，动之以情”，以德服人。此外，监理人员要有丰富的施工经验，对施工中出现的疑难杂症能提出处理意见和解决办法，要热心“传帮带”，认真传授施工经验，取得施工单位的信赖。

## 案例分析

**【案例】** 某工程实施过程中发生如下事件：

事件1：开工前，总监理工程师将下列工作委托总监理工程师代表负责：①组织召开监理例会；②组织编制监理实施细则；③组织审核竣工结算；④调解建设单位与施工单位的合同争议；⑤处理工程索赔。

事件2：监理人员在巡视时，发现施工单位存在下列问题：①未按施工方案施工；②使用不合格配件；③施工不当出现严重的安全事故隐患；④未按设计文件施工；⑤未经批准擅自施工；⑥实际施工进度严重滞后于计划进度且影响总工期；⑦违反强制性标准。针对上述问题，项目监理机构分别签发了“监理通知单”或“工程暂停令”，要求施工单位整改或停工。

事件3：因工程实际情况发生变化，总监理工程师委托总监理工程师代表组织编制了监理规划。调整后的监理规划经总监理工程师审核确认后即报送建设单位。

事件4：基坑开挖过程中发现实际地质情况与勘察设计文件不符，施工单位向项目监理机构提出设计变更申请，项目监理机构收到申请后进行了下列工作：①审查设计变更申请；

②建议建设单位组织设计、施工等单位召开论证会;③提请建设单位联系设计单位修改设计;④评估设计变更对工程费用的影响。

**问题:**

(1) 依据《建设工程监理规范》(GB/T 50319—2013),逐项指出事件1中总监理工程师委托的工作是否妥当?

(2) 针对事件2中施工单位存在的问题,逐项指出项目监理机构应签发"监理通知单"还是应签发"工程暂停令"。

(3) 指出事件3中的不妥之处,写出正确做法。

(4) 针对事件4,依据《建设工程监理规范》(GB/T 50319—2013)的规定,项目监理机构在收到申请后还应进行哪些工作?

**【解析】**

(1) ①组织召开监理例会:妥当。②组织编制监理实施细则:妥当。③组织审核竣工结算:不妥,应由总监理工程师负责。④调解建设单位与施工单位的合同争议:不妥,应由总监理工程师负责。⑤处理工程索赔:不妥,应由总监理工程师负责。

(2) ①未按施工方案施工,应签发"监理通知单"。②使用不合格配件,应签发"监理通知单"。③施工工艺不当出现严重的安全事故隐患,应签发"工程暂停令"。④未按设计文件施工,应签发"工程暂停令"。⑤未经批准擅自施工,应签发"工程暂停令"。⑥实际施工进度严重滞后于计划进度且影响总工期,应签发"监理通知单"。⑦违反强制性标准,应签发"工程暂停令"。

(3) 不妥一:总监理工程师委托总监理工程师代表组织编制了监理规划。正确做法:总监理工程师组织专业监理工程师修改调整监理规划。不妥二:调整后的监理规划经总监理工程师审核确认后即报送建设单位。正确做法:调整后的监理规划应由监理单位技术负责人审核签字后报送建设单位。

(4) 还应进行的工作有:①评估设计变更对总工期的影响;②组织建设单位、施工单位共同协商确定工程变更费用及工期变化;③会签工程变更单;④根据批准的工程变更文件监督施工单位实施。

## 思考题

1. 什么是监理工程师?
2. 简述监理工程师的权利和义务。
3. 简述建设工程监理企业的业务范围。
4. 简述建设工程监理企业与工程建设各方的关系。

# 第七章　建设工程监理的目标控制

## 第一节　建设工程目标控制及目标系统

控制是建设工程监理过程中的重要管理活动。在管理学中，控制通常是指管理人员按计划标准来衡量所取得的成果，纠正所发生的偏差，使目标和计划得以实现的管理活动。管理首先开始于确定目标和制订计划，继而进行组织和人员配备，并进行有效的领导。一旦计划付诸实施或运行，就必须进行控制和协调，检查计划实施情况，找出偏离目标和计划的误差，确定采取的纠正措施，以实现预定的目标和计划。

### 一、建设工程目标控制

任何建设工程都有投资、进度、质量三大目标，这三大目标构成了建设工程目标系统。即任何建设工程都需要在一定的投资领域内或一定的投资限制条件下实现；任何建设工程都需要时间的限制，都会有明确的进度和工期要求；任何建设工程为了实现它的功能要求，都会有明确的质量要求。因此，工程监理的主要任务就是帮助建设单位实现其目标，即在计划的投资和工期目标范围内，按规定完成工程项目的建设。

### 二、建设工程目标系统

建设工程监理的中心工作是对工程项目建设的目标进行控制，即对投资、进度和质量目标进行控制。监理工作成功与否主要看能否达成建设项目预期的投资、进度和质量目标。监理的目标控制是建立在系统论和控制论的基础上的。从系统论的角度认识工程建设监理的目标，从控制论的角度理解监理目标控制的基本原理，对工程建设项目实施有效控制具有指导意义。

1. 建设工程目标系统的构成

建设工程项目包括投资、进度、质量三大目标，这三大目标构成了建设工程项目的目标系统。监理工程师为了有效地进行目标控制，就必须正确认识和处理好投资、进度、质量三大目标之间的关系。

(1) 建设工程投资目标

建设工程投资目标实际上就是建设单位在进行投资决策时确定的工程投资额。在工程建设过程中，监理工程师应协助建设单位做好建设工程投资控制工作，确保“决算不超预算，预算不超概算，概算不超估算”的投资控制目标得以实现。所谓投资控制，就是通过有效的投资控制工作和具体的投资控制措施，在满足进度和质量要求的前提下，力求使工程实际投资不超过计划投资。实际投资不超过计划投资可能表现为以下几种情况：

① 在细分的各个投资目标中，实际投资均不超过计划投资。这是最理想的情况，也是

投资控制追求的最高目标。

② 在细分的各个投资目标中，实际投资在有些情况下超过计划投资，在有些情况下不超过计划投资，但实际总投资未超过计划总投资。这种情况发生时虽然实际投资与计划投资出现了偏差，但是总的投资控制结果还是令人满意的。

（2）建设工程进度目标

建设工程进度目标可以分为建设工程总进度目标和分阶段进度目标。建设工程总进度目标是在项目决策阶段确定的项目动用的时间目标。建设工程分阶段进度目标是指按照建设工程各个不同阶段进行划分的分阶段时间目标，如设计阶段进度目标、施工阶段进度目标、工程物资采购进度目标等。建设工程进度控制是通过有效的进度控制工作和进度控制措施，在满足投资和质量要求的前提下，力求使工程实际工期不超过计划工期。

（3）建设工程质量目标

建设工程质量目标包括建设工程项目的定义及建设规模、系统构成、使用功能和价值、规格档次等的定位和目标。建设工程质量控制目标就是通过有效的质量控制工作和具体的质量控制措施，在满足投资和进度要求的前提下，实现工程预定的质量目标。对建设工程质量目标的控制，涉及工程勘察设计、招标采购、施工安装、竣工验收等各个阶段。

2. 建设工程三大目标之间的关系

建设工程投资、进度、质量三大目标两两之间存在既对立又统一的关系。

① 建设工程三大目标之间存在对立的关系。通常情况下，如果对建设工程的功能和质量要求较高，就需要采用较好的工程设备和建筑材料，投入较多的资金；同时，也会增加人力的投资（人工费相应增加），需要较长的建设时间。如果要加快工程项目的进度，缩短工期，那么投资就要相应提高，否则会导致工程质量降低。如果要降低投资、节约工程建设费用，就需要考虑降低工程项目的功能要求和质量目标；同时要采取费用最低的进度计划，这往往会延长工程建设的时间。这些情况都反映了建设工程三大目标之间存在的对立关系。

② 建设工程三大目标之间存在着统一的关系。例如，为了加快工程建设进度，会适当增加工程投资，可以缩短工期，使整个建设工程提前投入使用，从而提早发挥投资效益，从建设工程全寿命周期的角度来说是有利的。适当提高建设工程项目的功能要求和质量标准，虽然会造成一次性投资的提高和工期的增加，但能够节约项目动用后的维修费用，降低项目使用费用和生产成本，从而获得更好的投资经济效益。如果项目进度计划制订得既可行又优化，使工程进展具有连续性、均衡性，则不仅可以缩短工期，还有可能获得较好的工程质量且耗费较低的费用。这些都反映了建设工程三大目标之间存在的统一关系。

因此，在确定建设工程目标时，应当对投资、进度、质量三大目标之间的统一关系进行客观分析。在分析时要注意以下几方面问题：

① 充分考虑制约因素。一般来说，加快进度、缩短工期所提前发挥的投资效益都超过加快进度所需要增加的投资，但不能由此而得出工期越短越好的错误结论。因为加快进度、缩短工期会受到技术、环境、场地等因素的制约，同时要考虑对投资和质量的影响，不能无限制地缩短工期。

② 合理预期未来可能的收益。当前的投入是当时实际发生的，其数额也是较为确定的；而未来的收益却是预期的，建立在预测的基础上，今后的收益也受到市场供求关系的影

响，是不确定的。如果届时同类工程供大于求，则预期收益就难以实现。

③ 目标规划和计划相结合。如前所述，建设工程所确定的目标要通过计划的实施才能实现。如果建设工程进度计划制订得既可行又优化，使工程进度具有连续性、均衡性，不但可以缩短工期，而且有可能获得较好的质量且耗费较低的投资。

在确定建设工程目标时，不能将投资、进度、质量三大目标分开来看，孤立地分析和论证，更不能片面强调某一目标而忽略其对其他两个目标的不利影响，必须将投资、进度、质量三大目标作为一个系统来考虑，反复协调平衡，力求实现整个目标系统最优。

3. 建设工程目标系统的特点

建设工程目标系统本质上是对工程项目所需达到的最终状态的描述系统。工程项目都有明确的目标系统，它是项目实施过程中的一条主线。建设工程目标系统具有如下特点：

① 系统性。项目目标系统有自身的结构，任何目标都可以分解为若干个子目标，子目标又可分解为可操作目标。项目目标系统是由多个从上至下的层次结构所构成的。

② 完整性。项目目标因素之和应完整地反映业主对项目的要求，特别是要保证强制性目标因素，所以项目通常是由多目标构成的一个完整系统。目标系统的缺陷会导致工程技术系统的缺陷、计划的失误和实施控制的困难。

③ 目标的平衡性。目标系统应是一个稳定均衡的目标体系。过分强调某一个目标，常常会以牺牲或损害另一些目标为代价，会造成项目的缺陷。因此，要注意工期、成本、工程质量之间的平衡。

④动态性。目标系统有一个动态的发展过程，它是在项目目标设计、可行性研究、技术设计和计划中逐步建立起来的，并形成一个完整的目标保证体系。由于环境不断变化，业主对项目的要求也会变化，项目的目标系统在实施中也会产生变更，这会导致设计方案的变化、合同的变更、实施方案的调整等。

## 第二节　建设工程投资控制

### 一、建设工程投资控制概述

1. 建设工程投资的概念及构成

建设工程投资一般是工程项目建设所需要的全部费用的总和。生产性建设工程总投资包括建设投资和铺底流动资金投资两部分。非生产性建设工程总投资只包括建设投资。建设工程投资主要由建筑安装工程费、设备工（器）具购置费、工程建设其他费、预备费、建设期贷款利息等构成。

建设工程投资可分为静态投资和动态投资两部分。其中，静态投资包括建筑安装工程费、设备工（器）具购置费、工程建设其他费和基本预备费；动态投资则包括建设期贷款利息、涨价预备费、新开征税费和汇率变动部分。

2. 建设工程投资控制的概念

所谓建设工程投资控制，就是在投资决策阶段、设计阶段、建设项目发包阶段和施工阶段以及竣工阶段，把建设项目投资控制在批准的限额以内，随时纠正发生的偏差，以保证项目投资管理目标的实现，以求在各个建设项目中能合理使用人力、物力、财力，从而取得较好的投资效益和社会效益。

建设工程投资控制工作中必须有明确的控制目标，并且在不同的控制阶段设置不同的控制目标。投资估算是设计方案选择和进行初步设计的投资控制目标；设计概算是进行技术设计和施工图设计的投资控制目标；施工图预算或建筑安装工程承包合同价则是施工阶段控制建筑安装工程投资的目标。有机联系的阶段目标相互制约、相互补充，前者控制后者，后者补充前者，共同组成项目投资控制的目标系统。

建设工程投资控制不是单一目标控制。控制项目投资目标，必须兼顾质量目标和进度目标，在保证质量、进度合理的前提下，把实际投资控制在目标值以内。

3. 建设工程投资控制的作用

建设工程投资控制具有以下作用：

① 在管理上改善投资环境，实现投资监督，确保资金的合理使用，使资金和资源得到有效利用，以达到最佳的投资效益。

② 促进施工单位实行内部管理体制改革，探索降低工程建设成本的措施，提高劳动生产率，加快进度，提高质量。

③ 积累资料，建立成本控制信息网络，为工程建设进度、质量、投资控制提供反馈信息，为提高工程管理水平提供资料和依据。

## 二、建设工程投资控制模式

1. 系统控制

投资控制是与进度控制、质量控制同时进行的，它是针对整个建设工程目标系统所实施的控制活动的一个组成部分，在实施投资控制的同时需要满足预定的进度目标和质量目标。因此，在投资控制的过程中，要协调好与进度控制和质量控制的关系，做到三大目标控制的有机配合和相互平衡，而不能片面强调投资控制。目标规划时对投资、进度、质量三大目标进行了反复协调和平衡，力求实现整个目标系统最优。如果在投资控制过程中破坏了这种平衡，也就破坏了整个目标系统，即使投资控制的效果看起来较好或很好，但其结果肯定不是目标系统最优的。

从这个基本思想出发，当采取某项投资控制措施时，如果某项措施会对进度目标和质量目标产生不利影响，就要考虑是否还有别的更好的措施，要慎重决策。例如，采用限额设计进行投资控制时，一方面要力争使整个工程总的投资估算额控制在投资限额之内；另一方面要保证工程预定的功能、使用要求和质量标准。又例如，当发现实际投资已经超过计划投资之后，为了控制投资，不能简单地删减工程内容或降低设计标准，即使不得已这样做，也要慎重选择被删减或降低设计标准的具体工程内容，力求使减少投资对工程质量的影响降到最低。这种协调工程在投资控制过程中是绝对不可缺少的。

简而言之，系统控制的思想就是要实现目标规划与目标控制之间的统一，实现三大目标控制的统一。

2. 全过程控制

全过程是指建设工程实施的全过程，也可以是工程建设全过程。建设工程的实施阶段包括勘察设计阶段、招标阶段、施工阶段以及竣工验收和保修阶段。在这几个阶段中都要进行投资控制,但从投资控制的任务来看,主要集中在前三个阶段。

建设工程的实施过程,一种表现为实物形成过程,即其生产能力和使用功能的形成过程,这是看得见的;另一种则表现为价值形成过程,即其投资的不断累加过程,这是算得出的。这两种过程对建设工程的实施来说都是很重要的,而从投资控制的角度来看,较为关心的则是后一种过程。

需要特别指出的是,在建设工程实施过程中,累计投资在设计阶段和招标阶段缓慢增加,进入施工阶段后则迅速增加,到施工后期,累计投资的增加又趋于平缓。另外,节约投资的可能性从设计阶段到施工开始前迅速降低,其后的变化就相当平缓了。虽然建设工程的实际投资主要发生在施工阶段,但节约投资的可能性却主要在施工以前的阶段,尤其是在设计阶段。当然,所谓节约投资的可能性,是以进行有效的投资控制为前提的。因此,所谓全过程控制,即从设计阶段就开始进行投资控制,并将投资控制工作贯穿建设工程实施的全过程,直至整个工程建成且延续到保修期结束。在明确全过程控制的前提下,还要特别强调早期控制的重要性,越早进行控制,投资控制的效果越好,节约投资的可能性越大。如果能实现过程建设全过程投资控制,效果应当更好。

3. 全方位控制

全方位控制包括两种含义:一是对按工程内容分解的各项投资进行控制,即对单项工程、单位工程乃至分部分项工程的投资进行控制;二是对按总投资构成内容分解的各项费用进行控制,即对建筑安装工程费用、设备和器具购置费以及工程建设其他费等都要进行控制。通常,投资目标的全方位控制主要是指第二种含义。因为单项工程和单位工程的投资同时也要按总投资构成内容分解。

在对建设工程投资进行全方位控制时,应注意以下几个问题:

① 要认真分析建设工程及其投资构成的特点,了解各项费用的变化趋势和影响因素。

② 要抓住主要矛盾,有所侧重。不同建设工程的各项费用占总投资的比例不同。例如,普通民用建筑工程的建筑工程费用占总投资的大部分;工艺复杂的工业项目以设备购置费用为主;智能化大厦的装饰工程费用和设备购置费用占主导地位。它们都应分别作为该类建设工程投资控制的重点。

③ 要根据各项费用的特点选择适当的控制方式。例如,建筑工程费用可以按照工程内容分解得很细,其计划投资一般较为准确,而其实际投资是连续发生的,因而需要定期进行实际投资与计划投资的比较。

## 三、建设工程项目施工阶段投资控制

施工阶段的投资控制即工程造价控制,其主要任务是通过工程付款控制、工程变更费用控制、预防并处理好费用索赔、挖掘节约投资潜力来努力使实际发生的费用不超过计划投资。

为完成施工阶段投资控制任务,监理工程师应当做好以下主要工作。

1. 风险分析

工程开工前,项目监理机构应编制资金使用计划,确定、分析投资控制目标。总监理工程师应组织相关的专业监理工程师依据施工合同的有关条款和施工图，对工程项目造价目标进行风险分析。一是找出工程造价最易突破的部分，比如，施工合同中有关条款不明确而造成突破造价的漏洞；施工图中的问题易造成工程变更、材料和设备价格不确定等。二是找出最易发生费用索赔的原因和环节，比如，建设单位资金不到位、施工图纸不到位，建设单位提供的材料、设备不到位等，从而制定出防范性对策，并经总监理工程师审核后向建设单位提交有关报告。

2. 计量与支付

项目监理机构应按照下列程序进行工程计量（根据设计文件及承包合同中关于工程量计算的规定，项目监理机构对承包单位申报的已完成工程的工程量进行的核验）和工程款支付工作。计量和支付监理程序如下：

① 施工单位统计经专业监理工程师质量验收合格的工程量，按施工合同的约定填报工程量清单和工程款支付申请表。

② 专业监理工程师进行现场计量，按施工合同的约定审核工程量清单和工程款支付申请表，并报总监理工程师审定。

③ 总监理工程师签署工程款支付证书，并报建设单位。

专业监理工程师对施工单位报送的工程款支付申请表进行审核时，应会同施工单位对现场实际完成情况进行计量，对验收手续齐全、资料符合验收要求并符合施工合同规定的计量范围内的工程量予以核定。

监理工程师一般只对以下三个方面的工程项目进行计量：工程量清单中的全部项目、合同文件中规定的项目、经监理工程师审批的工程变更项目。

工程款支付申请中包括合同内工作量费用、工程变更增减费用、经批准的索赔费用，应扣除的预付款、保留金及施工合同约定的其他支付费用。专业监理工程师逐项审查后提出审查意见，报总监理工程师审核签认。

3. 工程变更的管理

工程变更是指构成合同文件组成部分的变更，包括工程量的变更、工程项目的变更、进度计划的变更、施工条件的变更等。

对于任何的工程变更，建设单位、设计单位、施工单位和监理单位都可以提出。引起工程变更的原因有很多，例如，建设单位的变更指令，包括建设单位对工程有了新的要求或修改项目计划或削减预算等；由于设计错误，必须对设计图纸作修改；工程环境变化；国家的政策法规对建设项目有了新的要求等。

发生工程变更，无论是哪一方面提出的，均应经过建设单位、设计单位和监理单位的代表签认，并通过项目总监理工程师下达变更指令后，施工单位方可进行施工。

对设计单位提出的工程变更，项目监理机构应按照下列程序处理：

① 设计单位对原设计存在的缺陷提出的工程变更，应编制设计变更文件；建设单位或施工单位提出的变更，应提交总监理工程师，由总监理工程师组织专业监理工程师审查。审查同意后，应由建设单位转交原设计单位签发设计变更联系单或各方会签的工程变更单。当工程变更涉及安全、环保等内容时，应按规定经有关政府主管部门审定。

② 监理工程师应组织专业监理工程师及时了解实际情况和收集与工程变更有关的资

料。同时，按照施工合同的有关规定，对工程变更的费用和工期作出评估，包括变更的必要性，技术、经济、进度的合理性，施工的可操作性等。

这里需要特别强调两点：一是对工程造价影响较大的工程变更，应进行经济技术分析，严禁通过工程变更变相扩大建设规模、增加建设内容、提高建设标准，以便使工程造价得到有效控制；二是即使变更可能在技术经济上是合理的，也应全面考虑，将变更以后产生的效益（质量、工期、造价）与变更引起的施工单位索赔等所产生的损失进行比较，权衡利弊后再作决定。

③ 总监理工程师应就工程变更费用及工期的评估情况与施工单位和建设单位进行协调。

④ 总监理工程师签发工程变更单。

⑤ 监理工程师监督和协调施工单位实施工程变更。

需要说明的是，在建设单位和施工单位未能就工程变更的费用达成协议时，项目监理单位应提出一个暂定的价格，作为临时支付工程款的依据。该工程款最终结算时，应以建设单位和施工单位达成的协议为依据。在总监理工程师签发工程变更单之前，施工单位不得实施工程变更。未经总监理工程师审查同意而实施的工程变更，项目监理机构不予计量工程量。

4. 索赔管理

索赔就是当事人根据法律、合同及惯例，就应由对方承担责任的事件提出的补偿和赔偿要求。在实际工作中，“索赔”是双向的，既包括施工单位向建设单位的索赔，也包括建设单位向施工单位的索赔（或称反索赔）。但在工程实践中，建设单位对施工单位的索赔数量较少、处理方便，可以通过冲账、扣工程款、扣保证金等形式实现对施工单位的索赔；而施工单位对建设单位的索赔则比较困难。因此，通常情况下，索赔是指施工单位在合同实施过程中，对非自身原因造成的工程延误、费用增加而要求建设单位给予补偿损失的一种权利要求。

由于建设工程施工阶段的复杂性、多边性，工程承包中不可避免地出现索赔，进而导致项目的投资发生变化。因此，索赔的控制是施工阶段投资控制的重要手段。监理工程师应及时收集、整理涉及工程索赔的有关施工和监理资料，为处理索赔积累证据。只有非承包商自身原因引起的承包商损失，才能向业主索赔，主要包括以下两个方面：

① 业主自身失误或违反合同约定等，导致承包商工期拖延或费用增加的，承包商可以提出索赔。

② 非业主原因，但是属于应当由业主承担的风险而引起的承包商工期拖延或费用增加，承包商可以提出索赔。一般是指一个有经验的承包商无法预料的不利的自然条件、人为障碍、社会事件以及不可抗力等原因，包括地质条件变化、恶劣天气以及施工中遇到地下构筑物或文物、管线，发生社会动乱、战争等，使承包商必须花费更多的时间和费用完成工程任务，可以就此向业主提出索赔。

5. 竣工结算审核

竣工结算是承包方将所承包的工程按照合同规定的内容完成，经验收质量合格，并全部交付之后，向发包单位进行的最终工程价款结算。竣工结算由承包方的预算部门负责编制。工程竣工验收报告经建设单位认可后二十八日内，施工单位向建设单位提交竣工结算及完整的结算资料，双方按照协议书预定的合同价款及专用条款约定的合同价款调整内容，进行工程竣工结算。专业监理工程师审核施工单位报送的结算报表；总监理工程师审定竣工结算表，与建设单位、施工单位协商一致后，签发竣工结算文件和最终的工程款支付证书。

竣工结算审核一般应从以下几个方面着手：

① 核对合同条款。首先，竣工结算必须按合同规定的要求完成全部工程并经验收合格；其次，应按合同规定的结算方法、计价定额、取费标准、主材价格和优惠条件等，对工程竣工结算进行审核，若发现合同“开口”或有漏洞，应请建设单位和施工单位认真研究，明确结算要求。

② 检查隐蔽工程验收记录。所有隐蔽工程均需验收，并有 2 人以上的签证；实行工程监理的项目应经监理工程师签证确认。审核竣工结算时应对隐蔽工程施工记录和验收手续进行检查，手续完整，工程量与竣工图一致，方可列入结算。

③ 落实设计变更签证。设计修改变更应由原设计单位出具设计变更通知单和修改的设计图纸，审校人员签字并加盖公章，经建设单位和监理工程师审查同意、签证；重大设计变更应经原审批部门审批，否则不应列入结算。

④ 按图核实工程量。竣工结算的工程量应依据竣工图、设计变更单和现场签证等进行核算，并按国家统一规定的计算规则计算工程量。

⑤ 执行定额单价。结算单价应按合同约定或招标规定的计价定额与计价原则执行。

⑥ 防止各种计算误差。工程竣工结算子目多、篇幅长，往往会有计算误差，应认真核算，防止因计算误差而造成错算、重算和漏算。

## 第三节　建设工程进度控制

### 一、建设工程进度控制概述

#### 1. 建设工程进度控制的含义

建设工程进度控制是指在实现建设项目总目标的过程中，为使工程建设的实际进度符合项目进度计划的要求，对工作程序和持续时间进行规划、实施、检查、调整等一系列监督管理活动的总称。建设工程进度控制是建设工程监理活动中一项重要而复杂的任务，是监理工程师的三大目标控制的重要组成部分。

具体来讲，其含义可以从以下两方面理解：

① 建设工程进度控制的总目标是实现建设项目按要求的计划时间动工。这个时间由监理合同来约定，可以是立项到项目正式启用的整个计划时间，也可能是某个实施阶段的计划时间（如设计阶段或施工阶段的计划工期）。

② 建设工程进度控制是贯穿工程建设的全过程、全方位的系统控制。它涉及建设项目的各个方面，是全面的进度控制，即要对建设的全过程、整个项目结构、有关工作实施进度、影响进度的各种因素进行控制和组织协调。

#### 2. 建设工程进度控制的作用与任务

(1) 建设工程进度控制的作用

建设工程项目能否在预定的工期内竣工交付使用，是投资者最关心的问题之一，也是业主、监理企业、承包商共同控制的目标之一，它对投资的经济效益和工程质量均有很大的影响。过去，我国在基本建设领域曾出现过许多“马拉松工程”，严重拖延建设工期，这不仅使投资效益得不到发挥，还给国家、集体和个人利益带来巨大的损失。

改革开放后，工程项目建设引入了竞争机制，由于市场观念的增强，在工程招投标中把建设工期长短作为一项重要内容来考虑。有的建设工程项目为了加速建成投产，使产品迅速占领市场，经常把建设工程项目的进度控制看得比投资控制更加重要。

建设工程进度控制具有以下重要作用：

① 有利于尽快发挥投资效益。进度控制在一定程度上提供了项目按预定时间交付使用的保证，它对于尽快发挥投资经济效益起着重要作用。例如，生产性建设项目若能按预定的工期交付投产，便可以用生产出的产品增加社会效益，为企业增加经济效益，为国家增加利税收入。若进度失控或拖延工期，将会造成投资的失控和时间的浪费，往往还会给企业和国民经济带来损失。

② 有利于保障良好的经济秩序。建设工程项目具有投资大、工期长、消耗多的特点，如果有一定比例的投资项目进度失控，不仅危害建设工程项目的本身，还会影响整个国民经济正常、健康地发展，扰乱正常的经济秩序。

③ 有利于提高企业的经济效益。“时间就是金钱，效率就是生命”。在市场竞争机制条件下，时间的经济效益已得到广大承包商的重视。对于施工单位来讲，严格按照施工合同进行施工，不仅体现了施工单位的竞争实力、科学组织生产和管理的能力、信誉和自我价值，而且在建设工程的进度控制过程中，能使企业成本得到降低、经济效益得到提高。

(2) 建设工程进度控制的任务

建设工程项目的进度目标实质上是监理工程师在对建设单位要求的工期和投产时间、资金到位计划、设备进场计划、国家颁布定额、工程量与工程复杂程度、建设规模、工程地质、水文地质、建设地区气候等因素进行科学分析的基础上，求得的本工程的建设项目的最佳建设工期。工程建设项目的最佳工期确定后，监理工程师进度控制的任务就是根据进度目标确定实施方案。

根据建设阶段的不同，进度控制的任务是不同的。

① 设计阶段进度控制的主要任务

在设计阶段，监理工程师根据项目总工期的要求，协助业主确定合理的设计工期；按合同要求及时、准确、完整地提供设计所需的各种技术资料；协调各设计单位开展设计工作，力求使设计按计划进度进行；协调有关各方，保证设计顺利进行。

② 招投标阶段进度控制的主要任务

在招投标阶段，监理工程师通过参与编制施工招标文件、编制标底、投标单位资格预审、组织评标与定标、合同谈判等工作，按照公开、公正、公平竞争的原则，协助业主选择理想的承包商，以期能以合理的价格、先进的技术、较高的管理水平、较短的时间、较好的质量来完成工程施工任务。

③ 施工阶段进度控制的主要任务

在施工阶段，监理工程师通过完善项目控制性进度计划、审查施工单位进度计划、做好各项动态控制工作、协调各单位关系、预防和处理好工期索赔，力求使实际进度满足计划进度要求。具体地讲，施工过程中进度控制的任务是进行进度规划、进度控制和进度协调。

## 二、建设工程进度控制模式

建设工程进度控制模式包括系统控制、全过程控制和全方位控制三种形式。

1. 系统控制

进度控制的系统控制思想与投资控制基本相同，但其具体内容和表现有所不同。在采取进度控制措施时，要尽可能地采取可对投资目标和质量目标产生有利影响的进度控制措施。例如，完善的施工组织设计、优化的进度计划等。相对于投资控制和质量控制而言，进度控制措施可能对其他两个目标产生直接的有利作用，这一点显得尤为突出，应当给予足够的重视并加以充分利用，以提高目标控制的总体效果。

当然，采取进度控制措施也可能对投资目标和质量目标产生不利影响。一般来说，局部关键工作发生工期延误尚不严重时，通过调整进度计划来保证进度目标是比较容易做到的。例如，可以采取加班加点的方式，或适当增加施工机械或人力的投入。这时，就会对投资目标产生不利影响，而且由于夜间施工或施工速度过快，也可能对质量目标产生不利影响。因此，当采取进度控制措施时，不能仅保证进度目标的实现却不顾投资目标和质量目标，而应当综合考虑三大目标。根据工程进展的实际情况和要求以及进度控制措施选择的可能性，有以下三种处理方式：

① 在保证进度目标的前提下，将对投资目标和质量目标的影响降到最低程度。

② 适当调整进度目标(延长计划总工期)，不影响或基本不影响投资目标和质量目标。

③ 介于上述两者之间。

2. 全过程控制

建设工程进度控制的全过程控制要注意以下三方面：

① 在工程建设的早期就应当编制进度计划。在工程建设早期编制进度计划，是早期控制思想在进度控制中的反映。越早进行控制，进度控制的效果越好。

② 在编制进度计划时要充分考虑各阶段工作之间的合理搭接。建设工程实施各阶段的工作是相对独立的，但不能完全分开，其在内容上有一定联系，在时间上有一定搭接。搭接时间越长，建设工程的总工期就越短。但是，搭接时间与各阶段工作之间的逻辑关系有关，都有其合理的限度。因此，合理确定具体的搭接工作内容和搭接时间，也是进度计划优化的重要内容。

③ 抓好关键线路的进度控制。进度控制的重点对象是关键线路上的关键工作，包括关键线路变化后的各项关键工作，这样可取得事半功倍的效果。由此可见工程建设早期编制进度计划的重要性。如果没有进度计划，就不知道哪些工作是关键工作，进度控制工作就没有重点，就可能对关键工作控制不利，而对非关键工作却全力以赴，结果事倍功半。当然，对于非关键线路的各项工作，要确保其不要延误得太多(超过总时差)而变为关键工作。

3. 全方位控制

(1) 对整个建设工程所有工程内容的进度都要进行控制

除了单项工程、单位工程之外，还包括区内道路、绿化、配套工程等的进度。这些工程内容都有相应的进度目标，应尽可能地将它们的实际进度控制在进度目标之内。

(2) 对整个建设工程所有工作内容都要进行控制

建设工程的各项工作，征地、拆迁、勘察、设计、施工招标、材料和设备采购、施工、动用前准备等，都有进度控制的目标。这里要注意与全过程控制的有关内容相区分。在全过程控制的分析中，对这些工作内容侧重从各个阶段的工作关系和总进度计划编制的角度进行阐述。实际的进度控制往往既表现为对工程内容进度的控制，又表现为对工作内容进度的控制。

(3) 对影响进度的各种因素都要进行控制

建设工程的实际进度受到很多因素的影响，如施工机械数量不足或出现故障，技术人员和工人的素质与能力低下等。要实现有效的进度控制，必须对上述影响进度的各种因素都进行控制，通过采取措施减少或避免这些因素对进度的影响。

(4) 注意各方面工作进度对施工进度的影响

任何建设工程最终都是通过施工将其建造起来的。施工进度作为一个整体，肯定是在总进度计划中的关键线路上，任何导致施工进度拖延的情况，都将导致总进度的拖延。而施工进度的拖延往往是其他方面工作进度的拖延引起的。因此，要围绕施工进度的需要来安排其他方面的工作进度。

## 三、建设工程施工阶段进度控制

在工程项目施工阶段，施工单位必须先编制施工组织设计，并报监理单位进行审批。施工组织设计是一种指导施工的全面的技术经济文件，它对施工活动的顺利开展具有极其重要的意义。其中，施工进度计划的控制是施工组织设计的重要组成部分。根据建设工程项目的进度控制实践，进度控制的要点主要是工程施工进度计划的编制、工程施工进度计划的审批和工程施工进度计划的检查与调整。

### 1. 工程施工进度计划的编制

工程施工进度计划是表示施工项目中各单位工程和各分项工程的施工顺序、开竣工时间以及相互衔接关系的计划。施工单位中标后，应按照合同规定的总工期编制工程施工进度计划表，并在规定的期限内送给监理工程师审查，经监理工程师审查、施工单位修订后，可作为建设工程项目施工进度控制的标准。

工程施工进度计划可根据建设工程项目实施的不同阶段，分别编制总体进度计划及年、月、旬进度计划；对于某些起控制作用的关键工程建设项目，必要时还应单独编制施工进度计划。

### 2. 工程施工进度计划的审批

监理工程师在接到施工单位提交的工程进度计划之后，应对工程施工进度计划进行认真的审核。审核进度计划的目的是检查施工单位所制订的工程进度计划是否合理，是否适合建设工程项目的实际条件和施工现场的情况，避免以不切合实际的工程施工进度计划来指导工程施工。因此，监理工程师对承包人提交的工程施工进度计划，应重点审核施工单位实施计划的能力及施工时间安排的合理性。

(1) 工程施工进度计划的审查

监理工程师在接到承包人的工程施工进度计划后，应立即组织有关人员进行认真审查。审查工作一般可按以下程序进行：

① 仔细阅读文件，列出存在的问题，进行调查了解。

② 对列出的问题，逐一与承包人进行讨论，解决或澄清问题。

③ 对确实有问题的部分进行分析，向承包人提出修改性意见。

(2) 审核工程施工进度计划的内容

① 工程施工进度计划是否符合项目总进度计划中总目标和分解目标的要求，是否符合施工合同中开竣工日期的规定。

② 施工顺序是否符合施工程序；劳动力、材料、构配件、机具和设备的供应计划是否能满足工程施工进度计划的需要，供应是否均衡，在高峰期是否具有足够的能力实现计划供应。

③ 建设单位资金供应能力是否满足进度需要；建设单位提供的场地条件、物资的供应能力，特别是国外进口设备的到货时间与进度计划是否能衔接；是否有造成建设单位违约而导致索赔的可能。

④ 总分包分别编制的各项工程施工进度计划之间是否协调；专业分工与计划衔接是否合理；与设计单位图纸供应进度是否一致。

经审查后，若存在问题，监理方面应提出书面修改意见（也称整改通知书），并协助施工单位修改，其中重大问题应及时向建设单位汇报。

(3) 对工程施工进度计划延期的审批

在工程施工过程中，当发生非承包人原因造成的工程延期后，应根据合同规定处理工程延期。按照 FIDIC 管理模式，监理工程师在审批进度计划延期时，应遵循以下原则：

① 建设工程项目延期是否是承包人的原因。只有非承包人自身原因引起的工程延期才可考虑是否受理，这是监理工程师审批工程延期应遵循的一个重要原则。

② 建设工程项目延期是否会推迟整个工程建设项目的总工期，若只是局部工程受到影响，应考虑是否可以采取其他措施予以弥补。

③ 所延期的建设工程项目是否在施工进度计划的关键线路上，若是非关键线路上的工程，则不考虑延期。

④ 因恶劣气候条件造成的工程延期，监理工程师应综合考虑整个施工期的天气情况，并考虑利用施工期内良好气候予以补偿。

⑤ 在非承包人原因造成的工程延期发生后的二十八日内，承包人应向监理工程师提出工程延期的书面申请，否则监理工程师无须考虑给予承包人延期。

3. 工程施工进度计划的检查与调整

(1) 工程施工进度计划的检查

工程施工进度计划的检查是计划执行信息的主要来源，是工程施工进度计划调整和分析的依据，也是进度控制的关键。工程施工进度计划检查的内容主要包括工作开始时间、工作完成时间、工作持续时间、工作之间的逻辑关系、完成各工作的实物工程量和工作量、关键线路和总工期、总时差和自由时差的利用。工程施工进度计划检查的目的，是通过检查发现偏差，以便修改或调整计划，确保工程按期完成。工程施工进度计划检查采用实物对比法，即将进度计划和实际进度进行对比。在工程施工进度计划的检查中，应做好以下工作：

① 在建设工程项目的施工过程中，专业监理工程师应要求承包人每日按单位工程、分项工程或工序对实际进度进行记录，并与计划进度进行对比，以作为掌握工程进度和进行决策的依据。

每日进度检查记录应包括的内容：当日实际完成与累计完成的工程量，实际参加施工的人力、机械数量及生产效率，施工停滞的人力、机械数量及原因，施工单位及技术人员到达施工现场的情况，当日发生的影响工程进度的特殊事件或原因，当日的气候情况及对施工的影响等。

② 驻地监理工程师应要求施工单位根据施工现场提供的每日施工进度记录，及时进行统计和标记。通过分析和整理，每月向总监理工程师或代表和建设单位提交一份月工程进度报告。

月工程进度报告应包括的基本内容有：工程进度概况和总说明，以记事方式对计划进度执行情况进行分析；编制工程进度计划累计曲线和完成投资额累计曲线；显示关键线路（或主要建设工程项目）中一些施工活动及进展情况的工程图片；反映承包人的现金流动、工程变更、价格调整、工程索赔、工程支付及其他财务支出情况的财务报告；影响工程进度或造成延误的其他特殊事项、因素及解决措施。

③ 监理工程师应编制和建立各种用于记录、统计、标记、反映实际工程进度与计划进度差距的进度控制表及进度统计表，以便随时对工程进度进行分析和评价，作为要求承包人加快工程进度、调整计划或采取其他合同措施的依据。

（2）工程施工进度计划的调整

工程施工过程中，由于承包人的人力、机械数量的变化，管理失误，恶劣的气候，地质条件，物资供应或建设单位原因等因素的影响，都将给工程施工进度的实现带来许多困难。因此，如果监理工程师发现工程现场的组织安排、施工顺序或人力和设备等与原定的工程施工进度计划有较大的差别，应要求承包人对原工程施工进度计划予以调整，以符合工程现场的实际并保证满足合同工期的要求。

## 第四节　建设工程质量控制

### 一、建设工程质量控制概述

#### 1. 建设工程质量控制的含义

质量控制是指在实现工程建设项目总目标的过程中，为满足项目总体质量要求的有关监督管理活动。质量控制是建设监理活动中最重要的工作，是建设工程项目控制三个目标的中心目标，它不仅关系到工程的成败、进度的快慢、投资的多少，而且直接关系到国家财产和人民生命安全。因此，实现质量控制目标是监理企业和每一位监理工程师的中心任务。

施工是形成建设工程项目实体的阶段，也是形成最终产品质量的重要阶段。因此，施工阶段的质量控制是建设工程项目质量控制的重点，也是施工阶段监理的重要任务。“百年大计，质量第一”。无论是材料与设备的选购，还是土建工程施工、设备安装，都要树立强烈的质量意识，建立严格的质量检验和质量监理制度。为此，国务院颁布了《建设工程质量管理条例》，标志着我国建设工程质量管理步入了规范化、制度化的轨道，明确了建设单位、勘察单位、设计单位和建设工程监理企业的质量责任和义务；对建设工程的质量管理作出了明确规定，提出了明确要求。

2. 质量控制的作用与任务

(1) 质量控制的作用

工程监理企业受建设单位的委托，依据国家和政府颁布的有关标准、规范、规程、规定，以及建设工程的有关合同文件，对建设工程项目质量形成的全过程各阶段和各环节影响工程质量的主导因素进行有效的控制，预防、减少或消除质量缺陷，满足使用单位对工程质量的要求，使建设工程项目有良好的社会效益。由此可见，质量控制在建设工程项目的实施过程中具有十分重要的作用。

① 减轻了建设单位对质量控制的负担。工程监理企业按照建设单位的委托监理合同进行质量控制，有法律上的保证。工程监理企业可以对工程设计、施工阶段等重要的质量形成环节进行监督，协调建设、设计、施工各单位之间在保证工程质量过程中的全部活动。工程监理企业是专职的质量控制监督服务性机构，它将比建设单位更多地深入设计工作的各环节以及施工现场，及时发现设计和施工中存在的质量问题并加以纠正。因此，工程监理企业既是工程建设全过程的监督者，又是各方相互联系的纽带和桥梁，从某种意义上还是质量控制的实施者。工程监理企业还可以作为建设单位的参谋，协助建设单位进行质量控制决策，解决重大质量问题。

② 促进建设单位和施工单位的质量控制活动。由于工程监理企业掌握了建设单位或使用单位所要求的标准及设计规范，所以可以向设计单位转达用户的有关信息，使设计文件既符合规范要求，又满足用户需要，且具有规范性和适用性。建设工程监理企业对设计文件实施监督检查，可以有力地促进设计质量的提高。另外，建设工程监理企业深入施工现场进行全过程质量控制，可以督促施工单位更加自觉地按照技术规范、操作规程、设计要求、施工方案、操作工艺、检验方法等进行施工，从而确保工程的施工质量，这对施工单位的技术水平和管理水平也可起到促进和提高作用。

③ 利于健全设计单位和施工单位的质量保证体系。建立完整的质量保证体系并保证其正常运行是设计单位、施工单位保证工程质量的前提。但是，只有设计单位、施工单位的质量保证体系是不健全的质量保证体系，因为设计单位、施工单位的质量保证体系受合同环境的影响很大，难免出现质量问题。工程监理企业除了对设计单位、施工单位进行质量监理外，还要对其合同环境的质量活动进行必要的监理，审查各有关单位的质量保证体系，对他们的产品质量进行验收、检验、认证等监督活动。

(2) 质量控制的任务

不同的阶段（包括可行性研究、项目决策、工程设计、工程施工、竣工验收五个阶段），质量控制的任务不同。这里主要介绍工程施工阶段质量控制的任务。

工程施工阶段质量控制的主要任务是:通过对施工投入、施工和安装过程、产出品进行全过程控制,以及对参加施工的单位和人员资质、材料和设备、施工机械、施工方案和工艺方法、施工环境实施全方位控制,以期达到预定的施工质量目标。

3. 影响质量控制的主要因素

工程项目实体的质量、使用功能受设计、施工、供应、监理等各方面因素的影响。例如,机械、用工、材料、施工方法、工程建设环境等都会对工程质量造成一定影响。监理单位应对多方面影响因素综合考虑、全面控制。对人,要从思想素质、业务水平、身体素质等方面考虑;对材料,要严把检验验收关;对施工方法,要进行分析论证,选择最优方案;对机械,应根据工艺及技术要求合理选择;对环境,要加强管理,以确保质量目标的实现。另外,在影响工程质量控制的因素中还应注意以下几个主要问题。

(1) 违反基本建设程序

不严格遵守国家现行的基本建设程序,是影响工程质量控制的首要因素。根据几十年来基本建设的实践经验,我国已形成了一套现行的、科学的基本建设程序,这是工程建设中必须遵循的基本准则。

(2) 施工单位资质不符或人才缺乏

我国《建设工程质量管理条例》明确规定:“施工单位应当依法取得相应等级的资质证书并在其资质等级许可的范围内承揽工程。”也就是说,不同资质等级的施工单位,具有不同的技术水平和管理水平,可承担的建筑产品生产的任务范围也有所不同。

从目前我国工程建设状况来看,仍然存在一定的问题,如建筑生产管理水平普遍较低,跟不上体制改革和经济发展的步伐;一些建设单位为了节省建设资金选择资质等级较低的施工单位,给工程质量控制带来一定隐患;特别是一些无相应资质建筑队进行承包、转包、分包的项目,为片面追求经济效益而强行赶进度,硬性降低成本,缺乏科学管理,忽视工程质量。另外,多数施工单位缺乏高水平的管理人才,施工管理仍停留在粗放的水平上,有些管理干部和质检人员缺乏有关规范、规程、规定、标准等方面基本的知识,甚至在质量管理中无法与监理工程师配合。因此,应重点对施工单位资质与实际能力进行确认。

(3) 建设监理制度不健全

建立具有中国特色的建设工程监理制度,是我国建设领域深化改革与国际接轨的一项重大举措。20 世纪 90 年代,我国在各建设行业迅速推行了建设监理制度,加强了对工程建设的管理和控制,取得了显著的社会效益。然而建设监理制度在我国起步比较晚,有关管理体制还不是很健全,违反国家建设监理制度规定的现象还时常存在,也对工程质量的控制造成了一定影响。其主要体现在以下两个方面:

① 实行监理的建筑工程,建设单位委托不具有相应资质条件的工程监理企业监理,造成监理人员不能胜任监理工作;实施建筑工程监理前,建设单位在监理委托协议中没有将监理的内容、监理的义务和权限规定清楚,导致在质量控制方面出现重大遗漏。

② 一些建设工程监理企业的监理人员业务水平较低,不能依照法律、行政法规及有关技术标准、设计文件和建筑工程承包合同,对施工单位在施工质量、建设工期和建设资金使

用等方面代表建设单位实行监督；一些建设工程监理企业中的个别监理人员思想素质较差，不按照委托监理合同的约定履行监理义务，对应当监督检查的项目不检查或者不按照规定检查，甚至与施工单位串通，为施工单位牟取非法利益。

## 二、建设工程质量控制模式

1. 系统控制

① 避免不断提高质量目标的倾向。建设工程的建设周期较长，随着技术、经济水平的发展会不断出现新设备、新工艺、新材料、新理念等，在工程建设早期（如可行性研究阶段）所确定的质量目标，到设计阶段和施工阶段时就可能会相对滞后。不少业主往往要求相应地提高质量标准，这样势必要增加投资；而且由于要修改设计、重新制订材料和设备采购计划，甚至将已经施工完毕的部分工程拆毁重建，这样势必也会影响进度目标的实现。因此，要避免这种倾向。为了避免这种倾向，可以做以下工作：首先，在工程建设早期确定质量目标时有一定的前瞻性；其次，对质量目标有一个理性的认识，不要盲目追求“最新”“最高”“最好”等目标；最后，定量分析提高质量目标后对投资目标和进度目标的影响，在这一前提下，即使确实有必要适当提高质量标准，也要把对投资目标和进度目标的不利影响降到最低程度。

② 确保基本质量目标的实现。建设工程的质量目标关系到生命安全、环境保护等社会问题，国家有相应的强制性标准。因此，不论发生什么情况，也不论在投资和进度方面要付出多大的代价，都必须保证建设工程安全可靠、质量合格。当然，如果投资代价太大而无法承受，可以放弃不建。另外，建设工程都有预定的功能，若无特殊原因，也应确保实现。严格地说，改变功能或删减功能后建成的建设工程与原定功能的建设工程是两个不同的建设工程，不宜直接比较，有时也难以评价其目标控制的效果。需要说明的是，有些建设工程质量标准的改变可能直接导致其功能的改变。例如，原定的某一级公路，由于质量控制不力，只达到二级公路的标准，这不仅是质量标准的降低，其本质是功能的改变。这不仅会大大降低其通车能力，还将大大降低其社会效益。

③ 尽可能发挥质量控制对投资目标和进度目标的积极作用。

2. 全过程控制

建设工程的每个阶段都对工程质量的形成起着重要的作用，但各阶段关于质量问题的侧重点不同。如在项目的可行性研究阶段，主要论证“能否做”的问题，解决工程总体质量控制目标的可行性；在决策阶段，主要落实“能否做”的问题，形成控制总体目标；在设计阶段，主要解决“做什么”和“如何做”的问题，使建设工程总体质量目标具体化；在施工前的招标阶段和合同签订阶段，主要解决“谁来做”的问题，使工程质量目标由承包商来实现；在施工阶段，通过施工组织设计等文件，进一步解决“如何做”的问题，通过具体的施工解决“做出来”的问题，使建设工程形成实体，将工程质量目标物化地体现出来；在竣工验收阶段，主要解决工程实际质量是否符合预定质量的问题；在竣工验收后的保修阶段，主要解决已发现的质量缺陷问题。因此，应当根据建设工程各阶段质量控制的特点和重点，确定各阶段质量控制的目标和任务，以实现全过程质量控制。

在建设工程的各个阶段中，设计阶段和施工阶段的持续时间较长，这两个阶段工作的“过程性”也尤为突出。例如，设计工作包括方案设计、初步设计、技术设计、施工图设计，设计过程就表现为设计内容不断深化和细化。如果等施工图设计完成后才进行审查，一旦发现问题，后果就很严重。因此，必须对设计质量进行全过程控制，也就是将对设计质量的控制落实到设计工作的过程中。又例如，房屋建筑的施工阶段分为基础工程、上部结构工程、安装工程和装饰工程等。各阶段的工程内容和质量要求有明显区别，相应地，对质量控制工作的具体要求也有所不同。另外，建设工程建成后，不可能像某些工业产品那样通过拆卸或解体来检查其内在的质量，这表明建设工程竣工检验时难以发现工程内在的、隐蔽的质量缺陷，因此必须加强施工过程中的质量检验。而且在建设工程施工过程中工序交接多、中间产品多、隐蔽工程多，若不及时检查，就可能留下质量隐患。因此，对施工质量也必须进行全过程控制，要把对施工质量的控制落实到施工各阶段的过程中。

3. 全方位控制

对建设工程质量进行全方位控制应从以下几方面着手：

① 对建设工程所有工程内容的质量进行控制。建设工程是一个整体，其总体质量是各个组成部分质量的综合体现，也取决于各个具体工程内容的质量。如果某项工程内容的质量不合格，即使其余工程内容的质量都很好，也可能导致整个建设工程的质量不合格。因此，对建设工程质量的控制必须落实到每一项工程内容中。

② 对建设工程质量目标的所有内容进行控制。建设工程的质量目标包括许多具体的内容，如从外在质量、工程实体质量、功能和使用价值质量等方面可分为美观性、与环境的协调性、安全性、可靠性、适用性、灵活性、可维修性等目标，还可以分为更具体的质量目标(这些具体质量目标之间有时也存在对立统一的关系，在质量控制工作中要注意加以妥善处理)。这些具体的质量目标是否能实现或实现的程度如何，又与评价方法和标准有关。此外，对功能和使用价值质量目标要予以足够的重视，因为该质量目标很重要，而且其控制对象和方法与对工程实体质量的控制不同。

③ 对影响建设工程质量目标的所有因素进行控制。如前所述，影响建设工程质量目标的因素包括人工、机械、材料、方法和环境五个方面。对质量进行全方位控制就是要对这五个方面的因素都进行控制。

4. 全员控制原则

建设工程质量的特殊性决定了需要从以下三个方面对其进行控制：

① 从产品生产者角度进行的质量控制——实施者自身的质量控制。即按建设工程质量的形成过程，加强决策阶段、工程勘察设计阶段、施工阶段的全过程质量控制。

② 从社会公众角度进行的质量控制——政府对工程质量的监督。政府是建设工程质量监控的主体，它主要是以法律、法规为依据，通过工程报建、施工设计文件审查、施工许可证核发、材料和设备准用、工程质量监督、重大工程竣工验收备案等环节进行质量控制。

③ 从业主角度或者从产品需求者角度进行的质量控制——监理单位的质量控制。工程监理单位也是建设工程质量监控的主体，它受建设单位的委托，代表建设单位对工程实施

全过程的质量监督和控制，包括勘察设计阶段的质量控制、施工阶段的质量控制，以满足建设单位对工程质量的要求。

对于建设工程的质量，加强政府的质量监督和监理单位的质量控制是非常必要的，但也不能弱化实施者本身的质量控制。

### 三、建设工程施工阶段的质量控制

*1. 质量控制的依据*

根据适用的范围及性质不同，施工阶段质量控制的依据大体上可以分为以下两类。

(1) 共同性依据

共同性依据是指工程项目施工阶段与质量控制有关的通用的、具有普遍指导意义和必须遵守的基本文件。这些基本文件如下：

① 与工程建设有关的合同。这些合同包括工程承包合同、勘察合同、设计合同和监理合同。合同的条款中分别规定了参与建设的各方在质量控制方面的权利和义务，有关各方必须履行在合同中的承诺。尤其是监理单位，既要履行监理合同的条款，又要监督建设单位、施工单位履行有关质量控制的条款。

② 设计文件。“按图施工”是施工阶段质量控制的一项重要原则。因此，经过批准的设计图纸和技术说明书等设计文件是质量控制的重要依据。

③ 国家及政府有关部门颁布的有关质量管理方面的法律、法规性文件。这些文件包括《建设工程质量监督管理规定》《建筑法》《建设工程质量管理条例》等。

以上有关质量管理方面的文件是建设行业质量管理应遵循的基本法规文件。此外，其他各行业(如交通、能源、水利、冶金、化工等)政府主管部门和省、市、自治区有关主管部门也根据本行业及本地区的特点，制定和颁发了有关的法规性文件，这些文件分别适用于本行业或本地区建设工程的质量管理和质量控制。

(2) 有关质量检验与控制的专门技术法规性依据

这类文件一般是针对不同行业、不同的质量控制对象而制定的技术法规性文件，包括各种标准、规范、规程或规定等。

技术标准有国际标准(如 ISO 系列)、国家标准、行业标准和企业标准之分，它们是建立和维护正常的生产及工作秩序应遵守的准则，也是衡量工程、设备和材料质量的尺度，如质量检验及评定标准，材料、半成品或构配件的技术检验和验收标准等。所谓技术规程或规范，一般是为执行技术标准、保证施工有秩序地进行，而为有关人员制定的行动准则，如施工技术规程、操作规程、设备维护和检修规程、安全技术规程，以及施工及验收规范等。通常它们与质量的形成有密切关系，应严格遵守。

各种有关质量方面的规定，一般是有关主管部门根据需要发布的带有方针目标性的文件，具有指令性和及时性的特点。

*2. 质量控制的流程及工作重点*

施工阶段质量控制的流程如图 7.1 所示。

施工阶段质量控制的工作重点如下。

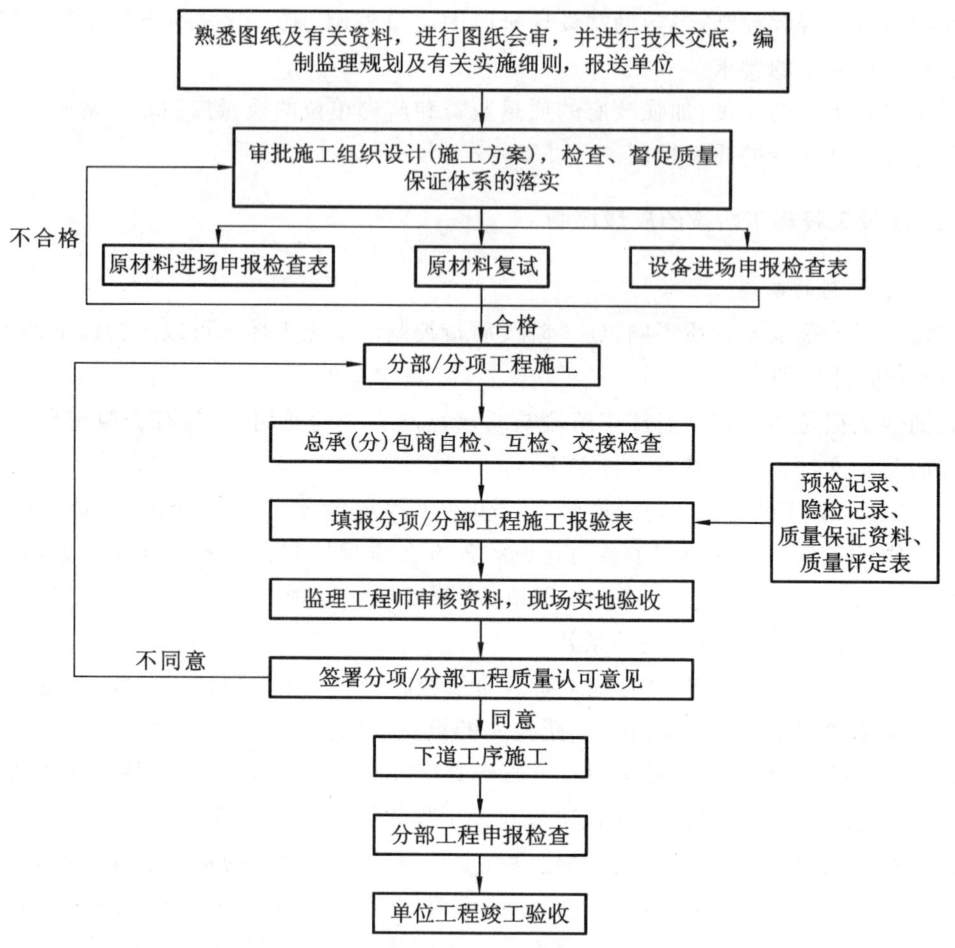


图 7.1　施工阶段质量控制流程示意图

(1) 图纸会审

施工图是工程施工的直接依据；图纸会审是监理单位、设计单位和施工单位进行质量控制的重要手段。监理工程师和施工单位通过审查图纸，可以熟悉设计图纸，了解工程特点、设计意图和关键部位的工程质量要求，能发现和减少设计差错。图纸审查的内容主要包括以下几个方面。

① 施工图纸设计者(设计单位或施工单位)合法资格的认定，以及图纸审核手续是否符合规定的要求，是否经设计单位正式签署。

② 图纸与说明书是否齐全，是否符合监理大纲提出的要求。

③ 设计是否满足规定的要求(如抗震设防烈度、安全防火、环境卫生等要求)。

④ 图纸中有无遗漏、差错或相互矛盾之处，图纸的表示方法是否清楚和符合标准等。

⑤ 工程地质及水文地质等基础资料是否充分、可靠。

⑥ 所需材料的来源有无保证、能否被替代，新材料、新技术的采用有无问题。

⑦ 所提出的施工工艺、方法是否合理，是否切合实际，是否存在不便于施工之处，能否保证质量要求。

⑧ 施工单位是否具备施工图或说明书中所涉及的各种标准、图册、规范、规程等。

对于在图纸会审纪要中提出的问题，设计单位应通过书面形式进行解释或提交设计变更通知书。若施工图是由施工单位编制和提供的，则应由该施工单位针对会审中提出的问题修改施工图纸，然后上报监理工程师审查，在获得批准和确认后，才能按该施工图施工。

(2) 技术交底

应在工程施工前，由监理工程师组织设计单位人员向施工单位有关人员进行技术交底。技术交底的程序是先由设计单位介绍设计意图、结构特点、施工及工艺要求、技术措施和有关注意事项及关键问题；再由施工单位提出图纸中存在的问题和疑点，以及待解决的技术难题；然后通过三方研究和商讨，拟定出解决的方法，并写进会议纪要，以作为对设计图纸的补充、修改以及施工的依据。

技术交底的内容主要包括以下几个方面：

① 有关的地形、地貌、水文气象、工程地质及水文地质等自然条件。

② 施工图设计依据，包括初步设计文件、主管部门及其他部门(如规划、环保、农业、交通、旅游等)的要求、采用的主要设计规范、业主提供或市场供应的建筑材料情况等。

③ 设计意图，如设计思想、设计方案比较的情况，基础开挖及基础处理方案，结构设计意图，设备安装和调试要求，施工进度与工期安排等。

④ 施工应注意，如对基础处理的要求、对建筑材料方面的要求、主体工程设计中采用新结构或新工艺对施工提出的要求、为实现进度安排而应采用的施工组织和技术保证措施等。

(3) 对原始基准点、基准线和参考标高的复核和工程放线的检查

为了使承包商进场后能尽快开始工程施工，监理工程师应要求承包商对工程师书面给定的原始基准点、基准线和参考标高进行复核，并将上述复核结果填写在“施工放样报验单”中，上报监理工程师审查。在获得批准后，承包商应根据批准的原始基准点、基准线和参考标高对工程进行准确放线，并对工程所有的位置、标高、尺寸及其正确性负责。承包商还应提供与上述责任有关的一切必要的仪器、装置和劳务。在工程施工期间，如果工程任何部分的位置、标高、尺寸或基准线出现差错，当监理工程师要求对此进行纠正时，承包商应纠正此类差错，直至达到设计要求。

(4) 施工文件的审查

在施工招标阶段，承包商根据标书中写明的施工任务、技术要求、施工工期及施工现场的自然条件已制定过施工组织设计，这一施工组织设计是承包商投标书的重要组成部分；承包商中标后，施工组织设计也自然成了工程承包合同文件的组成部分。然而，承包商进行现场施工时，仍必须对每一单位工程制定更为具体的施工组织设计，详细说明如何进行该单位工程的施工，并保证其质量。对于某些特别重要的、复杂的或者缺乏施工经验的分部(分项)工程，还应编写专门的、详尽的分部(分项)工程施工设计文件。不论属于哪一种情况，监理工程师均要对承包商编制的单位工程施工组织设计和分部(分项)工程施工设计文件进行审查。监理工程师审查时应着重注意以下几个方面：

① 承包商所选用的施工机械设备的型号、类型、性能、数量等能否满足施工进度和施工质量的要求。

② 拟采用的施工方法、施工方案在技术上是否可行，对质量有无保证。

③ 各施工工序之间是否平衡，是否会因工序的不平衡而出现窝工。

④ 质量控制点的设置是否正确，其检验方法、检验频率、检验标准是否符合合同技术规范的要求。

⑤ 计量方法是否符合合同的规定。

⑥ 技术保证措施是否切实可行。

⑦ 施工安全技术措施是否切实可行等。

监理工程师在对施工承包商的施工组织设计进行仔细审查后提出意见和建议，并以书面形式答复承包商是否批准施工组织设计、是否需要修改。如果需要修改，承包商应对施工组织设计进行修改，然后再次请监理工程师审查，直至批准为止。施工组织设计获得批准后，承包商就应严格遵照批准的施工组织设计实施。根据合同条件的规定，监理工程师对施工方案的批准并不解除承包商对此方案应负的责任。

在施工过程中，监理工程师有权随时随地检查已批准的施工组织设计的实施情况。如果发现承包商有违背之处，监理工程师应先以口头形式指出，然后以书面形式指出承包商违背施工组织设计的具体行为，并要求其予以改正。如果承包商坚持不予改正，监理工程师有权发布暂停令，指令其停止施工。

(5) 施工准备的检查

施工准备的检查包括以下内容：

① 对承包商组织机构和人员的审查。在合同项目开工前，承包商应向监理工程师呈报现场组织机构表及各主要岗位的人员名单和他们的主要资历。监理工程师应认真予以审查，确保承包单位各级人员的素质。

根据承包商雇员在工作中的实际表现，监理工程师有权反对并要求承包商立即从该工程撤走渎职者、不能胜任工作的人员、玩忽职守的人员，以及监理工程师从其他方面考虑认为不宜留在现场的人员。没有监理工程师的同意，不得允许这些人员重新从事该工程的该项工作。撤走人员的职位空缺应尽快予以补充。

② 对承包商工地试验室和试验计量设备的检查。在工程质量控制实施中，工地试验室是一个十分重要的部门，它负责原材料试验，混凝土级配试验、强度试验，各种混合料试验以及其他各种现场试验。因此，开工前必须要求承包商建立自己的工地试验室，配置必要的试验设备和合格的试验技术人员，以满足开展工程所必需的各种常规试验的需要。

一般在合同中规定了承包商工地试验室必须从事的试验项目及试验室需要配置的设备清单，监理工程师应逐项进行检查，并且要求试验计量设备有合格证，以检查其计量的准确性。根据国家规定，材料试验室的资格需要得到国家技术监督部门的质量认证，其试验结果才有效。

③ 对施工机具、设备的检查。为了保证建设项目的顺利开工，承包商在开工前应提交施工机具及设备进场计划，即根据施工进度及所需完成的工程量、工种、施工强度确定所需的施工机具类型、型号、性能、数量及其进场时间。监理工程师应审查承包商的施工机具、设备进场计划，以确定这一计划能否满足施工进度的需要。在该计划得到批准后，承包商应按

计划组织施工机具、设备进场，并上报监理工程师。监理工程师应根据计划对进场的施工机具及设备的类型、型号、性能、数量，以及这些施工机具、设备的实际状况进行检查。如果发现有不符合进场计划的情况，或进场施工机具、设备性能不符合要求，监理工程师应书面通知承包商进行更换。

④ 对原材料、成品、半成品的检查。针对用于工程的原材料，应检查其规格性能是否符合设计要求。凡没有出厂合格证的水泥、掺合料、外加剂、金属、化工、电工等材料，每批产品均需经过检查鉴定。对于混凝土结构、金属结构、木结构的预制件及半成品的质量，也需事先进行鉴定。对于机电设备及金属结构，应检查其是否有出厂合格证，其在运输和存放过程中发生的变形、锈蚀、受潮、损坏等问题是否已妥善处理。仪表、动力元件、观测仪器和预埋件等也需有关部门进行检查。

对于在一定时段内需要连续施工的工程（如混凝土浇筑、灌浆等），还需检查其材料和施工设备、机具配置数量能否满足计划时段内连续施工的需要。

⑤ 对质量保证体系的检查。按照全面质量管理的观点，质量保证绝不仅仅是监督部门的事。为确保工程质量，承包商应充分发挥其内部各部门、各岗位的特定质量职能，使其尽到质量保证的责任，建立承包商的质量保证体系。

监理工程师应从质量保证体制和人员、质量保证手册、质量保证体系图、质量信息反馈系统四个方面审查承包商的质量保证体系。同时，监理工程师应督促承包商健全质量保证机构，并明确相应的职责，以确保质量保证工作的正常开展。此外，还需检查附属工程、大型临时设施、防冻与降温措施、防自然灾害措施、保养和保护措施、劳动组织和技工水平，以及技术交底情况。

（6）施工过程质量管理

① 对施工单位施工质量管理的监控。对施工单位的质量控制自检系统进行监督，使其能在质量管理中始终发挥良好的作用。如在施工中发现不能胜任工作任务的质量控制人员，可要求承包商予以撤换；当其组织不完善时，应促使其改进、完善。监督与协助承包商完善工序质量控制，使其能将影响工序质量的因素自始至终都纳入质量管理范围；督促承包商将重要的和复杂的施工项目或工序作为重点设立质量控制点，加强控制；及时检查与审核施工承包商提交的质量统计分析资料和质量控制图表；对于重要的工程部位或专业工程，监理单位还要再进行试验和复核。

② 在施工过程中监理工程师要进行质量跟踪监控：a.监督承包商的各项工程活动，密切注意承包商在施工准备阶段对影响工程质量的各方面因素所做的安排；密切关注在施工过程中是否发生了不利于保证工程质量的变化，如施工材料质量、混合料的配合比、施工机械的运行与使用情况、计量设备的准确性、上岗人员的组成和变化，以及工艺与操作等情况是否始终符合要求。若发现承包商有违反合同规定的行为或质量不符合要求，监理工程师有权要求承包商予以处理，直至符合设计或合同要求。必要时，监理工程师还有权指令承包商暂时停工加以解决。b.加强工序间的交接检查。对于主要工序作业和隐蔽作业，通常要按有关规范要求，由监理工程师在规定的时间内检查，确认其质量符合要求后，才能进行下道工序。c.建立施工跟踪档案。为了对施工承包单位所进行的每一分项或分部工程的各个

工序质量实施严密、细致和有效的监督、控制，国内外的工程建设中常把建立施工跟踪档案作为一项十分重要的工作予以实施。

所谓施工跟踪档案，实质上是施工或安装记录，在我国称为施工记录。它是针对各分部（分项）工程所建立的，在施工承包单位进行工程对象施工或安装期间实施质量控制活动的记录，还包括监理工程师对这些质量控制活动的意见以及施工承包单位对这些意见的答复。它详细地记录了工程施工阶段质量控制活动的全过程。因此，它不仅在工程施工期间对工程质量的控制有重要作用，而且在工程竣工和投入运行后，也能为查询和了解工程建设的质量情况以及工程维修和管理提供大量有用的信息。

施工跟踪档案是在工程施工或安装开始前，由监理工程师帮助施工单位研究并列出的各施工对象的质量跟踪档案清单。施工单位应在各建筑、安装对象施工前两周建立相应的质量跟踪档案，并公布有关资料。随着施工的进行，施工单位应不断补充和填写关于材料、半成品生产或建筑物施工、安装的有关内容，记录新的情况。当每一阶段的建筑物施工或安装工作完成时，相应的施工跟踪档案也应随之完成，施工单位应在相应的施工跟踪档案上签字、留档，并送交监理工程师一份。

③ 施工过程中的检查验收。对于各工序的产出品，应先由施工单位按规定进行自检，自检合格后向监理工程师提交“质量验收通知单”。监理工程师收到通知单后，应在合同规定的时间内及时对其质量进行检查，确认其质量合格并签发“质量验收单”后，方可进行下道工序的施工。

重要的工程部位、工序和专业工程，或监理工程师对施工单位的施工质量状况未能确定的，以及重要的材料、半成品的使用等，需由监理单位亲自进行试验或技术复核。例如，在公路路面摊铺现场测定沥青的温度、在路基或填土压实的现场抽取试样检验等。

④ 下达停工指令。出现下列情况时，监理工程师有权行使质量控制权，下达停工指令，及时进行质量控制：

a. 未经检验或经检验不合格的分项工程擅自进行下道工序施工时。

b. 工程质量不断下降或质量通病不断发生且将影响工程安全和使用功能，经多次指出纠正而未采取有效措施进行整改或整改成效不明显使问题继续发展时，或已发生事故但未按要求进行处理时。

c. 擅自变更设计图纸要求或提出变更但未得到监理工程师签认时。

d. 擅自将工程转包（或转让）而不报审或虽报审但未得到监理工程师同意的分包单位进场作业时。

e. 对于重要工序或有复杂技术要求但无可靠质量保证措施贸然组织施工，或因此已出现质量问题征兆时。

f. 擅自购进或使用未经监理工程师签认验收合格的原材料、（半）成品者和未得到合格试验数据结果而擅自提前投入使用时。

g. 弄虚作假、偷工减料、以次充好进行施工时。

h. 事前无方案、无指导性文件交底就擅自施工时。

i. 特殊工序或特殊专业工种人员无证上岗施工造成事故时。

j. 对业主或监理工程师的指令不予执行时。

k. 应业主要求工程需要暂停施工时。

l. 非总承包商原因造成必须停工，并有承包商提出停工申请时。

m. 为避免重大安全隐患发生，造成工程质量损失或危及人身和重要设备安全等紧急事件时。

凡需进行暂停施工的，在签发“工程部分暂停指令”时，一般应事先征求业主意见，若因情况紧急来不及征求意见需停工时，须在停工后 24 小时内报告业主。

(7) 设置质量控制点

质量控制点是施工质量控制的重点。设置质量控制点就是要根据工程项目的特点，抓住影响工序施工质量的主要因素，对工序活动中的重要部位或薄弱环节，事先分析影响其质量的原因，并提出相应的措施，以便进行预控。不论是结构部位、影响质量的关键工序、操作、施工顺序、技术参数、材料、机械、施工环境等，均可作为质量控制点来控制。一般来说，应当选择那些难度大的、对质量影响大的或者是发生质量问题时危害大的对象作为质量控制点。

质量控制点的选择要准确、有效。因此，一方面需要有经验的工程技术人员来进行选择；另一方面要集思广益，集中群体智慧，由有关人员充分研究讨论，并在此基础上进行选择。选择时要根据对重要的质量特性进行重点控制的要求，选择质量控制的重点部位、重点工序和重点质量因素作为质量控制点，进行重点控制和预控，这是进行质量控制的有效方法。

(8) 设置质量控制中的见证点和停止点

所谓见证点和停止点，是国际上对重要程度不同及监督控制要求不同的质量控制对象的一种区分方式。实际上它们都是质量控制点，只是它们的重要性或其质量后果影响程度有所不同，所以在实施监督控制时的运作程序和监督要求也有区别。

① 见证点。

见证点(或截留点)又称 W 点。凡是列为见证点的质量控制对象，在规定的关键工序(控制点)施工前，施工单位应提前通知监理人员在约定的时间内到现场进行见证和对其施工实施监督。如果监理人员未能在约定的时间内到现场进行见证和监督，则施工单位有权进行该 W 点的相应工序操作和施工。见证点的监理实施程序如下：施工单位应在到达某个见证点(质量控制点)之前的一定时间(如 24 小时)书面通知监理工程师，说明将到达该见证点准备施工的日期与时间，请监理人员届时到现场进行见证和监督；监理工程师收到通知后，应在施工跟踪档案上注明收到该通知的日期并签字；监理人员应按规定的时间到现场见证，对该质量控制点的实施过程进行认真的监督、检查，并在见证表上详细记录该项工作所在建筑物的部位、工作内容、数量等，然后签字作为凭证；如果监理人员在约定的时间内未能到现场见证，施工单位可以认为已获得监理工程师的认可，并有权进行施工；如果在此之前监理单位已到过现场检查，并将有关意见写在施工跟踪档案上，则施工单位应在该意见旁写明根据该意见已采取的改进措施，或者写明某些具体意见。

② 停止点。

停止点又称待检点或 H 点，它的重要性高于见证点，通常是针对特殊过程或特殊工序而言的。所谓特殊过程,通常是指该施工过程或工序的施工质量不易或不能通过其后的检验和试验而得到充分验证。因此,对于那些施工质量不能依靠其后的检验来把关或难以在以后检验其内在质量的工序或施工过程,或者是某些万一发生质量事故便难以挽救的施工对象,应设置停止点。凡列为停止点的控制对象,必须在规定的质量控制点到来之前通知监理人员对质量控制点实施监控,如果监理人员未在约定时间内到现场进行监督、检查,施工单位应停止进行该 H 点相应的工序,并按合同规定等待监理人员,未经认可不能越过该点继续施工。例如,某些重要的预应力钢筋混凝土结构或构件的预应力张拉工序,某些重要的钢筋混凝土结构在钢筋架立后、混凝土浇筑之前,重要的重型设备基础预埋螺栓的定位等均可设置停止点。

停止点的监理实施程序与见证点的不同,如果监理人员未能在约定时间内到达待检点的现场,施工承包单位不得进行该项工作。事后监理方应在施工跟踪档案上说明未能到现场的原因,然后双方重新约定监理检查时间。

在实际工程中实施质量控制时,通常由工程承包单位在分项工程施工前、制订施工计划时选定质量控制点,并在相应的质量计划中进一步明确哪些是见证点、哪些是停止点,然后将施工计划及质量计划提交监理工程师审批。如监理工程师对上述计划及见证点与停止点的设置有不同的意见,应书面通知施工单位,要求其予以修改。施工单位修改后再上报监理工程师审批,获准后执行。

(9) 工程质量检验

工程质量检验就是根据一定的质量标准,借助一定的检测手段来评估工程产品、材料或设备等的性能特征或质量状况的工作。

① 工程质量检验的作用。

工程质量检验是监理单位监督和控制施工单位施工质量的十分重要且必不可少的手段。工程质量检验的主要作用如下:工程质量检验是质量保证与质量控制的重要手段。为了保证工程质量,在质量控制中需要将工程产品或材料、半成品等的实际质量状况(质量特性等)与规定的标准进行比较,以判断其质量状况是否符合要求。这需要通过质量检验手段来检测实际情况。工程质量检验为质量分析与质量控制提供了有关的技术数据和信息,是质量分析、质量控制与质量保证的基础。通过对进场材料、半成品、构配件及其他器材进行全面的质量检验工作,可以监督与保证承包单位使用的材料是质量合格的,避免因材料的质量问题而导致工程质量事故。在施工过程中,施工单位通过对施工工序的检验取得数据,可以及时判断质量情况,采取措施,防止质量问题的延续与积累。监理单位则可借助检验资料数据,分析、判断质量是否合格。如不合格,则采取措施加以补救。

显然,工程质量检验可以为质量管理与质量控制及时提供所需的数据资料,用检验的数据和所反映的实际情况来分析、判断工程的质量状况,找出质量规律,有针对性地采取控制措施,达到质量控制的目的,确保工程质量及工程的可靠性与安全性。

② 工程质量检验的方法。

是指对现场所用原材料、半成品、工序过程或工程产品质量进行检验的方法,一般可分为三类,即目测法、量测法和试验法。

a. 目测法即凭借感官进行检查。这类方法主要是根据质量要求，采用看、摸、敲、照等手法对检查对象进行检查。

b. 量测法就是利用量测工具或计量仪表，通过将实际量测结果与规定的质量标准或规范的要求进行对比，从而判断质量是否符合要求。量测的手法可归纳为靠、吊、量、套。

c. 试验法是指通过现场试验或试验室试验等试验手段取得数据，从而判断质量情况。试验法包括理化试验和无损测试或检验。工程中常用的理化试验包括各种力学性能和物理性能方面的检验和化学成分及含量的测定等。力学性能的检验包括各种力学指标的测定，如抗拉强度、抗压强度、抗弯强度、抗折强度、冲击韧性、硬度、承载力等。物理性能方面的测定包括密度、含水率、凝结时间、安定性、抗渗、耐磨、耐热等的测定。化学方面的试验包括化学成分及其含量的测定(如混凝土粗骨料中的活性氧化硅成分的测定，钢筋中的磷、硫含量的测定等)，以及耐酸、耐碱、抗腐蚀检验等。必要时还可在现场通过诸如对桩或地基的现场静载试验或打试桩，确定其承载力；对混凝土现场取样，进行试验室的抗压强度试验，确定混凝土达到的强度等级；通过管道压水试验，判断其耐压及渗漏情况等。无损测试或检验是借助专门的仪器、仪表等探测结构物或材料、设备内部组织结构或损伤状态。无损测试或检验一般可以在不损伤被探测物的情况下了解被探测物的质量情况。

③ 质量检验的分类。

按被检验对象数量的不同，质量检验可分为全数检验、抽样检验和免检。

a. 全数检验又称普遍检验，主要用于关键工序部位或隐蔽工程，以及在技术规程、质量检验标准或设计文件中有明确规定应进行全数检验的对象。

b. 对于主要的建筑材料、半成品或工程产品等，由于其数量大，大多采取抽样检验。

c. 在某些情况下，可以免去质量检验过程。

④ 质量检验必须具备的条件。

监理单位对施工单位进行有效的质量控制是以质量检测为基础的。为了保证质量检验的工作质量，必须具备一定的条件，主要包括以下几个方面：

a. 监理单位要具有足够的检验技术力量，要配备所需的各类具有相应水平和资质的质量检验人员。必要时，还应建立可靠的对外委托检验关系。

b. 监理单位应建立一套完善的管理制度，包括质量检验人员的岗位责任制、检验设备质量保证制度、检验人员技术核定与培训制度、检验技术规程与标准实施制度，以及检验资料档案管理制度等。

c. 配备符合标准及满足检验工作需要的检验和测试手段。

d. 具备适合检验的工作条件，如检验工作必需的工作环境条件，如场地、工作面、照明、安全条件等；检验标准规定的技术环境条件；质量检验所需的评价标准条件，如国际标准、国家标准、行业标准及地方标准等。

(10) 工程验收

① 分部、分项工程的验收。对施工过程中完成的分部、分项工程进行中间验收。中间验收又称中期验收或工程师验收。一项分部、分项工程完成后，施工单位应先对其进行自检，确认合格后，再向监理工程师提交一份“中间(中期)交工证书”，请求监理工程师予以检

查、确认。监理工程师可按合同文件的要求，根据施工图纸及有关文件、规范、标准等，从产品外观、几何尺寸以及内在质量等方面进行检查、审核，如确认其质量符合要求，则签发“中间(中期)交工证书”予以验收通过；如有质量缺陷，则指令施工单位进行处理，待其质量合乎要求后再予以验收。

② 在进行分部(分项)工程中间验收的同时，还应根据工程性质，按各有关行业的国家标准或部颁标准，对分部(分项)工程进行质量等级的评定。监理单位参与单位工程或整个工程项目的竣工验收在一项单位工程完工后或整个工程项目完成后，施工承包单位应先进行竣工自检并填报单位工程验收记录。验收合格后，向监理工程师提出竣工验收申请。监理工程师应协助建设单位组织竣工验收，其主要工作包括以下几个方面：审查施工承包单位提交的竣工验收所需文件资料，包括各种质量检查、试验报告以及各种有关的技术性文件等，若所提交的验收文件、资料不齐全或有相互矛盾和不符之处，应指令施工单位补充及核实；审核施工承包单位提交的竣工图，并与已完工程、有关的技术文件(如设计图纸、设计变更文件、施工记录及其他文件)进行对照、核查；监理工程师参与拟验收工程项目的现场初验，如发现质量问题，应指令施工单位进行处理；拟验收项目初验合格后，即可上报业主，并组织由业主、施工承包单位、设计单位和建设行政主管部门的质量监督机构等参加的正式验收；在竣工验收的同时，会同政府质量监督部门及其他有关单位进行单位或单项工程的质量等级评定工作。

(11) 设计变更

在工程施工过程中，无论是建设单位、施工单位还是设计单位提出工程变更或图纸修改，都应通过监理工程师审查并组织有关方面研究，确认其必要性后，由监理工程师发布变更指令，方能生效。

3. 质量控制的方法

(1) 测量

测量是对建筑对象的几何尺寸、方位等进行控制的重要手段。施工前，监理人员应对施工放线等进行检查，严格控制，不合格者不得施工；在施工过程中应随时注意控制，若发现偏差，及时纠正；在中间验收时，对几何尺寸等不符合要求者，应指令施工单位处理。

(2) 试验

试验数据是监理工程师判断和确认各种材料和工程部位内在品质的主要依据。每道工序中诸如材料性能、拌合料配合比、成品的强度等物理力学性能以及打桩的承载能力等，常需通过试验手段取得试验数据并以此来判断质量情况。

(3) 指令文件

指令文件是运用监理工程师指令控制权的具体形式。指令文件是指监理工程师对施工承包单位提出指示和要求的书面文件，用以向施工单位指出施工中存在的问题，提请施工单位注意，以及向施工单位提出要求或指示其做什么、不做什么等。监理工程师的各项指令都应是书面的或有文件记载的，并作为技术文件资料存档。如因时间紧迫，来不及作出正式的书面指令，也可以用口头指令的方式下达给施工单位，但随即应按合同规定及时补充书面文件，对口头指令予以确认。

(4) 支付控制手段

支付控制是国际上较通用的一种重要的控制手段,也是业主或承包合同赋予监理工程师的支付控制权。从根本上讲,国际上对合同条件的管理主要是采用经济手段和法律手段。所谓支付控制权,就是对施工承包单位支付任何工程款项时,均须由监理工程师开具支付证书,没有监理工程师签署的支付证书,业主不得向承包商支付工程款。工程款支付的条件之一是工程质量达到规定的要求和标准。如果施工单位的工程质量达不到要求,而又不能按监理工程师的指示予以处理,使之达到标准的要求,监理工程师有权采取拒绝开具支付证书的手段,停止对施工单位支付部分或全部工程款,由此造成的损失由施工单位承担。显然,这是十分有效的控制和约束手段。我国有些国外贷款工程项目,如世界银行贷款项目或国际招标项目,曾按国际惯例成功地运用这一手段解决质量纠纷问题。

(5) 旁站监理

旁站监理是指监理人员对关键部位、关键工序(质量控制点、见证点及停止点)的施工实施全过程现场跟班的监督活动。旁站监理是驻地监理人员的一种主要现场检查形式。监理单位在编制监理规划和监理细则时,应明确旁站监理的范围、内容和旁站监理人员的职责。施工单位根据监理规划和监理细则的要求,在需要实施旁站监理的关键部位、关键工序施工前 24 小时,以书面的形式通知驻工地的项目监理机构(驻地监理)。监理单位应及时安排监理人员实施旁站监理。旁站监理人员的主要职责如下:

① 检查施工企业现场质检人员的到岗情况,特殊工种人员持证上岗及施工机械、建筑材料的准备情况。

② 在现场跟班监督关键部位、关键工序执行施工方案以及工程建设强制性标准的情况。

③ 检查现场建筑材料、建筑构配件、设备和商品混凝土的质量检验报告等,并可在现场监督施工单位进行检验或者委托具有资质的第三方进行复验。

④ 做好旁站监理记录和监理日记,保存旁站监理原始材料。

凡施工单位现场质检人员和旁站监理人员未在旁站监理记录上签字的,不得进行下一道工序施工。

旁站监理人员发现施工单位有违反工程建设强制性标准行为的,有权责令施工单位立即整改;发现其施工活动已经或者可能危及工程质量的,应及时向监理工程师或者总监理工程师报告,由总监理工程师下达局部暂停施工指令或者采取其他应急措施。

旁站监理记录是监理工程师或者总监理工程师依法行使有关签字权的重要依据,对于需要旁站监理的关键部位、关键工序施工,凡没有实施旁站监理或者没有旁站监理记录的,监理工程师或者总监理工程师不得在相应文件上签字。工程竣工验收后,监理单位应当将旁站监理记录存档备查。

(6) 旁站监理记录的要求

① 以单位工程为单位做好旁站监理记录,并以单位工程装订成册,保存旁站监理原始资料。

② 对实施旁站监理的施工部位,监理人员应跟班监督,及时发现和处理旁站过程中出现的质量问题,如实、正确地做好旁站监理记录。

③ 根据旁站监理部位和工序的不同，可由 1 人、2 人或多人同时进行旁站监理。旁站监理人员应各自做好旁站监理记录，按要求填好旁站监理记录表。

(7) 巡视监理

巡视监理是指定期或不定期地进行巡视检查。具体包括以下两方面的情况：

① 巡视检查正在作业的部位或工序，发现问题随时处理。

② 巡视检查已施工完毕的部位，如发现问题，可用量测或检测的方法进行检查。经量测或检测，如不符合要求，应按下列规定进行处理：返回重做，并重新进行验收；经有资质的检测单位检测鉴定能达到设计要求的，应予以验收；经有资质的检测单位检测鉴定达不到设计要求，但经原设计单位核算认可能够满足结构安全和使用功能的，可予以验收；经返修或加固处理的分部、分项工程，虽然改变了外形尺寸，但仍能满足安全使用要求的，可按技术处理方案和协商文件进行验收。

在执行巡视检查后，应按要求填好"巡视监理记录表"。必要时可由监理工程师或总监理工程师签发"巡视监理备忘录"。

(8) 质量控制制度

① 建设工程强制性标准执行制度。建设工程强制性标准是指直接涉及工程质量、安全、卫生及环境保护等方面的建设工程强制性条文，这些强制性标准由国务院建设行政主管部门会同国务院有关行政主管部门确定。

建设工程强制性标准分为建设工程规划阶段的强制性标准，建设工程勘察、设计阶段的强制性标准，建设工程施工阶段的强制性标准。

凡在我国境内从事新建、扩建、改建等建设活动，都必须执行建设工程强制性标准。建设单位不得明示或暗示施工单位使用不合格的建筑材料、建筑构配件和设备，不得明示或暗示设计单位或者施工单位违反建设工程强制性标准，降低工程质量。

施工单位违反建设工程强制性标准的要责令改正。造成工程质量不符合规定的质量标准的，负责返工、修理，并赔偿因此造成的损失；情节严重的，应停业整顿、降低资质等级或吊销资质证书。

工程监理单位违反强制性标准规定，将不合格的建设工程以及建筑材料、建筑构配件和设备按照合格签字的，责令改正。情节严重的，降低资质等级或吊销资质证书；有违法所得的，予以没收；造成损失的，承担连带赔偿责任。

② 设计文件、图纸审查制度。图纸会审由总监理工程师主持，监理单位、设计单位、施工单位参加，有时建设单位也参加。未经图纸会审，工程不得开工。施工过程中由施工单位负责设计的图纸，必须经过监理工程师审查批准。未经监理工程师批准的图纸不得用于工程。

③ 设计技术交底制度。监理工程师督促、协助、组织设计单位向施工单位进行设计图纸的全面技术交底。不进行设计技术交底，工程不得开工。

④ 施工组织设计和施工措施审核批准制度。施工单位必须在开工前至少七日向项目监理单位提交施工组织设计和施工措施，分别由负责投资、质量、进度控制的监理工程师进行审核，把审核意见提交总监理工程师。必要时，施工单位必须按照监理工程师的要求修改、完善其施工组织设计和施工措施。施工组织设计和施工措施一经批准，不得轻易改变，

并作为施工阶段“三控制”(质量控制、进度控制、费用控制)的依据。施工组织设计和施工措施未经批准,工程不得开工。

⑤ 工程开工申请、审批制度。单项或单位工程开工前,施工单位应编写单项或单位工程开工报告书,报送监理单位审批。开工报告应包含以下基本内容:申请开工日期,进场施工机械一览表及维修调试情况,管理人员及施工人员到位情况,材料采购及试验情况,合同要求资金到位情况,施工图是否已经会审,施工组织设计是否已批准,工程定位及施工测量放线是否已报验。

以上内容由现场监理人员逐项核实并提出审核意见,由监理工程师签批开工报告书和下达开工指令。监理工程师未下达开工指令的单项工程或单位工程不得开工。

(9) 设计图纸的变更处理制度

对于建设单位、设计单位、监理单位或施工单位提出的设计变更,一般由设计单位进行设计修改,再交监理工程师审批,最后由监理工程师发布变更指令。未经监理工程师批准的图纸不得用于工程,监理工程师未发出设计变更指令,工程不得进行设计变更。

(10) 隐蔽工程检查制度

隐蔽工程一般应确定为质量控制点的停止点。工程隐蔽以前,施工单位应根据工程质量评定验收标准进行自检,并将评定资料于隐蔽前三日上报监理工程师。然后监理工程师安排计划,并通知施工单位,再按约定的时间派监理人员到现场进行检查,确定工程质量符合合同技术条款要求,并在检查记录上签字,施工单位才能进行覆盖。

如果监理人员未及时到现场检查,施工单位不得将隐蔽工程进行覆盖。但因延误时间造成的损失,可向业主提出索赔。

(11) 竣工验收制度

竣工验收的依据是批准的设计文件(包括变更设计)、有关设计施工规范、工程质量验收标准以及合同及协议文件等。施工单位按规定编写和提交验收交接文件是申请竣工验收的必要条件,竣工文件不齐全、不正确、不清晰,不能验收交接。

施工单位应在验收前将编好的全部竣工文件及绘制的竣工图提供给监理工程师一份,监理工程师审查确认完整无误后,报送建设单位,其余分发给有关监管、使用单位。

工程没有进行竣工验收,不得签发移交证书,不得交付使用,不支付保留金,不进行完工结算。

(12) 监理月报制度

监理月报由项目监理部总监理工程师组织编制,经总监理工程师签发后,报送建设单位和监理单位。编制监理月报的主要目的是使建设单位了解工程的全面状况,及时进行决策并制订有关计划。监理月报的编制周期宜为上月的 26 日到本月的 25 日,在下月的 5 日前发出。监理月报应真实反映工程现状和监理工作情况,做到数据准确、重点突出、语言简练,并附有必要的图表和照片。

监理月报的基本内容包括本月工程概况、本月工程形象进度、工程整体进度、工程质量、工程计量与支付、合同及其他事项的处理情况、本月监理工作小结。

4. 质量事故的处理

(1) 质量事故处理的基本步骤

① 下达工程施工暂停令。监理工程师发现质量事故后，应当依据事故的实际情况，首先向施工单位下达工程施工暂停令，通知施工单位立即停止有质量事故的工程的施工。必要时，还应要求施工单位采取防护措施。同时，要及时上报主管部门。

② 进行质量事故调查。施工单位接到施工暂停令后，在监理工程师的参与下，尽快进行质量事故的调查，写出调查报告。调查的主要目的是明确事故的范围、缺陷程度、性质、影响和原因，为事故的分析处理提供依据。调查应力求全面、准确、客观。

③ 进行事故分析，正确判断事故原因。事故分析是确定事故处理方案的基础，正确的处理来源于对事故原因的正确判断。只有对调查提供的调查资料、数据进行详细、深入的分析后，才能由表及里、去伪存真，找出造成事故的真正原因。为此，监理工程师应当组织设计单位、施工单位、建设单位等各方参加事故原因分析。

④ 制定事故处理方案。事故处理方案的制定应以事故原因分析为基础。如果某些事故原因一时认识不清，而且事故一时不至于严重恶化，可以继续对其进行调查、观测，以便掌握更充分的资料数据，作进一步分析，找出原因，以利于制定处理方案。切忌急于求成、不能对症下药，以至于采取的处理措施不能达到预期效果，造成反复处理的不良后果。

制定的事故处理方案应体现安全可靠、不留隐患、满足建筑物的功能和使用要求、技术可行、经济合理等原则。如果各方一致认为该质量缺陷不需专门的处理，必须经过充分的分析和论证。

⑤ 由监理工程师指令施工单位按既定的处理方案对质量缺陷进行处理。发生的质量事故不论是否是由施工承包单位方面的原因造成的，质量缺陷的处理通常都是由施工承包单位负责实施。如果发生的质量事故不是由施工单位方面的原因造成的，则应对施工单位处理质量缺陷所需的费用或延误的工期给予补偿。

质量事故处理完毕后，监理工程师应组织有关人员对处理的结果进行严格的检查、鉴定和验收，填写质量事故处理报告，提交给业主或建设单位，并上报有关主管部门。

⑥ 下达复工令。质量事故处理完毕后立即下达复工令，进行下一步的施工。

(2) 质量事故处理的方法

① 返工。对于严重未达到规范或标准的质量事故，影响到工程正常使用的安全性，且又无法通过修补的方法予以纠正时，必须进行返工。

② 修补。这种方法适用于通过修补可以不影响工程的外观和正常使用的质量事故。它是利用修补的方法对工程质量事故予以补救的。这类工程质量事故在工程施工中经常发生。

③ 不作处理。有些工程质量问题虽超出了有关规范规定，已具有质量事故的性质，但针对具体情况可不作专门处理。这样的情况包括以下几种：

a. 不影响结构的安全、生产工艺和使用要求。例如，有的建筑物在施工中发生错位事故，若进行彻底纠正，不仅困难大，还会造成重大经济损失。经过分析论证后，只要不影响生产工艺和使用要求，可不作处理。

b. 较轻微的质量缺陷，通过后续工序可以弥补。例如，混凝土墙板出现了轻微的蜂窝、麻面质量问题，但这些缺陷可通过后续工序抹灰、喷涂进行弥补，因此不需要对墙板缺陷作专门的处理。

c. 对出现的某些质量事故，经复核验算后，仍能满足设计要求。例如，结构断面尺寸比设计图纸稍小，经认真验算后，仍能满足设计承载能力，可不作处理。但必须注意，这种情况实际是在挖掘设计的潜力，对此需要格外慎重。

(3) 质量事故处理的鉴定、验收

质量事故的处理是否达到了预期的目的，是否仍留有隐患，应当通过检查鉴定和验收作出确认。

质量事故处理的鉴定应严格按施工验收规范及有关标准的规定进行，必要时还应通过实际量测、试验和仪表检测等方法获取必要的数据，才能对事故的处理结果作出确切的结论。对于处理后符合规定要求和满足使用要求的，监理工程师可予以验收、确认。

事故处理后，监理工程师须提出事故处理报告，其内容包括事故调查报告，事故原因分析，事故处理依据，事故处理方案、方法及技术措施，事故处理过程中的各种原始记录资料，检查验收记录，事故结论等。

## 案例分析

**【案例】** 某工程实施过程中发生如下事件：

事件1：为保证总监理工程师统一指挥，同时又能发挥职能部门的业务指导作用，监理单位根据工程特点和服务内容等因素，在组建的项目监理机构中设置了若干子项目监理组。此外，还设有目标控制、合同管理等部门作为总监理工程师的工作参谋。

事件2：为有效控制项目目标，项目监理机构拟采取下列措施：①明确各级目标控制人员职责；②审查施工组织设计；③处理工程索赔；④按月编制已完工程量统计表。

事件3：工程开工前，建设单位主持召开了第一次工地会议。会后，项目监理机构将整理的会议纪要和总监理工程师签字认可的监理规划直接报送建设单位。

事件4：总监理工程师要求下列监理工作用表须经总监理工程师本人签字并加盖执业印章：①“施工组织设计/(专项)施工方案报审表”；②“工程开工报审表”；③“监理报告”；④“工程材料、构配件、设备报审表”；⑤“工程开工令”；⑥“工程暂停令”。

**问题：**

(1) 针对事件1，指出项目监理机构采用的是什么组织形式？该组织形式有哪些优缺点？

(2) 针对事件2，逐项指出项目监理机构拟采取的措施属于组织、技术、经济、合同措施中的哪一种？

(3) 指出事件3中的不妥之处，写出正确做法。

(4) 针对事件4，依据《建设工程监理规范》(GB/T 50319—2013)，逐项指出总监理工程师的要求是否正确。

【解析】

(1) 采用的是直线职能制组织形式。直线职能制组织形式既保持了直线制组织实行直线领导、统一指挥、职责分明的优点,又保持了职能制组织目标管理专业化的优点。其缺点是职能部门与指挥部门易产生矛盾,信息传递路线长,不利于互通信息。

(2) ①明确各级目标控制人员职责属于组织措施;②审查施工组织设计属于技术措施;③处理工程索赔属于合同措施;④按月编制“已完工程量统计表”属于经济措施。

(3) 不妥之处:第一次工地会议后,项目监理机构整理会议记录和经总监理工程师签字的监理规划报送建设单位。正确做法:监理规划应在签订建设工程监理合同及收到工程设计文件后由总监理工程师组织编制,并应在召开第一次工地会议七日前报建设单位。监理规划报送前还应由监理单位技术负责人审核签字。

(4) 事件 4 中总监理工程师要求“施工组织设计/(专项)施工方案报审表”“工程开工报审表”“工程开工令”“工程暂停令”签字并加盖执业印章是正确的;要求“监理报告”“工程材料、构配件、设备报审表”签字并加盖执业印章是不正确的。

## 思考题

1. 如何理解投资、进度、质量三大目标控制的关系?

2. 什么是工程项目投资控制?其作用是什么?工程建设各个阶段投资控制的具体工作是什么?

3. 进度控制的含义是什么?影响进度控制的因素有哪些?进度控制应该首要做好哪些工作?

4. 质量控制的含义是什么?影响质量控制的因素有哪些?质量控制应该重点做好哪些工作?

# 第八章　建设工程监理组织与规划

## 第一节　概　　述

项目监理机构是监理企业获得监理任务后，组建的派驻到工程现场、负责履行建设工程监理合同的，由总监理工程师、专业监理工程师、监理员等所有监理人员、办公人员组成的组织机构。

## 第二节　监理组织基本原理

### 一、组织的基本概念

所谓组织，就是为了使系统达到特定的目标，使全体参加者经分工与协作以及设置不同层次的权力和责任制度而构成的一种人的组合体。组织一词包含三层意思。

1. 目标是组织存在的前提

组织是为了达到自身的目标而结合在一起的、具有正式关系的一群人。组织必须具有目标，并且为了达到自身的目标而产生和存在。

2. 没有分工与协作就不是组织

在组织中工作的人们必须承担某种职务，且承担的职务需要依据组织的目标进行刻意的设计，规定所需各项活动有人去完成，组织内的每个人都要完成一项或多项活动，并且确保各项活动协调一致，使人们在组织内高效工作。系统的总目标由系统内的每个人分工、协作共同完成。

3. 权力与责任制度是实现组织目标的保障

组织是反映人们正式的、有意形成的职务和职位结构。组织内的个体处于不同层次，具有相应层次的权力并承担相应的责任。管理者还要根据环境变化对组织结构进行改革和创新或再构造。合理的组织结构只是为了达到某种目标提供了一个前提，要有效地完成组织的任务，还需要各层管理者合理行使自己的权力，能动、合理地协调人力、物力、财力和信息，并勇于承担责任，使组织结构得以高效地运行。

组织是生产要素之一。与其他要素相比，组织有以下明显特点：

(1) 不可替代性。其他要素可以互相替代，如增加机器设备可以替代劳动力，而组织不能替代其他要素，也不能被其他要素所替代。

(2) 增值性。合理的组织可以使其他要素合理配置而增值，即使得系统的总效益比各要素效益的总和还要大。随着社会化大生产的发展、生产要素日趋复杂，组织的增值性作用更显著。

## 二、组织结构

组织内部构成和各部分间所确立的较为稳定的相互关系和联系方式，称为组织结构。可以从以下几方面理解组织结构的基本内涵：

1. 组织结构与职权的关系

组织结构与职权形态之间存在一种直接的相互关系，这是因为组织结构与职位以及职位间关系的确立密切相关，因而组织结构为职权关系提供了格局。组织中的职权指的是组织中成员间的工作关系，而不是某一个人的属性。职权的概念与合法地行使某一职位的权力紧密相关，而且是以下级服从上级的命令为基础。

2. 组织结构与职责的关系

组织结构与组织中各部门、各成员的职责分配直接相关。在组织中，只要有职位就有职权，而只要有职权也就有职责，并且职权与职责要相一致。组织结构为职责的分配和确定奠定了基础，而组织的管理则是以机构和人员职责的分配和确定为基础的，利用组织结构可以评价组织各个成员的功绩与过错，从而使组织中的各项活动高效进行。

3. 组织结构图

组织结构图是组织结构简化的抽象模型，比较形象地反映出了组织内各层的地位、等级关系、组织内各个部门或个人分派任务和各种活动的路径等，但是它不能准确、完整地表达组织结构，如它不能说明一个上级对其下级所具有的职权的程度，难以表述平级职位之间相互作用的横向关系。

## 三、组织设计

组织设计就是对组织活动和组织结构的设计过程，主要考虑组织构成的因素和组织设计的原则。

1. 组织构成的因素

组织由管理层次、管理跨度、管理部门、管理职能四大因素组成。

(1) 管理层次

管理层次是指从组织的最高管理者到最基层的实际工作人员之间等级层次的数量。管理层次可分为三个层次，即决策层、协调层和执行层、操作层。决策层的任务是确定组织的目标和大政方针以及实施计划；协调层的任务主要是参谋、咨询职能；执行层的任务是直接调动和组织人力、财力、物力等具体活动内容；操作层的任务是从事操作和完成具体任务。

(2) 管理跨度

管理跨度是指一名上级管理人员所直接管理的下级人数。管理跨度的大小取决于所需要协调的工作量，不仅与管理人员性格、能力、个人精力、授权程度以及被管理者的素质有关，还与职能的难易程度、工作的相似程度、工作制度和程序等客观因素有关。

(3) 管理部门

管理部门的划分要根据组织目标与工作内容确定，形成既有相互分工又有相互配合的组织机构。

(4) 管理职能

组织设计所确定的各部门职能，应使纵向的领导、检查、指挥灵活，达到指令传递快、信息反馈及时的目的；使横向各部门间相互联系、协调一致，使各部门有职有责、尽职尽责。

2. 组织设计的原则

项目监理机构的组织设计一般需要考虑如下几项原则：

(1) 组织的高效率原则

由于工程项目及其建设环境的复杂多变性，建设监理组织运行效率的高低将直接影响到建设监理任务的完成和建设监理目标的实现。因此，建设监理组织结构设计必须将经济性和高效率放在重要位置。组织结构中的每个部门、每个人为了一个统一的目标，应组合成最适宜的结构形式，实行最有效的内部协调，实现监理单位的经营目标。

(2) 组织分工协调原则

组织分工协调原则是在进行建设监理组织结构设计时，应正确处理好组织内部人与人、领导与被领导、部门之间的各种错综复杂的关系，减少或避免组织内部产生的行为矛盾与冲突，使组织内部各种组织要素能充分地协调和统一。

(3) 管理跨度与管理层次统一的原则

在组织机构的设计过程中，管理跨度与管理层次成反比例关系。这就是说，当组织机构中的人数一定时，如果管理跨度加大，管理层次就可以适当减少；反之，如果管理跨度缩小，管理层次肯定就会增多。

一般来说，对于建设监理组织的高层管理人员（如总监理工程师），工作重心应是对工程项目建设监理的宏观调控，其直接管辖的下级管理人员不宜过多，管理跨度宜小些；各专业监理工程师或部门负责人，其直接管辖的项目监理人员可以多一点，管理跨度可以大些。

管理层次的多少，与建设监理组织的规模、管理模式、监理业务范围、工程项目建设监理的复杂程度、管理人员以及监理人员的能力等有关。一般来说，如果管理层次越多，则机构越庞大，信息传递（或反馈）路线越长，信息失真的可能性越大，管理跨度越小。因此，常见的建设监理组织的管理层次一般分为 2～3 个，在实际运用中应当根据具体情况确定。

(4) 集权与分权统一的原则

集权是指决策权在组织系统中较高管理层次的一定程度上的集中；分权是指决策权在组织系统中较低管理层次的一定程度上的分散。在监理组织中集权是指总监理工程师等掌握所有监理大权，各专业监理工程师只是其命令的执行者；分权是指各专业监理工程师在各自管理的范围内有足够的决策权，总监理工程师等主要起协调作用。

在工程项目建设监理中，实行总监理工程师负责制，所以要求监理组织采取一定的集权形式，以保证统一指挥。但也要根据建设工程的特点、监理工作的复杂程度、不同监理人员的具体情况实行适当的分权。

(5) 权责对等、才职相称原则

在建设监理组织中的各级人员，都必须授予相应的职权，职权的大小应与承担的职责大小相适应。所谓职权，是指一定职位上的管理者所拥有的权力，主要是指执行任务的决定权；而职责是指组织内各级管理人员所承担的具体工作任务及其承担的相应责任。因此，在建设监理组织结构设计中，应坚持权责对等、才职相称的择优选择人才的原则。

(6) 组织协调原则

组织协调原则又称为组织平衡原则。建设监理单位和监理机构的组织协调，包含组织内部协调和组织外部协调。通过组织内部的纵向协调和横向协调，能充分调动组织内部各成员的敬业精神和团结进取精神；通过组织外部的协调能为建设监理单位创造良好的经营环境。

(7) 组织弹性原则

组织机构应有相对的稳定性，不要轻易变动，但组织同时是一个开放的、复杂的、多变的系统，要根据组织内部和外部条件的变化，根据长远目标作出相应的调整和变化，以完善其自身的结构和功能，提高其灵活性和适应能力。

# 第三节　项目监理机构

## 一、项目监理机构的组织形式

工程项目监理机构的组织形式要根据工程项目的特点、发承包模式、业主委托的任务，依据建设监理行业特点和监理单位自身状况，科学、合理地进行确定。现行的建设监理组织形式主要有直线制监理组织形式、职能制监理组织形式、直线职能制监理组织形式和矩阵制监理组织等形式。

### 1. 直线制监理组织形式

直线制监理组织形式又可分为按子项目分解的直线制监理组织形式(图 8.1)和按建设阶段分解的直线制监理组织形式(图 8.2)。对于小型工程建设，也可以采用按专业内容分解的直线制监理组织形式(图 8.3)。

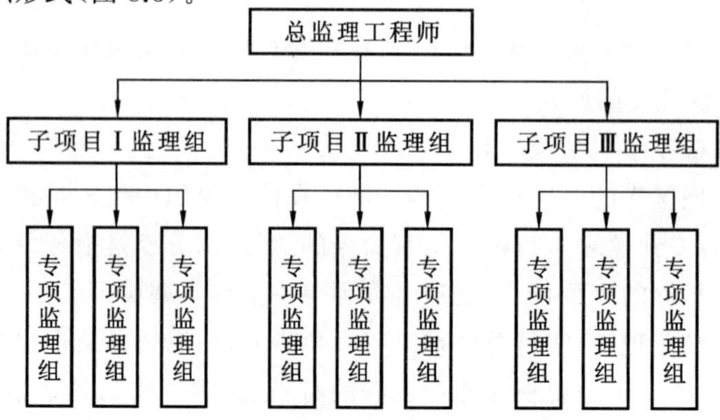


图 8.1　按子项目分解的直线制监理组织形式

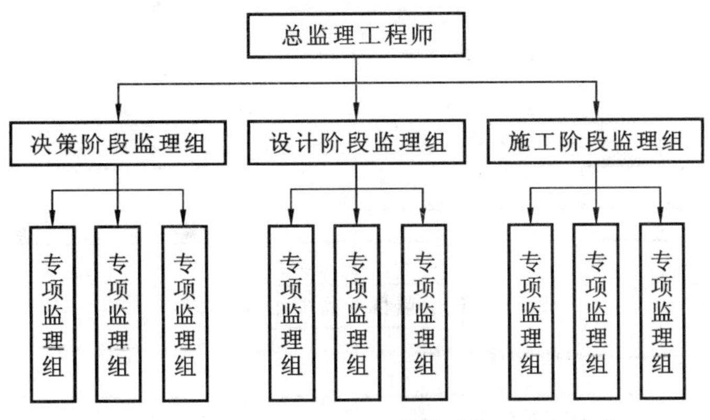


图 8.2 按建设阶段分解的直线制监理组织形式

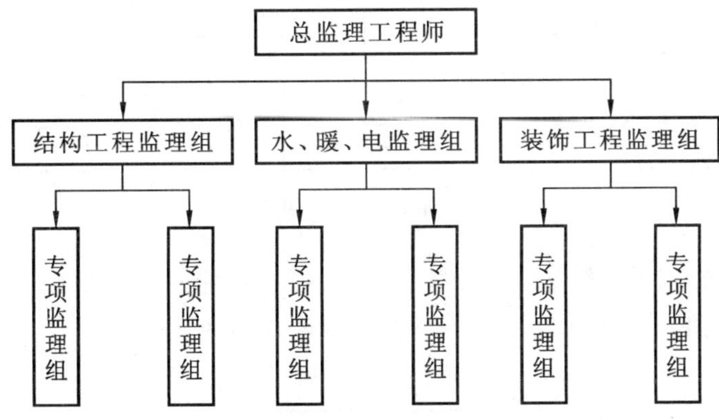


图 8.3 按专业内容分解的直线制监理组织形式

直线制监理组织形式简单，其中各种职位按垂直系统直线排列，总监理工程师负责整个项目的规划、组织、指导与协调，子项目监理组分别负责各子项目的目标控制，具体领导现场专业或专项组的工作。

直线制监理组织机构简单、权力集中、命令统一、职责分明、决策迅速、专属关系明确，但要求总监理工程师在业务和技能上是全能式人物，适用于监理项目可划分为若干个相对独立子项目的大中型建设项目。

2. 职能制监理组织形式

职能制监理组织是在总监理工程师下设置一些职能机构，分别从职能的角度对高层监理组进行业务管理。职能机构通过总监理工程师的授权，在授权范围内对主管的业务下达指令。其组织形式如图 8.4 所示。

职能制监理组织的目标控制的分工明确，各职能机构通过发挥专业管理能力提高管理效率。这种方式中总监理工程师负担减少，但容易出现多头领导，职能协调麻烦。职能制监理组织形式主要适用于工程项目地理位置相对集中的建设项目。

3. 直线职能制监理组织形式

直线职能制监理组织形式是吸收了直线制监理组织形式和职能制监理组织形式的优点而形成的一种组织形式。指挥部门拥有对下级实行指挥和发布命令的权力，并对该部门的

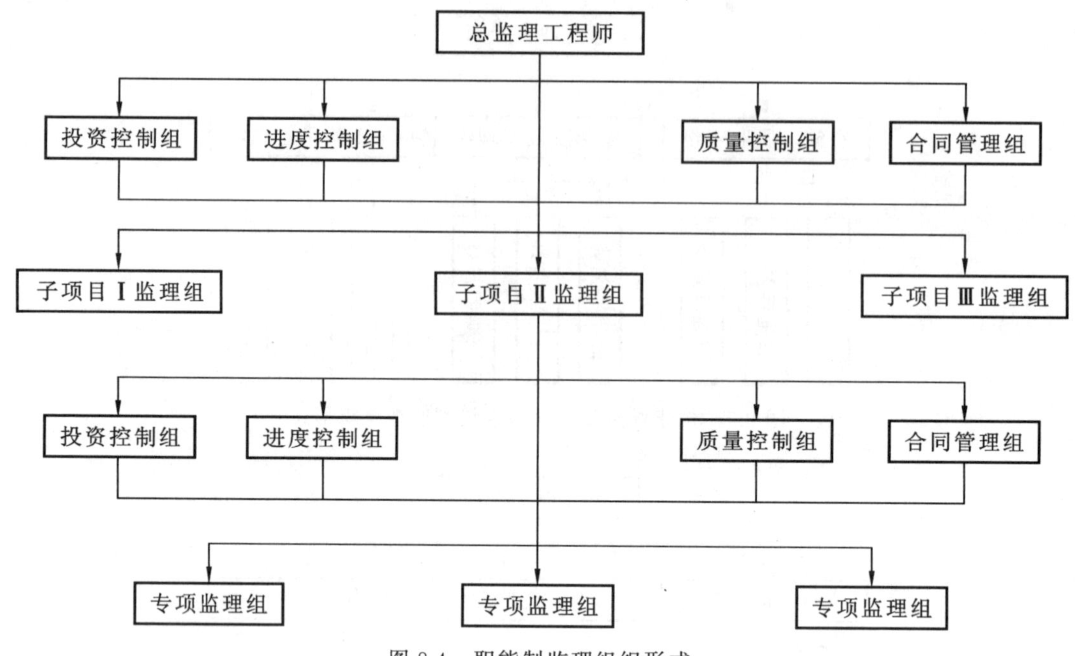

图 8.4 职能制监理组织形式

工作全面负责；职能部门是直线指挥人员的参谋，他们只能对指挥部门进行业务指导，而不能对指挥部门直接进行指挥和发布命令。其组织形式如图 8.5 所示。

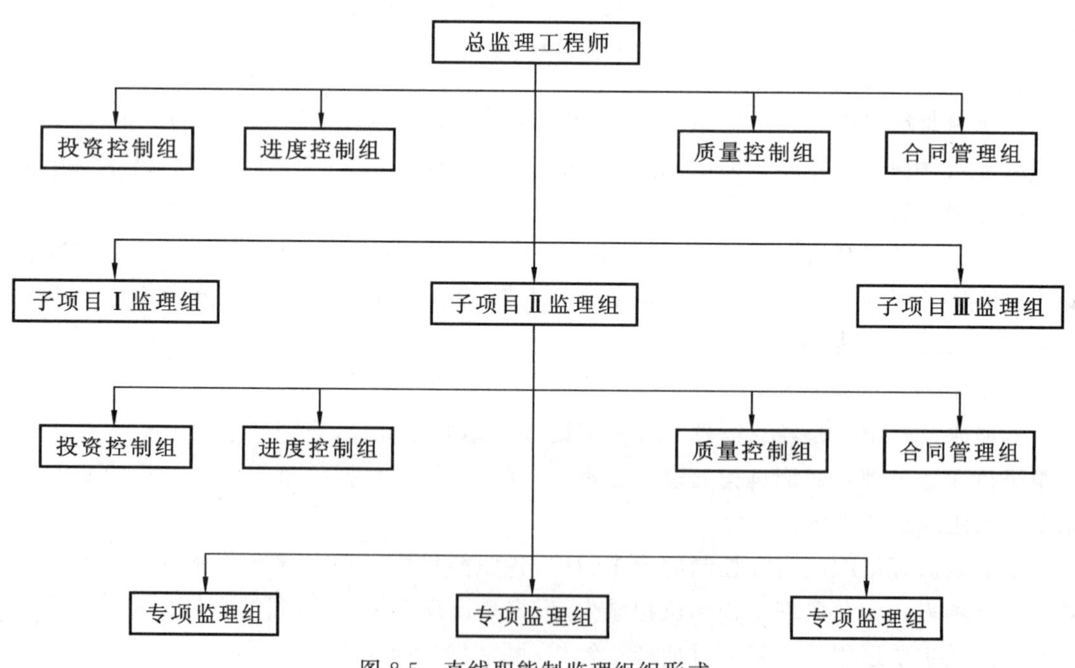

图 8.5 直线职能制监理组织形式

直线职能制组织集中领导、职责分明、管理效率高、适用范围较广泛，但职能部门与指挥部门易产生矛盾，不利于信息情报传递。

4. 矩阵制监理组织形式

矩阵制监理组织是由纵向的职能系统与横向的子项目系统组成的矩阵组织结构，各专业监理组同时受职能机构和子项目组直接领导，如图 8.6 所示。

矩阵制监理组织形式加强了各职能部门的横向领导，具有较好的机动性和适应性，上下、左右集权与分权达到最优结合，有利于复杂与疑难问题的解决，且有利于培养监理人员的业务能力。但由于纵横向协调工作量较大，容易产生矛盾。

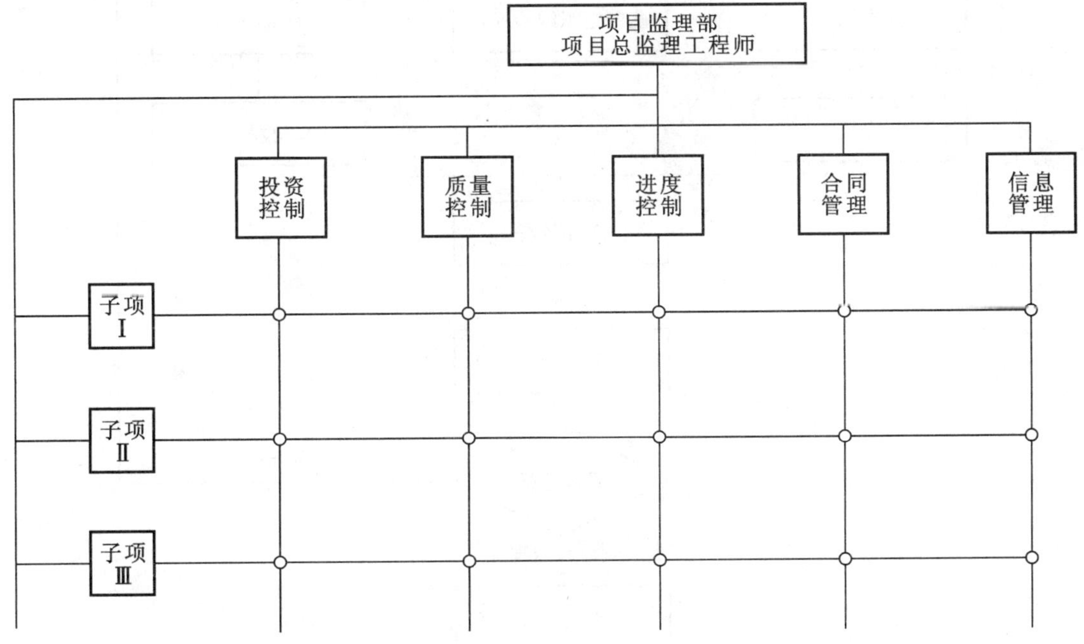


图 8.6　矩阵制监理组织形式

矩阵制监理组织形式适用于监理项目能划分为若干个相对独立子项的大中型建设项目，有利于总监理工程师对整个项目实施规划、组织、协调和指导；有利于统一监理工作的要求和规范化，同时又能发挥子项工作班子的积极性，强化责任制。但采用矩阵制监理组织形式时须注意，在具体工作中要确保指令的唯一性，明确规定当指令发生矛盾时应执行哪一个指令。

## 二、项目监理机构的建立步骤

项目监理机构一般按图 8.7 所示的步骤组建。

1. 确定项目监理机构目标

工程建设监理目标是项目监理机构建立的前提，项目监理机构的建立应根据委托监理合同中确定的监理目标，制定总目标并明确划分监理机构的分解目标。

2. 确定监理工作内容与范围

根据监理目标和委托监理合同中规定的监理任务，明确列出监理工作内容，并进行分类归并及组合。监理工作的归并及组合应便于监理目标控制，并综合考虑监理工程的组织管

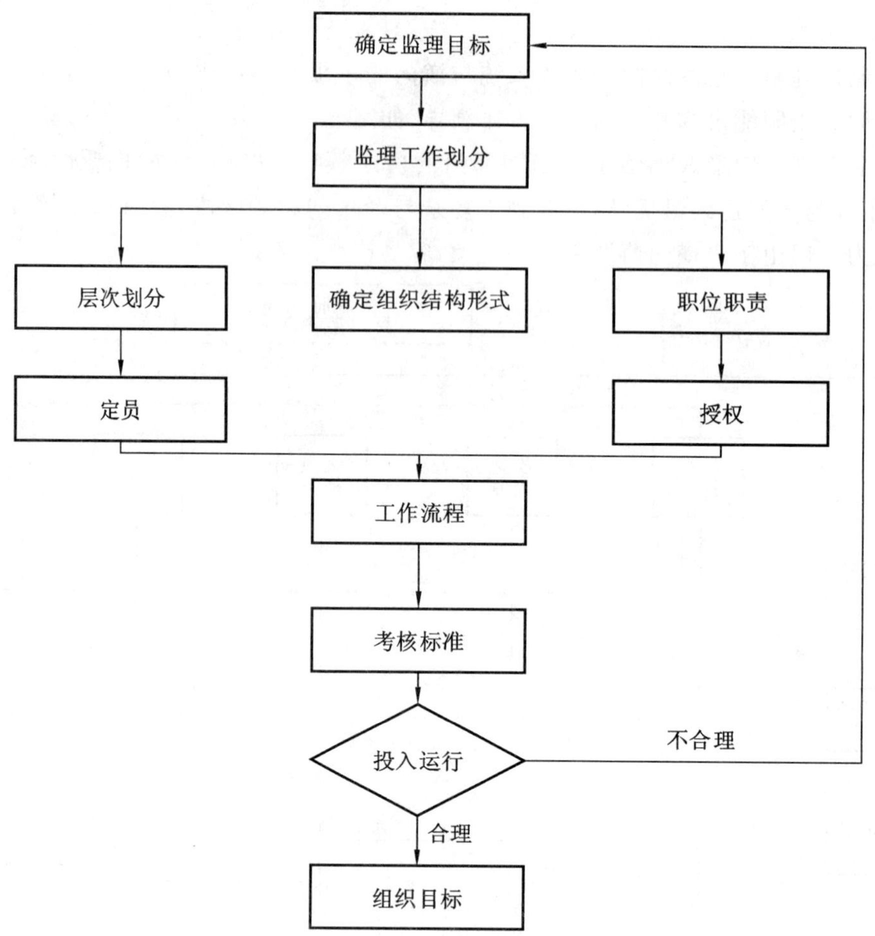

图 8.7　项目监理机构组建步骤

理模式、工程结构特点、合同工期要求、工程复杂程度、工程管理及技术特点，还应考虑监理单位自身组织管理水平、监理人员数量、技术业务特点等。

3. 组织结构设计

(1) 选择组织结构形式。由于建设工程规模、性质等的不同，应选择适宜的组织结构形式来设计项目监理机构的组织结构，以适应监理工作需要。组织结构形式选择的基本原则是：有利于工程合同管理；有利于监理目标控制；有利于决策指挥；有利于信息沟通。

(2) 合理确定管理层次与管理跨度。管理层次是指组织的最高管理者到最基层实际工作人员之间等级层次的数量。管理层次可分为三个，即决策层、中间控制层和操作层。组织的最高管理者到最基层工作人员权责逐层递减，而人数却逐层递增。

① 决策层主要是指总监理工程师、总监理工程师代表，负责根据工程建设监理合同的要求和监理活动内容进行科学化、程序化决策与管理。

② 中间控制层(协调层和执行层)由各专业监理工程师组成，具体负责监理规划的落实、监理目标控制及合同实施的管理。

③ 操作层主要由监理员组成，具体负责监理活动的操作实施。

管理跨度是指一名上级管理人员所直接管理的下级人数。管理跨度越大，领导者需要协调的工作量越大，管理难度也就越大。为使组织结构高效运行，必须确定合理的管理跨度。项目监理机构中管理跨度的确定应考虑监理人员的素质、管理活动的复杂性和相似性、监理业务的标准化程度、各规章制度的建立健全情况、建设工程的集中或分散情况等。

(3) 划分项目监理机构部门。组织中各部门的合理划分对发挥组织效用是十分重要的。如果部门划分不合理，会造成控制、协调困难，也会造成人浮于事，浪费人力、物力、财力。管理部门的划分要根据组织目标与工作内容确定，形成既有相互分工又有相互配合的组织机构。划分项目监理机构中各职能部门时，应根据项目监理机构目标、项目监理机构可利用的人力和物力资源以及合同结构情况，将质量控制、造价控制、进度控制、合同管理、信息管理、安全生产管理、组织协调等监理工作内容按不同的职能活动形成相应的管理部门。

(4) 制定岗位职责及考核标准。岗位职务及职责的确定，要有明确的目的性，不可因人设事。根据权责一致的原则，应进行适当授权，以承担相应的职责，并应确定考核标准；还应对监理人员的工作进行定期考核，包括考核内容、考核标准及考核时间。

(5) 选派监理人员。根据监理工作任务选择适当的监理人员，必要时可配备总监理工程师代表。监理人员的选择除应考虑个人素质外，还应考虑人员总体构成的合理性与协调性。

总监理工程师由注册监理工程师担任；总监理工程师代表由有工程类注册执业资格的人员（如注册监理工程师、注册造价工程师、注册建造师、注册结构工程师、注册建筑师等）担任，也可由具有中级及以上专业技术职称、3 年及以上工程实践经验并经监理业务培训的人员担任；专业监理工程师由有工程类注册执业资格的人员担任，也可由具有中级及以上专业技术职称、2 年及以上工程实践经验并经监理业务培训的人员担任；监理员由具有中专及以上学历并经监理业务培训的人员担任。

## 第四节　监理组织的实施与协调

协调就是联结、联合、调和所有的活动及力量，使各方配合得当，其目的是促使各方协同一致，以实现预定目标。协调工作应贯穿整个工程建设实施及其管理过程。

工程建设系统就是一个由人员、物资、信息等构成的人为组织系统。用系统方法分析，工程建设的协调一般有三大类：一是“人员/人员界面”；二是“系统/系统界面”；三是“系统/环境界面”。

项目监理机构的协调管理就是在“人员/人员界面”“系统/系统界面”“系统/环境界面”之间，对所有的活动及力量进行联结、联合、调和的工作。系统方法强调，要把系统作为一个整体来研究和处理，因为总体的作用规模要比各子系统的作用规模之和大。为了顺利实现工程建设系统目标，必须重视协调管理，发挥系统整体功能。在工程建设监理中，要保证项目的参与各方围绕工程建设开展工作，使项目目标顺利实现。组织协调工作最重要、最困难，也是监理工作能否成功的关键，只有通过积极的组织协调才能达到整个系统全面协调控制的目的。

## 一、项目监理机构组织协调的工作内容

### 1. 项目监理机构内部的协调

(1) 项目监理机构内部人际关系的协调。项目监理机构是由人组成的工作体系，工作效率很大程度上取决于人际关系的协调程度。总监理工程师应首先抓好人际关系的协调，激励项目监理机构成员。

① 在人员安排上要量才录用。对项目监理机构各种人员，要根据每个人的专长进行安排，做到人尽其才。人员的搭配应注意能力互补和性格互补，人员配置应尽可能少而精，防止不能胜任和忙闲不均现象。

② 在工作安排上要职责分明。对项目监理机构内的每一个岗位，都应订立明确的目标和岗位责任制，应通过职能清理，使管理职能不重、不漏，做到事事有人管、人人有专责，同时明确岗位职权。

③ 在成绩评价上要实事求是。谁都希望自己的工作作出成绩，并得到肯定。但工作成绩的取得，不仅需要主观努力，还需要一定的工作条件和相互配合。要发扬民主作风，实事求是地评价，以免人员无功受禄或有功受屈，使每个人热爱自己的工作，并对工作充满信心和希望。

④ 在矛盾调解上要恰到好处。人员之间的矛盾总是存在的，一旦出现矛盾就应进行调解，要多听取项目监理机构成员的意见和建议，及时沟通，使每个人都处于团结、和谐、热情高涨的工作气氛中。

(2) 项目监理机构内部组织关系的协调。项目监理机构是由若干个部门(专业组)组成的工作体系。每个专业组都有自己的目标和任务。如果每个子系统都从建设工程的整体利益出发，理解和履行自己的职责，则整个系统就会处于有序的良性状态；否则，整个系统便会处于无序的紊乱状态，导致功能失调、效率下降。项目监理机构内部组织关系的协调可从以下几个方面进行：

① 在目标分解的基础上设置组织机构，根据工程对象及委托监理合同所规定的工作内容，设置配套的管理部门。

② 明确规定每个部门的目标、职责和权限。最好以规章制度的形式作出明文规定。

③ 事先约定各个部门在工作中的相互关系。在工程建设中许多工作是由多个部门共同完成的。其中有主办、牵头和协作、配合之分，事先约定，才不至于出现误事、脱节等贻误工作的现象。

④ 建立信息沟通制度，如通过采用工作例会，业务碰头会，发会议纪要、工作流程图或信息传递卡等方式来沟通信息，这样可使局部了解全局，服从并适应全局需要。

⑤ 及时消除工作中的矛盾或冲突。总监理工程师应采用民主的作风，注意从心理学、行为科学的角度激励每个成员的工作积极性；采用公开的信息政策，让大家了解建设工程实施情况、遇到的问题或危机；经常性地指导工作，和成员一起商讨遇到的问题，多倾听他们的意见和建议，鼓励大家同舟共济。

(3) 项目监理机构内部需求关系的协调。工程建设监理实施中有人员需求、试验设备

需求、材料需求等，而资源是有限的，因此，内部需求平衡至关重要。项目监理机构内部需求关系的协调可从以下环节进行：

① 对监理设备、材料的平衡。工程建设监理开始时，要做好监理规划和监理实施细则的编写工作，提出合理的监理资源配置，要注意抓住期限上的及时性、规格上的明确性、数量上的准确性、质量上的规定性。

② 对监理人员的平衡。要抓住调度环节，注意各专业监理工程师的配合。一个工程包括多个分部、分项工程，复杂性和技术要求各不相同，就会存在监理人员配备、衔接和调度问题。监理力量的安排必须考虑到工程进展情况，需作出合理的安排，以保证工程监理目标的实现。

2. 与业主的协调

监理实践证明，监理目标的顺利实现和与业主协调的好坏有很大的关系。

我国长期的计划经济体制使得业主合同意识差、随意性大，主要体现在：一是沿袭计划经济时期的基建管理模式，搞“大业主、小监理”，在一个建设工程上，业主的管理人员要比监理人员多或管理层次多，对监理工作干涉多，并插手监理人员应该做的具体工作；二是不把合同中规定的权利交给监理单位，致使监理工程师有职无权，发挥不了作用；三是科学管理意识差，在建设工程目标确定上压工期、压造价，在建设工程实施过程中变更多或时效不按要求，给监理工作的质量、进度、投资控制带来困难。因此，与业主的协调是监理工作的重点和难点。监理工程师应从以下几个方面加强与业主的协调：

(1) 监理程师首先要理解建设工程总目标、理解业主的意图。对于未能参与项目决策过程的监理工程师，必须了解项目构思的基础、起因、出发点；否则，可能对监理目标及完成任务有不完整的理解，会给工作造成很大的困难。

(2) 利用工作之便做好监理宣传工作。增进业主对监理工作的理解，特别是对建设工程管理各方职责及监理程序的理解；主动帮助业主处理建设工程中的事务性工作，以自己规范化、标准化、制度化的工作去影响和促进双方工作的协调一致。

(3) 尊重业主。让业主一起投入建设工程全过程，尽量让业主有预定的目标。但建设工程实施必须执行业主的指令，使业主满意。对业主提出的某些不适当的要求，只要不属于原则性问题，都可先执行，然后利用适当时机，采取适当方式加以说明或解释；对于原则性问题，可采取书面报告等方式说明，尽量避免发生误解，保证建设工程顺利实施。

3. 与承包商的协调

监理工程师对质量、进度和投资的控制都是通过承包商的工作实现的，所以，做好与承包商的协调工作，是监理工程师组织协调工作的重要内容。

(1) 坚持原则，实事求是，严格按规范、规程办事，讲究科学态度。在监理工作中，监理工程师应强调各方面利益的一致性和建设工程总目标：监理工程师应鼓励承包商将建设工程实施状况、实施结果和遇到的困难及意见向自己汇报，以寻找对目标控制可能的干扰。双方了解得越多、越深刻，监理工作中的对抗和争执就越少。

(2) 协调不仅是方法、技术问题，更多的是语言艺术、感情交流和用权适度的问题。有时尽管协调意见是正确的，但由于方法或语言表达不妥，反而会激化矛盾。而高超的协调能力则往往能起到事半功倍的效果，令各方都满意。

(3) 施工阶段的协调工作内容。施工阶段协调工作的主要内容如下：

① 与承包商项目经理关系的协调

从承包商项目经理及其工地工程的角度来说，他们最希望监理工程师是公正、通情达理并容易理解别人的；希望从监理工程师处得到明确而不含糊的指示，并且能够对他们所询问的问题给予及时的答复；希望监理工程师的指示能够在他们工作之前发出。他们可能对教条主义者以及工作方法僵硬的监理工程师最为反感。一个既懂得坚持原则，又善于理解承包商项目经理的意见，工作方法灵活，随时可能提出或愿意接受变通办法的监理工程师肯定是受欢迎的。

② 进度问题的协调

由于影响进度的因素错综复杂，因而进度问题的协调工作也十分复杂。实践证明，有两项协调工作很有效：一是业主和承包商双方共同商定一级网络计划，并由双方主要负责人签字，作为工程施工合同的附件；二是设立提前竣工奖，由监理工程师按一级网络计划节点考核，分期支付阶段工期奖。如果整个工程最终不能保证工期，应由业主从工程款中将已付的阶段工期奖扣回，并按合同规定予以罚款。

③ 质量问题的协调

在质量控制方面应实行监理工程师质量签字认可制度。对没有出厂证明、不符合使用要求的原材料、设备和构件，不允许使用。对工序交接实行报验签证：对不合格的工程部位不予验收签字，也不予计算工程量、不予支付工程款。在建设工程实施过程中，经常会出现设计变更或工程内容的增减，有些是合同签订时无法预料和明确规定的。对于这种变更，监理工程师要认真研究，合理计算价格，与有关方面充分协商，达成一致意见，并实行监理工程师签证制度。

④ 对承包商违约行为的处理

在施工过程中，监理工程师对承包商的某些违约行为进行处理，是一件很慎重而又难免的事情。当发现承包商采用一种不适当的方法进行施工，或是用了不符合合同规定的材料时，监理工程师除了立即制止外，可能还要采取相应的处理措施。遇到这种情况时，监理工程师应该考虑的是自己的处理意见是否在监理权限以内，根据合同要求，自己应该怎么做等。再次发现质量缺陷并需采取措施时，监理工程师必须立即通知承包商，监理工程师要有时间期限的概念，否则承包商有权认为监理工程师对已完成的工程内容是满意或认可的。

监理工程师最担心的可能是工程总进度和质量受到影响。有时，监理工程师会发现承包商的项目经理或某个工地工程师不称职。此时，明智的做法是继续观察一段时间，待掌握足够的证据后，总监理工程师可以正式向承包商发出警告，万不得已时，总监理工程师有权要求撤换承包商的项目经理或工地工程师。

⑤ 合同争议的协调

对于工程中的合同争议，监理工程师应先采用协商解决的方式处理。协商不成时，才由当事人向合同管理机关申请调解，只有当对方严重违约而使自己的利益受到重大损失且不能得到补偿时，才采用仲裁或诉讼手段。如果遇到非常棘手的合同争议问题，不妨暂时搁置，等待时机另谋良策。

⑥ 对分包单位的管理

主要是对分包单位明确合同管理范围，分层次管理，将总包合同作为一个独立的合同单元进行投资、进度、质量控制和合同管理，不直接和分包单位发生关系。对分包合同中的工程质量、进度进行直接跟踪监控，通过总包商进行调控、纠偏。分包商在施工中发生的问题，由总包商负责协调处理，必要时监理工程师帮助协调。当分包合同条款与总包合同发生抵触时，以总包合同条款为准。此外，分包合同不能解除总包商对总包合同所承担的任何责任和义务。分包合同发生的索赔问题一般由总包商负责，涉及总包合同中业主义务和责任时，由总包商通过监理工程师向业主提出索赔，由监理工程师进行协调。

⑦ 处理好人际关系

在监理过程中，监理工程师处于一种十分特殊的位置：业主希望得到独立、专业的高质量服务，而承包商则希望监理单位能对合同条件有一个公正的解释。因此，监理工程师必须善于处理各种人际关系，既要严格遵守职业道德，礼貌而坚决地拒收任何礼物，以保证行为的公正性；也要利用各种机会增进与各方面人员的友谊与合作，以利于工程的进展。否则，便有可能引起业主或承包商对其可信赖程度的怀疑。

4. 与设计单位的协调

监理单位必须协调与设计单位的工作，以加快工程进度，确保质量，降低消耗。具体来说，要做到以下几点：

(1) 真诚尊重设计单位的意见

在设计单位向承包商介绍工程概况、设计意图、技术要求、施工难点等时，注意标准过高、设计遗漏、图纸差错等问题，并将其解决在施工之前；施工阶段严格按图施工，在结构工程验收、专业工程验收、竣工验收时邀请设计代表参加；若发生质量事故，要认真听取设计单位的处理意见等。

(2) 遇到问题及时提出

若在施工中发现设计问题，应及时向设计单位提出，以免造成大的直接损失；若监理单位掌握比原设计更先进的新技术、新工艺、新材料、新结构、新设备，可主动向设计单位推荐。为使设计单位有修改设计的余地而不影响施工进度，要协调各方达成协议，约定一个期限，争取设计单位、承包商的理解和配合。

(3) 注意信息传递的及时性和程序性

监理工作联系单、工程变更单，要按规定的程序进行传递。这里要注意的是，监理单位与设计单位都是受业主委托进行工作的，两者之间并没有合同关系，所以监理单位主要是和设计单位做好交流工作，协调要靠业主的支持。设计单位应就其设计质量对建设单位负责，因此《建筑法》指出：工程监理人员发现工程设计不符合建筑工程质量标准或者合同约定的质量要求的，应当报告建设单位要求设计单位改正。

5. 与政府部门及其他单位的协调

(1) 与政府部门的协调，其内容包括：

① 监理单位在进行工程质量控制和质量问题处理时，要做好与工程质量监督站的交流

和协调。

② 遇重大质量、安全事故，在配合承包商采取急救、补救措施的同时，应督促承包商立即向政府有关部门报告情况，接受检查和处理。

③ 工程合同直接送公证机关公证，并报政府建设主管部门备案。

④ 征地、拆迁、移民时要争取政府有关部门的支持和协作。

⑤ 现场消防设施的配置应请消防部门检查认可。

⑥ 施工中还要注意防止环境污染，特别是防止噪声的污染，坚持文明施工。

(2) 与社会团体的协调。一些大中型工程建成后，不仅会给业主带来经济效益，还会给该地区的经济发展带来好处，同时给当地人民生活带来方便，因此，必然会引起社会各界的关注。业主和监理单位应把握机会，争取社会各界对工程建设的关心和支持。对本部分的协调工作，监理单位主要是针对一些技术性工作进行协调。

## 二、监理组织协调的方法

工程建设监理组织协调的常用方法主要包括会议协调法、交谈协调法、书面协调法、访问协调法和情况介绍法。

### 1. 会议协调法

会议协调法是工程建设监理中最常用的一种协调方法。常用的会议协调法包括第一次工地会议、工地例会和专业工地会议。

(1) 工程项目开工前，监理人员应参加由建设单位主持召开的第一次工地会议，承包单位的授权代表也要参加，必要时邀请分包单位和设计单位有关人员参加。

(2) 工地例会是指在施工过程中，总监理工程师定期主持召开的工地会议。工地例会是沟通情况、交流信息、协调处理、研究解决合同履行中存在的各方面问题的主要协调方式。工地例会宜每周召开一次，参加人员包括监理单位项目总监理工程师，其他有关监理人员，承包单位项目经理及其他有关人员，建设单位代表，需要时可邀请其他有关单位代表参加。

(3) 专业工地会议是为解决施工过程中的专门问题而召开的会议，由总监理工程师或其授权的监理工程师主持。工程项目各主要参建单位均可向项目监理机构书面提出召开专题工地会议的动议。动议内容包括主要议题、与会单位、人员及召开时间。经总监理工程师与有关单位协商，取得一致意见后，由总监理工程师签发召开专题工地会议的书面通知，与会各方应认真做好会前准备。

### 2. 交谈协调法

在实践中，并不是所有问题都需要开会来解决，有时可采用“交谈”的方法来协调。交谈包括面对面的交谈和电话交谈两种形式。

无论是内部协调还是外部协调，这种方法的使用频率都是相当高的，因为它是一条保持信息畅通的最好渠道和寻找协作、帮助的最好方法，也是正确及时地发布工程指令的有效方法。

### 3. 书面协调法

当会议交谈不方便或者需要精确地表达自己的意见时，就会用到书面协调的方法。书面协调法的特点是具有合同效力，常用于以下几种情况：

(1) 无须双方直接交流的书面报告、报表、指令和通知等。

(2) 需要以书面形式向各方提供详细信息和情况通报的报告、信函、备忘录等。

(3) 事后对会议记录、交谈内容或口头指令的书面确认。

4. 访问协调法

访问协调法包括走访和邀访两种形式,主要用于外部协调。走访是指监理工程师在工程建设施工前或施工过程中,对与工程施工有关的各政府部门、公共事业机构、新闻媒介或工程毗邻单位进行访问,向他们解释工程情况,了解他们的意见。邀访是指监理工程师邀请上述各单位(包括业主)代表到施工现场对工程进行指导性巡视,了解现场工作。

5. 情况介绍法

情况介绍法通常是与其他协调方法紧密结合在一起的,它可能是在一次会议前,可能是在一次交谈前,也可能是在一次走访或邀访前向对方进行的情况介绍。形式上主要是口头的,有时也伴有书面的。介绍往往作为其他协调的引导,目的是使别人先了解情况。因此,监理工程师应重视任何场合下的每一次介绍,要使别人能够理解你介绍的内容、问题和困难以及你想得到的协助等。

## 案例分析

**【案例】** 某实施监理的工程,建设单位与甲施工单位签订了施工总承包合同,并委托一家监理单位实施施工阶段监理。经建设单位同意,甲施工单位将工程划分为 A1、A2 两个标段,并将 A2 标段分包给乙施工单位。根据监理工作需要,监理单位设立了投资控制组、进度控制组、质量控制组、安全管理组、合同管理组和信息管理组六个职能部门,同时设立了 A1 和 A2 两个标段的项目监理组,并按专业分别设置了若干专业监理小组,组成直线职能制项目监理组织机构。

为有效地开展监理工作,总监理工程师安排项目监理组负责人分别主持编制 A1、A2 标段两个监理规划。总监理工程师要求:①六个职能部门根据 A1、A2 两个标段的特点,直接对 A1、A2 标段的施工单位进行管理;②在施工过程中,A1 标段出现的质量隐患由 A1 标段项目监理组的专业监理工程师直接通知甲施工单位整改,A2 标段出现的质量隐患由 A2 标段项目监理组的专业监理工程师直接通知乙施工单位整改,如未整改,则由相应标段项目监理组负责人签发"工程暂停令",要求停工整改。总监理工程师主持召开了第一次工地会议。会后,总监理工程师对监理规划进行审核批准后报送建设单位。

在报送的监理规划中,项目监理人员的部分职责分工如下:

投资控制组负责人审核工程款支付申请,并签发工程款支付证书,但竣工结算须由总监理工程师签认;

合同管理组负责人调解建设单位与施工单位的合同争议,处理工程索赔;

进度控制组负责人审查施工进度计划及其执行情况,并由该组负责人审批工程延期;

质量控制组负责人审批项目监理实施细则;

A1、A2 两个标段项目监理组负责人分别组织、指导、检查和监督本标段监理人员的工作,及时调换不称职的监理人员。

**问题:**

(1) 指出总监理工程师工作中的不妥之处,并写出正确做法。

(2) 指出项目监理人员职责分工中的不妥之处,并写出正确做法。

**【解析】**

(1) 不妥之处一:总监理工程师安排项目监理组负责人分别主持编制 A1、A2 标段两个监理规划。正确做法:监理规划应由总监理工程师主持编制。不妥之处二:六个职能部门根据 A1、A2 标段的特点,直接对 A1、A2 标段的施工单位进行管理。正确做法:在直线职能制组织形式中,职能部门应对项目监理组进行业务指导,而不能直接对施工单位进行管理。不妥之处三:A2 标段出现的质量隐患由 A2 标段项目监理组的专业监理工程师直接通知乙施工单位整改。正确做法:专业监理工程师应通过甲施工单位(总承包单位)去通知乙施工单位(分包单位)进行整改。因为在工程建设中,分包单位与建设单位没有直接合同关系,分包单位应接受总承包单位的管理。不妥之处四:如未整改,则由相应标段项目监理组负责人签发"工程暂停令",要求停工整改。正确做法:"工程暂停令"应由总监理工程师签发。不妥之处五:总监理工程师主持召开了第一次工地会议后,对监理规划审核批准后报送建设单位。正确做法:监理规划应在签订建设工程监理合同及收到工程设计文件后编制,在召开第一次工地会议前报送建设单位,而不是在第一次工地会议后。

(2) 不妥之处一:投资控制组负责人审核工程款支付申请,并签发工程款支付证书。正确做法:应由总监理工程师审核工程款支付申请,并签发工程款支付证书。不妥之处二:合同管理组负责调解建设单位与施工单位的合同争议,处理工程索赔。正确做法:应由总监理工程师调解建设单位与施工单位的合同争议,处理工程索赔。不妥之处三:进度控制组负责人审批工程延期。正确做法:应由总监理工程师审批工程延期。不妥之处四:质量控制组负责人审批项目监理实施细则。正确做法:应由总监理工程师审批项目监理实施细则。不妥之处五:A1、A2 两个标段项目监理组负责人及时调换不称职的监理人员。正确做法:应由总监理工程师及时调换不称职的监理人员。

## 思考题

1. 什么是工程建设监理?工程建设监理的概念包括哪几层含义?
2. 工程建设监理的作用有哪些?
3. 监理工程师在合同管理中应当着重于哪几个方面的工作?
4. 简述工程建设监理的步骤。
5. 工程建设监理的任务是什么?

# 参 考 文 献


[1] 潘安平，肖铭. 建设法规[M]. 北京:北京大学出版社，2017.

[2] 卢修元. 工程建设监理[M]. 北京:中国水利水电出版社,2016.

[3] 田雷，崔静，谈健息. 工程建设监理[M]. 北京:北京理工大学出版社，2016.

[4] 黄安永. 建设法规[M]. 南京:东南大学出版社,2017.

[5] 齐红军. 工程建设法规[M]. 北京:北京理工大学出版社,2020.

[6] 温秀红. 工程建设法规与合同管理[M]. 北京:北京理工大学出版社，2016.

[7] 全国一级建造师执业资格考试用书编写委员会. 建设工程法规及相关知识[M]. 北京:中国建筑工业出版社，2016.

[8] 范成伟，明杏芬. 建设法规[M]. 上海:同济大学出版社，2017.

[9] 王小艳，韦新丹. 建设工程法规及案例分析[M]. 武汉:华中科技大学出版社，2020.

[10] 陈会玲，郭海虹. 建设工程法规[M]. 北京:北京理工大学出版社,2019.

[11] 宋宗宇. 建设工程法规[M]. 重庆:重庆大学出版社,2018.

[12] 龙晓琰，苏鹏. 建设工程法规[M]. 成都:西南交通大学出版社，2016.

[13] 李永福，史伟利. 建设法规[M]. 北京:中国电力出版社,2016.

[14] 李海霞，何立志，曾欢. 建设工程法规[M].南京:南京大学出版社，2021.

[15] 吴臣永. 浅析工程监理的性质和原则及在建设工程施工中作用[J].四川水泥，2020，(1)：256.

[16] 樊敏，宋世军. 工程监理[M]. 成都:西南交通大学出版社，2019.

[17] 钟浩. 关于建设工程监理发展趋势的探讨[J]. 建材与装饰，2017 (43)：168-169.

[18] 王佩珍. 建设工程监理业现状及发展战略研究[J]. 山西建筑，2016，42 (32)：216-217.

[19] 梁之波. 关于建设工程监理目标控制的任务[J]. 黑龙江科技信息，2011 (16)：231.

[20] 刘国慧. 对建设工程监理的认识与理解[J]. 河北企业，2011(1)：11-12.

[21] 荔文志. 总监理工程师多项目管理的实践与研究[J]. 建设监理，2023(10)：5-7.

[22] 洪晨. 浅谈工程监理行业的招工难及应对策略[J]. 建设监理，2023 (9)：44-46.

[23] 侯叶双. 监理企业开展总监理工程师综合能力评估的探索与实践[J]. 建设监理，2023 (8)：41-44.

[24] 陆惠民，苏振民，王延树. 工程项目管理[M]. 南京:东南大学出版社，2015.

[25] 何隆权. 建设工程监理概论[M]. 南昌:江西高校出版社，2018.

[26] 叶鸿燕. 建设工程项目成本控制系统的分析与设计[J]. 四川建材，2021，47 (3)：209-210.

[27] 何飞. 工程监理的作用及目标控制研究[J]. 住宅与房地产，2020 (21)：137.

[28] 杨成. 工程监理的作用及目标控制研究[J]. 建材与装饰，2020(9)：182-183.

[29] 曾庆华. 工程建设监理的主要内容及控制目标[J]. 科技创新与应用，2019 (25)：195-196.

[30] 吴泽. 建设工程监理[M]. 重庆:重庆大学出版社：2015.

[31] 谢光华. 建设监理人机会主义行为研究[D]. 长沙:中南大学，2013.